助力县域

乡村振兴

的农村中等职业学校教学改革
研究与实践

——以四川省射洪市职业中专学校为例

蒲 伟／主编

云南出版集团

云南科技出版社

·昆 明·

图书在版编目（CIP）数据

助力县域乡村振兴的农村中等职业学校教学改革研究
与实践 / 蒲伟主编. -- 昆明：云南科技出版社，
2021.3
ISBN 978-7-5587-3569-1

Ⅰ．①助… Ⅱ．①蒲… Ⅲ．①农村学校－中等专业学
校－教学改革－研究－中国 Ⅳ．①G718.3

中国版本图书馆 CIP 数据核字(2021)第 130906 号

助力县域乡村振兴的农村中等职业学校教学改革研究与实践
ZHULI XIANYU XIANGCUN ZHENXING DE NONGCUN ZHONGDENG
ZHIYE XUEXIAO JIAOXUE GAIGE YANJIU YU SHIJIAN
蒲　伟　主编

责任编辑：洪丽春
　　　　　曾　芫
助理编辑：张　朝
封面设计：品诚文化
责任校对：张舒园
责任印制：蒋丽芬

书　　　号：ISBN 978-7-5587-3569-1
印　　　刷：四川科德彩色数码科技有限公司
开　　　本：787mm × 1092mm　1/16
印　　　张：13
字　　　数：300 千字
版　　　次：2021 年 3 月第 1 版
印　　　次：2021 年 3 月第 1 次印刷
定　　　价：68.00 元

出版发行：云南出版集团公司　云南科技出版社
地　　址：昆明市环城西路 609 号
网　　址：http://www.ynkjph.com/
电　　话：0871-64190889

编委会

目　录 | CONTENTS

第一章 探索历程

地处西部射洪的射洪市职业中专学校，在办学之初就确立了"进校学一技之长，回乡走致富道路"的办学宗旨，围绕"农"字办学，以农为本，为农服务，为农育才，助农致富。近四十年的职教历程，见证了中国改革开放四十年的光辉成就，在为地方经济做出卓越贡献的同时，自身也在不断成长、壮大。教师从几人发展到几百人，学生从几十人发展到几千人，年短期培训农民工近万人次。学校从技能培训到创业培训，从"让农民当好农民"到"让农民不当农民"，从服务地方经济到助力脱贫攻坚，从服务"三农"到助力"乡村振兴"。学校也从最初的普通农村职中发展为省重点职中、国家重点职中、国家中等职业教育改革发展示范学校，一路走来，披荆斩棘、筚路蓝缕，如今的射洪职中已然成为川中技能人才高地，乡村振兴的内生动力，闪耀中国西部的职教明珠！

农字当头 斩获省重（1983—1991 年）

1978 年，党的十一届三中全会的召开，拉开了我国改革开放的帷幕，党和政府的工作重心转移到经济建设领域。1983 年，中共中央、国务院《关于加强和改革农村学校教育若干问题的通知》规范了职业学校师资来源、培训渠道。这一时期的职业教育政策措施，包括改革中等教育结构、扩大农村职业教育规模、刺激农村职业教育经费、改善农村职业教育办学条件。地方党委政府乘势而上，1983 年 8 月，我校被绵阳地区文教局批准改办为"四川省射洪县大于农业中学校"（绵文教〔1983〕字 226 号），招收农学、果桑两个专业的学生 116 人，学校从此跨入了职业技术教育的行列。

在办学之初，学校的办学宗旨是"进校学一技之长，毕业走致富道路"，培养目标是"让学生掌握理论知识技术，学会实际操作干活"，将"爱农、勤学、求实、创新"作为校训。实施"五个三"的办学措施：一是实现"三个突破"，学生由懂理论向会技术突破、教师由习惯动口向自觉动手突破、收入由传统农业向商品经济突破；二是办成"三种类型"，综合型、服务型、开放型；三是进行"三项建设"，思想建设、队伍建设、经济建设；四是搞好"三个配套"，文化课与专业课配套、专业设备与勤工俭学配套、专业知识与对口致富配套；五是做到"三个结合"，教学与科研服务相结合、自主与联办结合、长班与短班结合。

"人间万事出艰辛"，为改善实训条件，学校1983年和1987年两次组织师生员工改荒坡为果园，投工4515个，挖填运土1442方，搬运人头石186方，砌保坎438米，增加土地面积5.5亩，栽脐橙、红橘、桃、枇杷等果树1000余株，校园内有"一处三园四场"：一处是建筑工程处；三园是葡萄园、果园、桑园；四场是农场、猪场、菌种场、预制场。校外还有果园、桑园、砖厂、鱼塘、养鸡场等实训基地。

学校坚持科研与专业课教学相结合，科研与本地建设相结合，先后确立了43个科研专题，7个重点项目。其中由农学专业课马永宽老师组织学生培育的小麦优良品种"8502"，具有穗大、粒多、高产、质优的特性，破格参加省区域实验，被誉为"面包小麦"，推荐为优质专用小麦品种，定为省重点科研项目，亩产420.5千克，比当地小麦增产24.36%。种养的水稻、棉花、红橘，饲养的猪、鱼、海狸鼠，生产的预制件、修配的电机、建造的楼房和提供的技术咨询服务，深受群众的欢迎。

在这期间，学校共为社会输送了六届八个专业十七个班896名合格毕业生，短期培训3400多名实用技术人员，在调整产业结构、发展乡镇企业、开展劳务输出、推广先进技术和促进农民致富中，都发挥了很好的作用。1986年，学校被遂宁市教育局评为"模范学校"，1988年，学校被县政府评为"三优学校"。1989年，学校被评为"省级重点职业中学"，学校在全省起到了示范表率作用。1990年，四川省电视台播放了我校的办学经验，学校被评为市级"教书育人先进单位""省德育工作先进单位""省职教先进单位""全国小星火杯先进集体"。国家教委杨督学来校视察，评价很高，《教育导报》刊文称赞我校是"培养新型农民的摇篮"。1991年，学校荣获国家教委授予的"科教兴农先进学校"称号。

拓展改革　荣获国重（1992—1996年）

1993—1994年，中共中央召开了两次农村工作会议，要求要"发展农村社会化服务体系，促进农业专业化、商品化、社会化""逐步改革小城镇的户籍管理制度，允许农民进入小城镇务工经商，发展农村第三产业，促进农村剩余劳动力的转移"。江泽民总书记还表示"宁可少上几个项目，也要保证农业发展的需要"。农村经济已经由单一的农业种植业向农、林、牧、副、渔、工、商、运、服的综合经营发展。要实现小康水平的宏伟目标，关键在于提高农村劳动者文明文化、思想政治、科学技术等方面的素质，作为培养新型农民的农村职业中学就必然要办好农科专业。为此，学校专门制定了分段工作目标，决定抓住机遇，力争把学校建成国家级重点职业中学。

为适应社会主义市场经济的需要，学校确立了"五放开一自主"的办学思路，即招生计划、收生办法、办学形式、学制年限、专业设置五放开，在县物价局、县教委的宏观调控下，学校根据专业需求和家长承受能力自主收取专业技术培训费。学校适时增设了所需专业。1992年开办预备役军人专业，1993年办文秘公关专业，1994年办建筑项目经理专业和电动缝纫机操作专业，1995年办建筑登高架设工和起重工专业，合计12个专业，做到人无我有，人有我优，人优我新，人新我变，吸引了考生，扩大了学校规模，体现了创新精神。

为紧扣为地方经济建设和社会发展服务的主题，学校充分调动企业和社会力量的积极性，走联合办学的道路，着力培养二、三产业需要的建设者，现代化大农业所需的中初级人才，转移农村富余劳动力。学校先后与县食品开发研究所联办葡萄园、县种子公司联办农果班、江油航天工业部624研究所联办计算机培训班、县被服厂联办电动缝纫机操作班、沱牌曲酒厂联办酿造班、省水电第一安装工程公司联办水电安装班……联办专业占学校专业的80%，做到联办联管联利，既解决了生源、师资、就业，又增强了学校活力。

由于我县是农业大县，学生多数来源于农村，我们在办学过程中注重突出"农"字，在坚持办好农学、果桑、农经、种植、养殖等专业的同时，在第二、第三产业的专业也开设了种养殖知识课，做到办学思想立足于农，专业设置适应于农，实习基地服务于农，输出人才致富于农，通过教学、科研、服务相结合，较好地为振兴农村经济、农民致富奔小康服务。

1993年，学校荣获"市卫生先进单位"称号，日本著名学者张书梅女士慕名来校参观，并给予高度评价。1994年，省"重点职中复评会"在我校召开，我校得分位居第一。1995年，迎接了省教委周处长、何庆老师的检查和"国重学校评估验收考察团"的评估验收；建成了"国家级职业技术鉴定所"；接待了美国福利基金会驻北京官员麦斯文先生的考察。1996年，江西宜春市教委 17 人教育考察团来我校参观，并赠牌称誉为"改革先锋，职教楷模"。同年 2 月，被国家教委批准为"国家级重点职业高级中学校"，并授牌两个。

回顾十二年的学校历程，主要取得了四个方面的成绩：一是扩大了办学规模。校园占地上百亩，建筑面积超两万平方米，在校学生 1200 余人。二是输送了大批合格的专业技术人才。共计向社会输送了十届十四个专业 1626 名毕业生和短期培训的 5500 名实用技术人员，30 人对口升入大专院校学习。三是取得了较好的经济效益。通过办实验实习场地（建筑工程处、预制场、果园、农场、养殖场等）获得收入 100 多万元，办班收培训费达百万元，为群众增收两千多万元。四是起到一定的示范作用。荣获先进称号 79 个，总结办学经验 71 个，有 11 个方面的成套经验，报刊 31 种 55 次报道了学校的办学情况，接待检查参观 395 次，13 次作为省市县职教会现场，12 次上省电视台，起到很好的辐射引领作用。

农训基地　致富摇篮（1997—2004 年）

农村经济和社会的快速发展，以及城镇化步伐的加快，使社会分工越来越细，经济越来越多样，思想越来越多元，对农村劳动者的知识、技术结构提出了更高的要求，也赋予了农村职业教育新的使命。2002 年国务院颁发了《关于大力推进职业教育改革与发展的决定》，提出农村和西部地区的职业教育是今后一段时期职业教育发展的重点，要根据现代农业发展和经济结构调整的需要，推进农科教结合和基础教育、职业教育、成人教育的"三教统筹"，把职业学校和成人学校办成人力资源开发、技术培训与推广、劳动力转移培训和扶贫开发服务的基地。

县政府确立了"抓经济必须抓职教、抓职教就是抓经济"的指导思想，成立了职业教育与成人教育发展指导委员会，县长任主任，制定了《射洪县人民政府关于大力推进中等职业学校与企业合作办学的实施意见》，出台了有关办学政策和就业政策。为了进一步支持职业教育发展，县政府采取了职业高中财政拨款优于普通高中，学生奖学金高于普通高中，招生顺序先于普通高中（实行春季分流招生），收取学费全额用于学校改善办学条件等措施。

依托国家和地方政府的支持，学校确立了以"面向市场、开放办学、自创特色、自主发展"为指导思想，坚持"立足农村、服务经济、为农育才、助农致富"的办学方向，以"管理企业化、专业市场化、教学现代化、学生'产品'化、产教研一体化、后勤社会化"为治校方略，努力把学校办成农村人力资源开发、技术培训和推广、农民脱贫致富的基地。

在县委、县政府的重视关心下，学校成功地合并了射洪县成人中专学校和射洪县教师进修学校，实现了优势互补、资源共享、共谋发展、共同进步的目标。通过合并重组，学校办学规模效益明显，办学特色更加突出。同时，相邻的射洪县实验中学校与我校合并，整合教育资源，扩大办学规模，建立"射洪县农民工培训中心"。在校学生由重组前的820人增加到4950人，形成了职前与职后、高职与中职、脱产与函授、学历教育与短期培训相结合的办学新格局，发挥了"国重"优势，走上了职教集团化道路。

在开展农民工培训、有效转移农村剩余劳动力方面，学校重点抓了以下四个方面的工作：一是培训的"定单化"。学校根据县就业局提供的招工信息和招工单位要求，定向开展培训，经技能考核合格，输送到用工单位签订合同。二是重视综合素质的提高，特别是突出就业意识、职业道德和社会公德，强化法律意识。三是按市场需求开展职业技能培训。四是强化服务意识，搞好跟踪服务。学校和县就业局、司法局、公安局等部门一道，积极开展农民工的维权服务。经调查，通过我校技能培训的农民工每月收入比未经培训的农民工高200～400元，使劳务输出由数量、体力型逐步向技能、智能型转变，增强了我县劳动力的综合竞争力，为发展我县劳务经济做出了贡献。

在推广实用技术、促进农村产业结构调整方面，我校始终坚持"立足农村、以农为本、推广技术、助农致富"的办学宗旨，坚持农业的基础地位不动摇，充分发挥国家重点职业学校的师资设备、技术优势，使农村劳动力与生产资料有机结合，促进人力资本与其他资本有机结合，从而实现人力资本效益的最大化，在为"三农"服务示范做出了显著成绩。

一是开展村、社干部培训。根据县委县府的要求，学校承担全县村社干部培训任务，主要开展基本权益保护、法律知识、城市生活常识、寻找就业岗位等知识培训，目的在于让村社干部更新观念、解放思想，提高他们遵纪守法和依法维护自身权益的意识，树立新的就业观，学到一技之长，成为发家致富、振兴本村经济的带头人。仅2003年，学校派教师到全县30个乡镇培训村社干部10期，培训人员达1000余人，提高了他们的综合素质，达到了预期目的。

二是充分发挥校内基地作用，把校内基地建成当地"三高"农业示范基地。在学校邻近租地 120 亩，建成了"现代农业观光示范园区"，园区是集休闲、观光、生产于一体的蔬菜—果—鱼—花卉生产基地。

三是学校建立了蚕业技术承包、服务中心。由我校蚕业技术教师贾应松承包我县 7 个乡镇 97 个村的蚕桑养殖技术，仅 2000—2003 年，就举办专题讲座 571 期，培训养蚕员 41112 人次，取得了明显的社会效益和经济效益。这些乡村三年来增蚕 67.4 万千克，共增值 674 万元，科技增值 98.4 万元，节约蚕款 28.1 万元。通过以上几个方面的努力，促进了射洪农村经济的全面发展。

2000 年，学校被教育部评为"全国中小学德育工作先进集体"。2002 年，被国家三部委表彰为"全国职业教育先进单位"。2003 年，被教育部、财政部确定为国家重点建设 50 所"示范性职业中专学校在"之一，争取中央财政资金 1 千万元建设学校。2004 年，经专家考评团一致通过，学校以全省最高分荣获"国家重点职中"称号。

2003 年 4 月 21 日、2004 年 4 月 5 日，中共中央委员、四川省委书记、省人大常委会主任张学忠等领导两次到校视察，看到良好的育人环境、先进的教学设备、雄厚的师资队伍、农民工学技能的场面，高兴地说："一个人口众多的地区，如何把人力资源转化为人才资本，这里的做法最有说服力，'订单培训'经验不错，值得丘陵地区乃至全川学习。"并欣然题词："农训基地，致富摇篮。"

首批国示　职教先锋（2005—2013 年）

2004 年以后，国家的职业教育以"培养社会主义新时期的新型实用农村劳动者"为主要目标。所采取的政策措施主要包括四个方面：一是加强农村转移劳动力培训力度，广泛开展农村劳动力转移培训和农村实用技术培训；二是提倡城乡职业教育的统筹发展，积极推动校企合作、产学结合以及订单式培养；三是深化职业技术学校改革，包括推行学分制政策、实施助学金制度，鼓励勤工助学、半工半读等多种办学方式，为贫困生的学习提供更多便利；四是积极推进职业教育发展专项建设计划，按照"坚持扶优扶强、面向农村、统筹规划、分步实施，中央引导、地方为主"的原则，重点扶持一批专业设置合理、办学效益突出的职业学校。这些政策的实施，为我国农村职业教育的进一步发展、完善提供了有利的政策环境，促进了农村职业教育的全面、快速发展。

为此，学校不断更新育人观念，树立科学办学思想，制订了坚持以服务为宗旨、以就业为导向、以质量为核心、以改革创新为动力，以"保规模、调结构、强管理、提质量"为基本要求，坚持"办学多元化、专业市场化、管理企业化、教学现代化、课程'项目'化、产教一体化、就业多向化"的治校方略。实行"六合一"教学法，即：学校与企业合一、教室与车间合一、教师与师傅合一、学生与学徒合一、上课与上班合一、作业与产品合一。响亮地提出了"读书就是工作，上课就是上班"这一具有鲜明职教特色的办学理念。

为解决贫困生的读书问题，2006年，学校与农村信用社签订"银校合作"协议，实行"学生贷款读书，企业实习还贷，读满三年学制，退还全部学费"模式，使农村孩子"用银行的钱读自己的书，用明天的钱读今天的书"，这种改革解决了贫困生读书难、就业问题，这一模式开创了全省乃至全国先河，既扩大了招生人数，同时使学生减少流失，实现学校、家庭、社会的三赢局面。

2009年，学校积极响应省委、省政府关于甘孜州藏区"9＋3"学生免费教育计划，上、下期分别接受藏区学生60人、168人。学校提出"思想好跟党走，管理好不出事，生活好没意见，学习好能挣钱，就业好能挣钱"的"五好"育人目标落实工作，针对藏区学生的宗教信仰、性格特点、生活方式等开展了丰富多彩的文体活动。省委副书记李崇禧及市、县领导均到校看望了藏区学生，学校管理工作受到各级领导的好评，管理经验在全省交流，并被中央电视台等多家媒体采访报道。

2011年，学校成功申报全国职业教育项目建设发展示范学校。示范校建设项目共七个：机电技术应用、数控技术应用、电子电器应用与维修、中餐烹饪、学前教育五个重点专业项目；信息化资源中心建设、送教下乡服务三农两个特色项目。通过建设形成了"四位一体"的集团办学模式，探索了"1323"人才培养模式，深化了"以工作过程为导向"的课程体系改革、"理实一体化"的教学改革和"四化"学生学业评价模式改革，形成了一支专兼结合的"双师型"团队，建好了信息化资源中心和校内外实习实训基地，实践了农村"双带头人"培养，增强了服务"三农"的能力。以"三生"教育为主题打造校园文化，加强了学校内涵建设，全面提高了综合办学实力和育人质量。

示范校建设三年期间，共毕业中职生3832人，其中高职对口升本科274人，升专科354人，推荐就业学生3127人，一次性就业率达98%，专业对口就业率达 85％，稳定率达 89％。241 名"9＋3"毕业生中，61 人考上公务员，15 人参军。连续三年参加市技能抽考获第一名，参加市技能大赛获团体一等奖。电子专业学生冉鹏程、数控专业学生王太明参加全国技能大赛均获三等奖。

示范校建设三年期间，承担阳光工程、退役士兵、劳务品牌等项目培训共计 15415 人，培训合格率达 98％，转移率达 97％。2011 年 9 月，参加培训的农民工陈永松、胡尧代表遂宁市参加省农民工技能大赛获钢筋工三等奖和服装裁剪与制作优秀奖。据县农办跟踪调查，三年来经培训的农民工仅 2012 年就挣回 1.5 亿收入，占全县劳务收入 6％，为射洪经济发展做出了贡献。

示范校的成功建设，有力地促进了区域职教水平的提高。2012 年 11 月，在川职院第十七期校长岗位培训班上，范文明校长以《遵循职教规律 创新办学模式 培育技能人才》为题讲课。2013 年 6 月，在川师大举办的西部职教论坛上，蒲伟副校长以《建好教学工厂，开辟企业课堂》为题交流办学经验。2013 年 6 月，省教厅在川职院举办的中职校党组织负责人"中国梦"学习班的 120 名书记来校参观学习。经省教厅推荐，河北阜平职教中心来我校考察示范校建设情况。中江职中、宜宾工商职中、遂宁市大英职中等市内外 16 所学校先后到我校考察学习。学校"1323"人才培养模式被市教育局推荐到省教厅参加省第五届教学成果评选。2012 年 10 月，省教育厅下发工作简报，对学校的"国示项目首年度建设工作自查"和"送教下乡服务三农"国示建设特色工作向全省中职校推广。中国职教学会 2013—2014 年课题《中职学校语文诵读教材编写的研究与实践》《中职学生顶岗实习前社会实践之探索》结题并获二、三等奖。2014 年《中职学校人才培养模式探索》获四川省人民政府教学成果二等奖。

提质赋能　内涵发展（2014 年—至今）

2014 年 6 月，国务院召开了全国职业教育工作会议。习近平总书记就职业教育工作专门做出重要批示，李克强总理发表重要讲话，这次会议确立了我国职业教育新的战略地位，省人民政府也出台了《国务院关于加快发展现代职业教育的实施意见》（川府发〔2014〕48 号）；2019 年 1 月，国务院出台了《国家职业教育改革实施方案》（简称《职教 20 条》），提出了7 个方面 20 项政策的举措。概括起来，就是国家要提升职业教育地位、稳定职业教育规模、优化职业教育资源配置、加大职业教育投入、规范职业教育行为，把职业教育摆在教育改革创新和经济社会发展中更加突出的位置。

教育部 2021 年工作要点中指出："加快构建职业院校、高校服务乡村振兴的工作体系。"不难看出，随着国家经济、文化的高速发展，职业教育的地位和作用越发彰显。作为国家中等职业教育改革发展示范校的射洪职中，也应担负起更大的责任和使命，和党委政府中心工作同频，和经济社会发展需求共振。为此，学校将办学思路调整为："稳规模、调结构、抓规范、强管理、提质量、办特色、上台阶"。在 3—5 年内学生规模稳定增长到 5000 人。大力调整专业结构，以重点专业为龙头，打造加工制造、信息技术、旅游服务、交通运输、教育管理五大专业群；调整升学就业学生结构，落实"全员升学、兼顾就业、专科保底、重本突破"目标。建立完善现代学校发展体系和运行体系，上移学校的决策重心，下移管理重心。加强内部管理，健全绩效考核体系，完善学生学分评价系统，着力提升教育、教学、升学、就业、服务五大质量。主动融入市委市府的经济建设工作中，办服务地方经济的特色专业。联姻高职院校，在校办专科专业，配合市委市府建立射洪市完整的职业教育体系。

以现代农技专业群为中心，积极服务三农建设。2018 年，学校现代农艺技术专业成功申报为四川省首批重点建设专业。两年来，学校确立了"校农合作、学劳结合、双向发展"的农艺专业人才培养模式；构建了"232"课程体系；探索出了基于生产过程的"三化三定"的教学模式和实训课师徒式"八字"教学环节；形成了"三力并举、双轨互聘、学、做、研、创"专业教学团队建设模式；改扩建了校内实训基地，实训室达 11 间，实训工位 440 个，建成了优质课程和共享型教学资源库建设；校企合作打造了有农艺专业特色的农耕文化体验园，与七家企业签订了校企合作协议并建立了校外实习基地；构建了基于学分制的多元化质量评价体系；建立了专业教学诊改预警系统与毕业生跟踪服务平台；构建了 D—J—S—F 新型职业农民培训体系。现代农艺技术专业的建设将在服务三农、乡村振兴方面提供强有力的人才支撑。《中餐烹饪专业教学模式的实践与探索》获遂宁市 2017 年教学成果二等奖。遂宁市金融学会课题《遂宁市中职教育与地方经济增长关系研究》结题。四川省教师教育中心课题《产教融合视角下中职师资团队建设改革与实践》、四川省财政厅课题《农村新型经营主体会计人才培养机制研究（以遂宁市为例）》获得立项，组织了开题。

2020 年，学校与四川合众生态农业有限公司共同投资 120 余万元，建设"农耕文化体验园"。体验园以展板、古近代农业用具实物、农村生活场景、种植小田块、多媒体互动平台、农产品展示、农产品加工与品尝区等形式，展示农业发展进程、介绍农业发展特定人物，弘扬我国历史悠久、辉煌灿烂的农耕文化，培育学生三农情怀，拓展国际视野，树立学农、爱农和服务于农的职业理想。

在助力脱贫攻坚方面，射洪职中承担了很大的责任，也取得了显著的成绩。射洪职中学生总体来说文化基础差、留守学生多、贫困生比例大，学校通过知识扶贫、心理扶贫、经济扶贫、技能扶贫等方式，在脱贫攻坚工作中大显身手。仅近三年，射洪职中共招收建档立卡贫困学生近 600 人，其中 200 余人顺利升入大学，300 余人成功就业；农训校区帮助了全县 30 个乡镇 100 余个村社中近 200 个贫困家庭送上农、林、牧、渔业技术支持。学校为贫困生免除学费，申报助学金和特殊生活补助，申报教育救助基金等共计 470 余万元；筹措并发放"梦飞翔"助学金近 30 万元。参与精准扶贫企业 63 家，参与精准扶贫的民主党派 3 个，贤达人士 26 人。学校搭建教育平台，学生享受利好政策，助推贫困生一臂之力，圆莘莘学子求学之梦。

随着经济社会的不断发展，中职学历教育远不能满足市场对人才的需求，通过国家中高职立交桥的成功构建，中等职业教育不再是终极教育，学生毕业后除可以选择就业外，更多的学生愿意升入高一级学校读专科、本科，甚至再读研究生。通过职业教育升学，学生可以获得与普通教育同等含金量的学历证书，也可以较早地学习到自己喜欢的专业知识。职教高考与普通高考对文化科目分别要求，分线录取，对学科发展不平衡的学生尤其有很大吸引力。射洪职中人在深入研究职业教育的新形势和新变化的基础上，适时调整思路，从"就业导向"向"升学就业双导向"转变。加大了升学教育的资源配置力度，成立了升学教育的专门研究和管理机构，遴选了一批擅长升学教育的优秀教师，吹响了向高考进军的响亮号角。近几年，学校已经成功打造升学教育这张靓丽名片，学校连续多年被市局表彰为"高考先进集体"，60% 以上的新生自愿选择升学教育。同时，学校还进一步加强和优秀高校联合办学，通过办好"3＋2""3＋3""3＋4"、单独招生、技能拔尖人才免试等形式，拓宽学生成才通道，提升人才培养质量，更好地为乡村振兴服务。

"却顾所来径，苍苍横翠微"。如今的射洪职中人，一刻也没有停止追求的步伐，用自己的勤奋和智慧，不断书写职业教育"奋进之笔"，在助力乡村振兴和脱贫攻坚方面，不断展现了职教人的担当和作为。一方面通过农民工培训中心开展职业技能、退役士兵、劳务品牌、新型职业农民等培训；另一方面通过现代农技专业省级示范建设，促进专业发展、人才培养模式改革、师资队伍建设、课程体系优化、办学条件改善，促进产教融合，产农融合，以农业实训基地建设和农业创业项目为抓手，提高了现代农技专业团队服务乡村振兴能力。射洪职中先后推进了国家示范建设、省级重点专业建设、省级师范专业建设，加上良好的运行管理机制，为乡村振兴人才培养优质校建设提供了人才保障、建设经验和服务基石。

第二章 研究现状

第一节 关于乡村振兴的研究

一、关于乡村振兴的文献计量学分析

乡村振兴战略是习近平总书记在十九大报告中提出的重大战略之一，乡村振兴是治国安邦之本，是我党高度重视"三农"问题工作的重中之重，是关乎决胜全面建成小康社会和全面建设社会主义现代化国家的重任。乡村振兴战略是建设新时代中国特色社会主义的一项重大改革，学界对于乡村振兴的研究成果颇丰，下面对其进行文献计量学分析。

（一）研究工具

本研究利用知网可视化分析功能，以图表的方式直观呈现学界当前的研究现状。

（二）数据来源

本研究数据来源于知网搜索文献，以"乡村振兴"为主题进行搜索，所得文献 64935 篇。

（三）研究结果

为直观展现当前学界对大学生思想政治教育研究的现状，本研究对所选文献从时间分布、影响力、作者、研究机构、被引次数和关键词等方面进行可视化分析。

1. 文献时间分布

对文献时间分布的统计，可以清楚地呈现出该领域每一年的发文数量，勾勒出学界对于该领域的研究趋势。

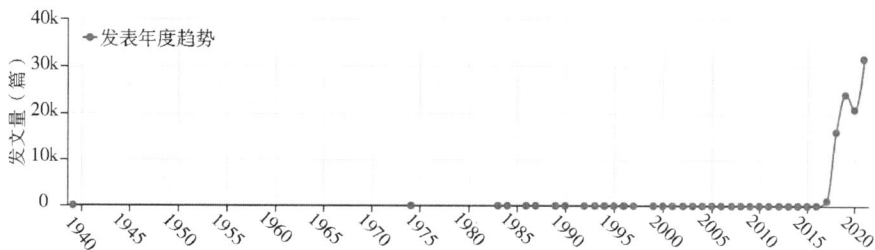

图 2－1　发文数量年度分布图

由图 2－1 可知，学界对于乡村振兴的研究自 2017 年始呈现急剧上升的趋势。可见自习近平总书记在十九大报告中提出乡村振兴战略，学界立马对其展开研究，体现了研究的时代性，紧跟国家政策，契合社会发展需求。此后两年里，相关研究成果都是呈现急剧上升的态势，并在 2019 年达到一个峰值。在 2020 年里，相关研究成果有所下降，说明该研究领域经历了研究初期的热潮之后，开始逐渐沉淀下来，对乡村振兴的思考也更加成熟。到 2021 年，相关研究成果又立马回升，达到一个前所未有的高度。说明自 2017 年开始，直至将来很长的一段时间里，该研究领域都会是学界的一个研究热点话题。

总之，通过学界对于乡村振兴的发文数量的时间分布图分析发现，当前学界对于该领域的研究正处于持续上升期，并在未来持续很长一段时间。

2. 高频主题

研究主题是指文章的核心词，是一篇文章的中心所在。它表明了作者对于该研究领域的研究切入点。对于高频主题的统计可以发现学界对该研究领域的切入点，是分析研究热点指向的重要指标。

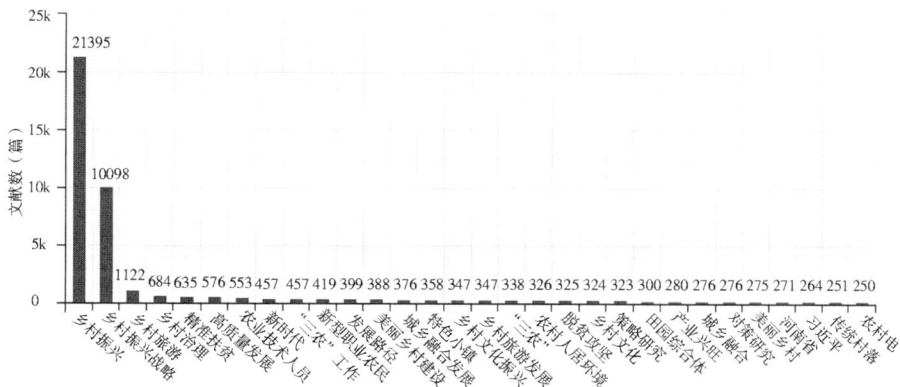

图 2－2　高频主题分布图

由图2-2可知，当前学界对于乡村振兴研究领域的高频研究主题排名前五的有乡村振兴、乡村振兴战略、乡村旅游、乡村治理和精准扶贫。

中国特色社会主义理论体系研究中心特约研究员、西北工业大学马克思主义学院副院长郝保权认为，实施乡村振兴战略是以习近平同志为核心的党中央对"三农"工作做出的重大决策部署，具有五大战略意义。一是没有农业农村的现代化，就没有国家的现代化。农业是国民经济的基础，农业稳则国家稳，农业兴则国家兴。推进乡村振兴，深化农业供给侧结构性改革，构建现代农业产业体系、生产体系、经营体系，激活农村各类生产要素，有利于推动农业从增产导向转向提质导向，从传统农业转向现代农业，增强我国农业创新力和竞争力，为推进农业农村现代化奠定坚实基础。

二是建设美丽中国离不开美丽乡村。实施乡村振兴战略，树立和践行"绿水青山就是金山银山"的理念，坚持尊重自然、顺应自然、保护自然，统筹山水林田湖草系统治理，加快推行乡村绿色发展方式，加大农村人居环境治理力度，有利于建设生活环境整洁优美、生态系统稳定健康、人与自然和谐共生的生态宜居美丽乡村。

三是历史悠久的农耕文化是中华文明的重要组成部分，很多村庄都是彰显和传承中华优秀传统文化的重要载体。通过实施乡村振兴战略，挖掘中华优秀农耕文化蕴含的乡村文化资源，在保护传承的基础上与时俱进地做创造性转化、创新性发展，建设诚实守信、邻里和睦、勤俭节约的文明乡村，有利于在新时代焕发乡村社会文明新气象，进一步丰富、传承中华优秀传统文化。

四是加强和创新社会治理，是完善和发展中国特色社会主义制度、推进国家治理体系和治理能力现代化的重要内容。社会治理的基础在基层，薄弱环节在乡村。实施乡村振兴战略，加强农村基层基础工作，健全乡村治理体系，确保广大农民安居乐业、农村社会安定有序，有利于打造共建共治共享的现代社会治理格局，推进国家治理体系和治理能力现代化。

五是实施乡村振兴战略，不断拓宽农民增收渠道，有利于增进农民福祉，让亿万农民实现对美好生活的向往、走上共同富裕的道路。郝保权表示，按照产业兴旺、生态宜居、乡风文明、治理有效、生活富裕的总要求，有序推进乡村振兴，有利于推动农业从增产导向转向提质导向，有利于构建人与自然和谐共生的乡村发展新格局，有利于进一步丰富和传承中华优秀传统文化，有利于打造共建共治共享的现代社会治理格局，有利于培育新型职业农民、增进农民福祉，对于解决新时代我国社会主要矛盾、实现"两个一百年"奋斗目标和中华民族伟大复兴中国梦具有重要战略意义。

实施乡村振兴战略显然不是要对已经得到较好发展的乡村和具备较好发展资源条件的乡村进行锦上添花式的建设，而是要着力为占中国农村和农民大多数的中西部一般农业型农村地区雪中送炭；显然也不是要为具备进城能力的农民提供更多利益，而是要为缺少进城机会与能力的农民在农村的生产生活提供保障。[①]

3. 期刊发文量

期刊是重要的学术信息交流平台，期刊质量受期刊影响因子、载文量被引频次等诸多因素共同影响。[②] 期刊影响因子越高、载文量被引频次越高，说明期刊被学术界的认可程度越高，影响力越大。对于期刊发文量的统计，在一定程度上可以知道文献质量的好坏。在高影响力期刊上的发文数量越高，说明该领域研究成果的质量就越好。

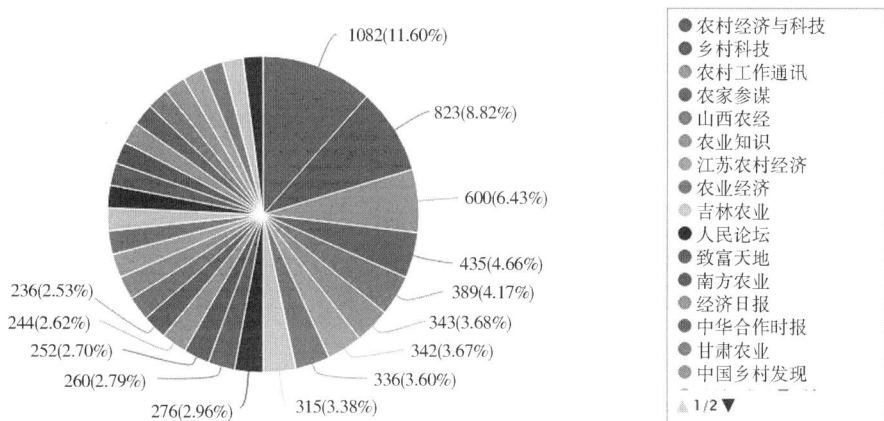

图2-3 期刊发文量分布图

由图2-3可知，学界对于乡村振兴的研究文献主要发表在农村经济与科技、乡村科技、农村工作通讯、农家参谋和山西农经等杂志上，分别占学界总发文量的 11.60%、8.82%、6.43%、4.66%、4.17%。说明学界对该领域的研究文献成果发表不甚集中，较为分散。

4. 高产学者

高产学者是指在某一研究领域发文数量达到一定标准的学者。而这个

①贺雪峰. 关于实施乡村振兴战略的几个问题 [J]. 南京农业大学学报（社会科学版），2018（3）.

②吴向文，王志军. 2001—2005境内外教师教育研究文献计量分析及其启示 [J]. 教师教育研究，2016（6）.

标准的衡量，根据普赖斯的科学计量理论，高产学者的发文量应为。$N = 0.749(\eta_{max})^{\frac{1}{2}}$ 其中 η_{max} 为该研究领域发文量最多的学者的论文数。[①] 根据普赖斯理论的公式计算，当前国内学者关于大学生思想政治教育的研究文献发文数量最高为 38 篇，高产学者需达到的发文数量标准为 4 篇及以上。对于高产学者的统计，可以清楚地知道当前学界对于某一研究领域具有较高造诣或者说较为权威的学者。

表 2—1   研究乡村振兴的高产学者

序号	作者	发文数量
1	韩长赋	38
2	郭晓鸣	32
3	刘彦随	30
4	龙花楼	29
5	孔祥智	28
6	郑风田	27
7	贺雪峰	27
8	魏后凯	25
9	朱启臻	24
10	陈文胜	23

通过知网可视化分析功能发现，当前学界对于乡村振兴研究发文数量达到 4 篇及以上的学者数量较多，在此不一一列举，仅列举前十的学者。如表 2—1 所示，关于乡村振兴研究领域发文数量最多的学者是韩长赋，达到了 38 篇，其后差距不是非常明显，说明学界关于乡村振兴的研究成果较为分散，呈现出多点开花的态势。

5. 高被引文献

文献被引用的次数表明学界其他学者对于论文的认可程度，被引次数越多，说明论文的学界认可度越高，反之则越低。这也在一定程度上反应

---

①李小霞. 近年来国内洛特卡定律研究综述［J］. 科技情报开发与经济，2005（13）：27—28.

了论文质量的高低。高被引文献一般具有四个特征：第一，论文具有创新性和重要性。科学家发表论文的目的是推进人们对某个细小领域的理解，增加新的认识，这就意味着要发表创新的结果或方法。因此，好的SCI论文必须具有激发读者兴趣的创新研究内容。研究的重要性也不言而喻，所研究的对象应比已有的材料/方法/理论更好或者更深入，能解决相对重要的科学问题，甚至能开创一个新的研究领域，从而在已有的研究中持续地产生影响力。第二，论文结论通用性强，受众广泛。论文是学者之间进行学术交流的一种媒介。如果对论文感兴趣的读者太少，引用量就会低。反之，如果能将研究结果总结并抽象出较为通用的结论，使论文获得一定的普遍意义，就可能拥有较为广泛的受众，进而有更大机会获得高引用量和影响力。第三，论文内容全面且分析透彻。高被引论文中会包含三个问题：本文做了什么？为什么做？做了之后又能怎样？除了能深入分析和解决问题，还会清晰地告诉读者研究的动机，即娓娓道来已有研究存在的改进空间或不足以及新的解决方法，并深入讨论解决该问题后带来的贡献或价值。除了内容全面，高被引论文还有分析透彻的显著特征，通过严谨的分析，将复杂问题简单化，并形成清晰的分析脉络，让人有豁然开朗的感觉。第四，论文表达流畅简洁，可读性强。论文有了好的研究内容，还需要通过优秀的写作技法来体现，从而在作者和读者之间搭建起一座顺畅的沟通桥梁。因此高被引论文具有流畅清晰的语言表达，论文语句让读者容易理解，可读性强。

通过对学界关于乡村振兴的研究成果梳理，文献被引次数最高的是刘彦随的《中国新时代城乡融合与乡村振兴》，被引次数高达803次，其后依次是廖彩荣的《乡村振兴战略的理论逻辑、科学内涵与实现路径》、叶兴庆的《新时代中国乡村振兴战略论纲》等，被引次数也分别达到了508次和465次。可见这几篇论文被学界其他学者广泛认可，代表了论文本身具有较高的质量。表2—2梳理了被引次数前十的文献。

表2—2 关于乡村振兴研究文献的被引次数

序号	第一作者	文献名称	文献来源	发表时间	被引频次
1	刘彦随	中国新时代城乡融合与乡村振兴	地理学报	2018年	803
2	廖彩荣	乡村振兴战略的理论逻辑、科学内涵与实现路径	农林经济管理学报	2017	508

续表2-2

序号	第一作者	文献名称	文献来源	发表时间	被引频次
3	叶兴庆	新时代中国乡村振兴战略论纲	改革	2018	465
4	王亚华	乡村振兴——中国农村发展新战略	中央社会主义学院学报	2017	342
5	张军	乡村价值定位与乡村振兴	中国农村经济	2018	336
6	黄祖辉	准确把握中国乡村振兴战略	中国农村经济	2018	328
7	陈锡文	实施乡村振兴战略，推进农业农村现代化	中国农业大学学报（社会科学版）	2018	276
8	刘合光	乡村振兴战略的关键点、发展路径和风险规避	新疆师范大学学报（哲学社会科学版）	2018	276
9	张强	乡村振兴：从衰落走向复兴的战略选择	经济与管理	2018	251
10	郭晓鸣	实施乡村振兴战略的系统认识与道路选择	农村经济	2018	238

6. 研究结论

从研究时间来看，自2017年乡村振兴战略提出以来，学界产生了大量的研究成果，到现在为止，虽然其间出现过短暂波动，但是发表文献的大体趋势是积极向好发展。在未来的时间里，乡村振兴将会是学界持续关注的热点话题。

从高频主题来看，学界对乡村振兴的研究主要从乡村振兴、乡村振兴战略、乡村旅游、乡村治理和精准扶贫的角度切入，反映了学界积极响应国家号召，站位较高。同时，也表明学界研究紧跟社会发展需求，学术研究来源于社会，又高于社会，所产生的研究成果成为广大社会可资借鉴的参考依据，具有明显的时代特征和极强的实用性。

从期刊发文量来看，关于乡村振兴的研究成果多发表在《农村经济与科技》《乡村科技》《农村工作通讯》《农家参谋》和《山西农经》等农业相关的杂志上。

从高产作者和高被引文献来看，研究文献的个人发文数量较多，论文质量较高。

二、关于乡村振兴的政策研究

中国是一个农业大国，也是一个农民大国。乡村振兴战略的提出完全是从中国国情、从中国当前经济社会发展的阶段性特征中做了深入的分析后得出的一个重大判断，也是今后中国发展中的重大战略。十九大报告一共提出了七大战略：科教兴国战略、人才强国战略、创新发展战略、乡村振兴战略、区域协调发展战略、可持续发展战略和军民融合发展战略。其他六大战略在以前的中央文件中、中央领导同志的重要讲话中或多或少都提过，而唯独乡村振兴战略是第一次提出来。它提出的背景就像总书记讲的那样，正值处在中国发展的一个重要的历史交汇点上，再过几年我们要实现全面小康，到 2035 年我们要实现基本现代化，到 2050 年要建成现代化强国。所以在这个时点提出乡村振兴战略确实有特殊背景，这个背景就是中国的特殊国情。

近年来，针对乡村振兴，国家相关部门出台了多项政策，有力地促进了乡村振兴的发展，从宏观政策层面对乡村振兴提供支持，积极引导社会力量参与其中，极大地改善了乡村面貌。下面，笔者梳理了十九大以来，国家就促进乡村振兴所发布的政策、文件和举行的重大活动。

2017 年 2 月，"田园综合体"作为乡村新型产业发展的亮点措施被写进中央一号文件，文件提出，支持有条件的乡村建设以农民合作社为主要载体、让农民充分参与和受益，集循环农业、创意农业、农事体验于一体的田园综合体，通过农业综合开发、农村综合改革转移支付等渠道开展试点示范。

2017 年 5 月，财政部印发《关于开展田园综合体建设试点工作的通知》财办（〔2017〕29 号），明确了试点立项的条件，并确定了 18 个省份开展田园综合体建设试点，中央财政从农村综合改革转移支付资金、现代农业生产发展资金、农业综合开发补助资金中统筹安排，每个试点省份安排试点项目 1～2 个，如建设成效较好，符合政策要求，今后可逐步纳入国家级试点范围。

2017 年 5 月，财政部、农业部联合发布《关于深入推进农业领域政府和社会资本合作的实施意见》（财金〔2017〕50 号），文件提出，财政部、农业部将从各省（区、市）推荐的农业 PPP 示范区中择优确定"国家农业 PPP 示范区"。国家农业 PPP 示范区所属 PPP 项目，将给予土地使用的优先倾斜及 PPP 以奖代补资金的优先支持。

2017 年 6 月，财政部有关负责人就开展农村综合性改革试点试验和田园综合体试点工作答记者问时，财政部有关负责人明确表示，中央财政对于开展试点试验省份给予适当补助，对于改革试点成效显著的省份，中央财政将继续给予奖补支持，原则上不超过三年，三年共扶持 1.5 个亿。

2017 年 6 月，国家农业综合开发办公室，国家农业综合开发办公室发布的《关于做好 2018 年农业综合开发产业化发展项目申报工作的通知》（国农办〔2017〕21 号），文件提出，大力扶持中小型农业经营主体，建立拟贷款贴息项目单位名录；对列入名录且符合条件的项目单位实际发生并已经支付利息的贷款进行贴息，贴息周期为 2018 年 1 月 1 日至 2018 年 12 月 31 日，贴息资金在 2019 年结算。

2017 年 12 月，自然资源部发布《国家发展改革委关于深入推进农业供给侧结构性改革做好农村产业融合发展用地保障的通知》（国土资规〔2017〕12 号），通知提出，优先安排农村基础设施和公共服务用地，对利用存量建设用地进行农产品加工、农产品冷链、物流仓储、产地批发市场等项目建设或用于小微创业园、休闲农业、乡村旅游、农村电商等农村二、三产业的市、县，可给予新增建设用地计划指标奖励。

2018 年，国家级田园综合体试点将获得每年 6000 万～8000 万的资金支持，连续三年；省级田园综合体试点将得到 3000 万～6000 万的资金支持。

2018 年休闲农业补贴新政策，其中一二三产业融合试点项目可申请项目总投资的 30％的资金补贴，资源节约与环境保护中央预算内投资备选项目可申请项目总投资 10％左右补助数额，生物质能综合利用示范项目可申请项目总投资 10％左右的补助数额，现代农业园区试点申报立项目，省级可申请 1000 万～2000 万元、国家级可申请 1 亿～2 亿元。2018 年农业农村部与中国邮政储蓄银行联合，通过合作，2018 年增加 1000 亿元的邮储银行涉农贷款，三年内实现 100 个农业产业化龙头企业与 100 个农村项目开发，授信贷款金额达到 1000 亿元。

2018 年 1 月，中共中央、国务院印发《中共中央国务院关于实施乡村振兴战略的意见》，意见提出，实施乡村振兴战略的目标任务：到 2020 年，乡村振兴取得重要进展，制度框架和政策体系基本形成；到 2035 年，乡村振兴取得决定性进展，农业农村现代化基本实现；到 2050 年，乡村全面振兴，农业强、农村美、农民富全面实现。

2018 年 3 月，国务院办公厅印发《关于促进全域旅游发展的指导意见》，意见提出，将旅游发展所需用地纳入土地利用总体规划、城乡规划统筹安排。

2018 年 3 月，国务院办公厅印发《跨省域补充耕地国家统筹管理办法》和《城乡建设用地增减挂钩节余指标跨省域调剂管理办法》，将建立城乡建设用地增减挂钩节余指标跨省域调剂机制落实到具体政策上。

2018 年 4 月，文化和旅游部、财政部发布《关于在旅游领域推广政府和社会资本合作模式的指导意见》（文旅旅发〔2018〕3 号），意见指出，优先支持符合意见要求的全国优选旅游项目、旅游扶贫贷款项目等存量项目转化为旅游 PPP 项目。

2018 年 4 月，财政部、农业部发布《农业生产发展资金管理办法》，文件共包含 11 类补贴，其中，农村一二三产业融合发展补贴主要用于支持农产品产地初加工、产品流通和直供直销、农村电子商务、休闲农业、农业农村信息化等方面。

2018 年 9 月，中共中央、国务院印发《乡村振兴战略规划（2018—2022 年）》，规划提出，到 2020 年，乡村振兴的制度框架和政策体系基本形成，各地区各部门乡村振兴的思路举措得以确立，全面建成小康社会的目标如期实现。到 2022 年，乡村振兴的制度框架和政策体系初步健全。到 2035 年，乡村振兴取得决定性进展，农业农村现代化基本实现。到 2050 年，乡村全面振兴，农业强、农村美、农民富全面实现。

2018 年 9 月，财政部印发《贯彻落实实施乡村振兴战略的意见》（财办〔2018〕34 号），意见提出，公共财政将更大力度向"三农"倾斜，落实涉农税费减免政策，鼓励地方政府在法定债务限额内发行一般债券用于支持乡村振兴、脱贫攻坚领域的公益性项目。确保投入力度不断增强、总量持续增加。

2018 年 9 月，农业农村部办公厅印发《乡村振兴科技支撑行动实施方案》，方案还提出将打造 1000 个乡村振兴科技引领示范村（镇）；而科技部结合"关于创新驱动乡村振兴发展的意见"，正着手编制《乡村振兴科技创新专项规划（2018—2022 年）》，以细化实化政策措施，分类有序推进创新驱动乡村振兴实施。

2018 年 10 月，国家发展改革委印发《促进乡村旅游发展提质升级行动方案（2018—2020 年）》，方案提出，要补齐乡村建设短板，加大对贫困地区旅游基础设施建设项目推进力度，鼓励和引导民间投资通过 PPP、公建民营等方式参与有一定收益的乡村基础设施建设和运营等规划，扩展乡村旅游经营主体融资渠道等。

2018 年 12 月，农业农村部、国家发展改革委、财政部等六大部门，联合下发了《关于开展土地经营权入股发展农业产业化经营试点的指导意见》，旨在进一步在全国推广"土地入股"。

2018 年 12 月，第十三届全国人民代表大会常务委员会第七次会议通过了《关于修改〈中华人民共和国农村土地承包法〉的决定》第二次修正，新修改的法律从 2019 年 1 月 1 日起施行。

2019 年 6 月，《自然资源部办公厅关于加强村庄规划促进乡村振兴的通知》指出力争到 2020 年底，结合国土空间规划编制在县域层面基本完成村庄布局工作，有条件、有需求的村庄应编尽编。暂时没有条件编制村庄规划的，应在县、乡镇国土空间规划中明确村庄国土空间用途管制规则和建设管控要求，作为实施国土空间用途管制、核发乡村建设项目规划许可的依据。对已经编制的原村庄规划、村土地利用规划，经评估符合要求的，可不再另行编制；需补充完善的，完善后再行报批。

2019 年 7 月，农业农村部办公厅、财政部办公厅发布《关于支持做好新型农业经营主体培育的通知》指出支持实施农民合作社规范提升行动和家庭农场培育计划，积极发展奶农合作社和奶牛家庭牧场，培育创建农业产业化联合体，加快培育新型农业经营主体，加快构建以农户家庭经营为基础、合作与联合为纽带、市场需求为导向的立体式复合型现代农业经营体系。

2019 年 7 月，《农业农村部办公厅财政部办公厅关于批准开展 2019 年农业产业强镇建设的通知》指出，要把握建设要求、细化实施方案、精心组织实施、强化资金监管。

2019 年 8 月，第十三届全国人民代表常务委员会第十二次会议表决通过了关于修改《中华人民共和国土地管理法》《中华人民共和国城市房地产管理法》的决定。该决定破除农村集体经营性建设用地入市的法律障碍，首次界定了哪些是公共利益可以动用国家征收权，完善了土地征收程序，政府征地前要与被征地农民协商，在征地补偿方面，新法改变了以年产值倍数法来确定土地补偿费和安置补助费的做法，改为按区片综合地价进行补偿等。

2019 年 9 月，中央农办、农业农村部等 11 个部门和单位联合印发《关于开展农民合作社规范提升行动的若干意见》，对开展农民合作社规范提升行动做出总体部署。要提升农民合作社规范化水平；增强农民合作社服务带动能力，鼓励农民合作社发展乡村产业，强化服务功能，参与农村基础设施建设和文化建设，加强农民合作社与农户特别是贫困户的利益联结，推进合作与联合，引导家庭农场组建或加入农民合作社。开展"空壳社"专项清理，合理界定清理范围，按照"清理整顿一批、规范提升一批、扶持壮大一批"的办法。

2020 年 2 月，2020 年中央一号文件颁布了，继续聚焦三农问题。文件明确指出，2020 年是全面建成小康社会目标实现之年，是全面打赢脱贫攻坚战收官之年。"小康不小康，关键看老乡"。要完成上述两大目标任务，脱贫攻坚最后堡垒必须攻克，全面小康在"三农"领域突出短板必须补上。

2021 年 2 月，国家乡村振兴局正式成立，标志着乡村振兴这件大事，有了专门机构来主抓，已经从谋划阶段走向全面落地见效。

三、关于乡村振兴的内涵研究

乡村建设一直以来就受到党中央的关注，"三农"问题更是我国现阶段面临的重要难题，乡村振兴战略的提出为我国下一阶段的"三农"工作做出了明确的部署，也为全面建成小康社会，缩小城乡差距提供了重要保障。科学界定了新时代"乡村振兴"内涵——产业兴旺、生活富裕、乡风文明、生态宜居、治理有效。[①] 这也就是实现乡村振兴所需要达到的具体建设目标和任务集中体现。关于这五大目标任务的重要性及其位置，学界有不同的界定。黄祖辉认为"产业兴旺"是乡村振兴的经济基础；"生态宜居"是乡村振兴的环境基础；"乡风文明"是乡村振兴的文化基础，也是乡村德治的本质体现；"治理有效"是乡村振兴的社会基础；"生活富裕"是乡村振兴的民生目标。乡村振兴战略"二十字"方针所体现的五大目标任务是相互联系的有机体，因此，不仅要准确把握这"二十字"方针的科学内涵和要求，还要把握好这"二十字"方针所内含的五大目标任务的内在逻辑性和相互关联性，以便在乡村振兴战略实施中能做到整体设计、突出重点、方法得当、有序推进、事半功倍。具体而言，在乡村振兴战略推进过程中，首先，要把实现乡村百姓"生活富裕"作为乡村振兴的根本性目标。其次，要把乡村"治理有效"与"乡风文明"建设紧密结合起来，通过"治理有效"促进"乡风文明"建设，通过"乡风文明"建设提高乡村德治水平，实现"三治合一"的乡村"善治"格局。再次，要把"产业兴旺"与"生态宜居"有机结合起来，使"生态宜居"既成为乡村百姓"生活富裕"的重要特征，又成为"产业兴旺"的重要标志。这是因为，中国乡村的"产业兴旺"并不单纯是体现"一产农业"的"产业兴旺"，更要体现乡村一二三产融合和功能多样的"产业兴旺"，这其中，诸

①中共中央国务院关于实施乡村振兴战略的意见 [M]. 北京：人民出版社，2018.

如乡村休闲旅游业和各种类型康养产业的发展，无疑要以乡村"生态宜居"为基础和前提。①

新时代"乡村振兴"的这"20 字方针"，涵盖了目标、任务等内容，得到了学界普遍认同。习近平总书记在十九大报告中指出了农业农村农民问题的重要性，他将"三农问题"定性为关系国计民生的根本性问题，他提出必须切实解决好"三农"问题，将"三农问题"作为全党工作的重中之重。乡村振兴战略的实施分为以下几个阶段：到 2020 年，乡村振兴取得重要进展，制度框架和政策体系基本形成。各地区各部门乡村振兴的思路举措得以确立，全面建成小康社会的目标如期实现；到 2022 年，乡村振兴的制度框架和政策体系初步健全。探索形成一批各具特色的乡村振兴模式和经验，乡村振兴取得阶段性成果；到 2035 年，乡村振兴取得决定性进展，农业农村现代化基本实现。农民收入进一步提高，相对贫困进一步缩小，农村产业结合趋向合理。基本实现城乡基本公共服务均等化，城乡融合发展的机制进一步加强。农村治理得到进一步加强，乡风文明进一步提高，生态宜居的美丽乡村基本建成；到 2050 年，乡村全面振兴，农业强、农村美、农民富全面实现②。

除了国家层面对乡村振兴有明确的界定之外，学界对于乡村振兴的内涵从不同的角度进行了更为细致的界定。席建超首先从人生活的角度出发，界定了乡村的内涵价值，他认为乡村振兴乡村作为生产要素聚集的重要节点和乡村居民主要聚居区，集成内部与外部的人、物、信息等多流演化，使之成为具有经济、文化、自然、社会等综合地域特征和生产、生活、生态、生命等多重功能的人地关系综合体，是生活空间、生态空间和生产空间的核心载体。③ 杨庭硕从中国优秀的传统"大农业"出发，认为乡村振兴的实质是发展农业，要做好乡村振兴，就必须为之打下坚实的基础，农业不振兴，就没有乡村的振兴；没有农业植根的生态系统，农业振兴也将无从谈起。农业是人与自然达成协同演化关系的纽带，又是乡村振兴的基石，建构任何意义上的中国现代农业都需要与所处自然生态系统"对话"，这是一个不断认知、试错和磨合的过程。生态建设初见成效，才能支持现代意义上的乡村振兴。④ 许胜晴指出在生态文明体系建设和经济

①黄祖辉. 准确把握中国乡村振兴战略 [J]. 中国农村经济，2018 (4).

②中共中央国务院关于实施乡村振兴战略的意见 [M]. 北京：人民出版社，2018.

③席建超. 旅游乡村聚落"生产—生活—生态"空间重构与优化——河北野三坡旅游区苟各庄村的案例实证 [J]. 自然资源学报，2016，31 (3)：425—435.

④杨庭硕. 乡村要振兴：生态建设必先行 [J]. 贵州民族研究，2021 (1).

社会发展全面绿色转型的背景下，我国的乡村振兴是经济、社会、生态等全方位的振兴。①潘娜从乡村文化的角度指出传承乡村文化对乡村振兴具有极大的现实意义：传承发展乡村文化有利于推进乡村经济发展；传承发展乡村文化有利于推进乡村治理；传承发展乡村文化有利于提升中华传统文化自信。②

乡村振兴是新时代的一大创举，其战略意义巨大，是一项关乎新时代乡村发展的重要概念。乡村振兴战略是现代乡村发展理论与实践的重大创举，归结其目标为"五大建设"。产业兴旺是经济建设的重要基础，重在资源整合、产业培育、经济转型与收入增长。生态宜居是生态文明建设的首要任务，关键是农村景观优化、环境美化、人居环境质量改善，发展绿色生态新产业、新业态。乡风文明是文化建设的重要举措，关键是乡村文化传承、思想观念转变、和谐社会构建，增强发展软实力。治理有效是政治建设的重要保障，关键是基层组织建设、民生自治、科学决策与机制创新。生活富裕是社会建设的根本要求，关键是居民享有平等参与权利、共同分享现代化成果。

乡村振兴是"中国梦"不可或缺的组成部分。"中国梦"是中华民族的梦想，也是每个中国人的梦想，它既包括城市的现代化，也包括农村的现代化；既需要工业、服务业等二、三产业的发展，也需要农业等第一产业的发展；既是城市市民的梦想，也是广大农民的梦想。我国是一个农业大国，在悠久历史中，农民一直占据着重要的、不可忽略的地位，大量的农村人口时刻提醒我们，要实现社会主义共同理想，复兴中华民族，就不能忽视农业、农村、农民问题，只有六亿多农民实现了富裕昌盛的梦想，全体中国人民的"中国梦"才能实现。乡村振兴与城乡协调发展，不仅关系"三农"问题，也决定着中华民族伟大复兴的"中国梦"能否顺利实现。从这个角度看，如果没有农业、农村、农民的发展，"中国梦"就是残缺的；缺少乡村振兴的"中国梦"是不完整的。③

唐任伍指出，党的十九大提出乡村振兴战略是中华民族伟大复兴、实现中国梦的必然要求，是厚植中华文明根基、发展现代文明的需要，是实现城乡、区域和人的均衡发展的必要条件，是推动新型城市化、实现中国

①许胜晴. 论我国乡村振兴的生态化发展及其法治保障 [J]. 西北大学学报（哲学社会科学版），2021 (2).

②潘娜，鄢奋. 乡村文化振兴的战略意义和实践途径——探析习近平关于传承发展乡村文化的重要论述 [J]. 内蒙古农业大学学报（社会科学版），2021 (3).

③姜德波. 城市化进程中的乡村衰落现象：成因及治理——"乡村振兴战略"实施视角的分析 [J]. 南京审计大学学报，2018 (1).

经济可持续发展的需要，是实现中国充分发展的必由之路。[①]

四、关于乡村振兴面临的困难研究

乡村振兴战略是基于当前乡村建设面临的诸多问题而提出来的。改革开放以来，乡村建设严重滞后于城市的发展速度，其建设成效甚微，一直是制约我国社会发展的一个重要短板。为了实现乡村振兴，必须解决乡村建设的问题。对此，学界从多个角度深刻剖析了乡村建设面临的困难。石杰认为乡村振兴的实质是乡村治理，而乡村治理需要解决三个问题。[②] 第一，聚焦治理结构的难题，解决基层治理中难解的悖论。即强化推进基层治理结构的转型，既要通过行政力量，提升社会治理的能力，以克服多元治理的不确定性和不可控性，又要尊重并适应基层社会的多元需要，加强基层治理的民众参与和多元共治，重构基层组织布局，走"共建共治共享的社会治理"之路，创新基层治理和农民合作组织体制，为乡村振兴赋能。第二，破解运行机制的困境，解决形式主义的重"痕"不重"绩"的恶疾。乡村基层管理组织，处于整个行政体系末梢，疲于"条""块"等各个方向的上级政策与命令的压力，难以顾及服务民众的基层社会事务，需要超越科层化治理，破解运行机制的困境，扩大基层治理的弹性空间。同时，要发挥基层非正式制度的治理优势，注重村规民约和礼俗规范等民间治理资源的开发利用，并将其整合为民间规范的文化治理体系，起到价值引领和凝聚民心的作用。第三，探索创新基层治理方式，解决基层治理效能低、活力不足的现象。基层因受制于地方政府的包办式治理和施舍式治理，治理效果差，积极性不高。要加强探索基层治理方式，向社会自主治理方式转变，通过购买服务、财政补贴和专项支持等形式，孵化大量从事公共福利、社会救济和医疗教育等事务的社会组织，提高公共服务供给能力，培育社会组织的管理和营运能力。

郭振从社会主要矛盾变化的角度，认为："不平衡中，所指的最主要方面就是中西部之间和城乡之间的发展差异；不充分中，所指的最主要方面就是不同民族、地区的民众在'共享'发展视角下并没有充分享受国家发展红利的发展现状。"[③]

---

①唐任伍. 新时代乡村振兴战略的实施路径及策略［J］. 学术前沿，2018（2）.

②石杰. 黄土高原生态文明建设暨乡村振兴的若干哲学思考［J］. 渭南师范学院学报，2021（3）.

③郭振，单铁成. 民族地区乡村振兴应深刻把握社会主要矛盾变化［J］. 贵州民族报，2018（11）.

段德罡、谢留莎等认为乡村振兴面临的困难主要有：第一，各级乡建主体对实施乡村建设行动的要点认识不统一：资本下乡会依照利益最大化的目的改造乡村，进行商业化的乡村建设；文学、艺术家等为了满足城市人的乡愁和猎奇消费而剥夺了农村的发展权，或为了保护传统而限制乡村走向现代化之路；村民在小农意识引导下出现自利行为等问题，使乡村陷入到了"谁投资谁建设，谁建设谁管理"的恶性循环中。第二，城乡人均可支配资源及其价值差距日益增大。第三，乡村建设对村民主体关注度不够：据 2019 年中国农村统计年鉴统计数据显示：我国乡村年龄 55 岁及以上农业生产经营人员高达 33.6%，其中女性约占 47.5%；村民总体文化程度更令人担忧，农村居民家庭户主文化程度在初中以上（不含初中）的仅占 13%（表 2－3）。村民知识结构偏狭，劳动技能有限，对土地流转、流转补偿、土地整治、综合开发、农业现代化、集约经营和土地盘活等缺乏基本的认知与践行能力。①

陈军民从农村人口、资本、服务与基础设施、产业和关键要素等方面按照当前农村社会网络要素的状态、结构及影响进行了深刻剖析。②

表 2－3 农村的主要问题

要素类型	状态	结构	影响
人口	人口流失、共同体意识逐步瓦解、村庄相互踢失陷	少量中坚农民多老弱病残就业非农化	缺少强有力的领导型结构、村民自治能力软弱
资本	集体经济空壳化、投入渠道单一	政府投入占重头、农户资本分散化	村集体无能力进行乡村建设
服务与基础设施	环境污染、水利设施落后、养老成问题	公共服务供给不足、基础设施维保不够	乡村无法吸引和留住精英人才
产业	农业边缘化、弄明兼业化	小农经济主导、零星大农、无工业级经济	现有结构难以支撑农民就业和收入增长

① 段德罡，谢留莎，陈炼. 我国乡村建设的演进与发展 [J]. 西部人居环境学刊，2021（1）.

② 陈军民. 社会网络结构视域下乡村振兴的内生动力培育 [J]. 河南科技学院学报，2021（3）.

续表2-3

要素类型	状态	结构	影响
关系要素	血缘强纽带、文化沙漠化、贪腐寻租、利己行为逻辑	宗教文化心理结构、行政权力控制结构为主，自我为中心的利己文化	主体同质化、创新不足、制度寻租、非生产性奴隶降低、分配性努力增加

许胜晴认为乡村生态振兴是确保乡村振兴的关键，当前我国乡村生态化发展面临着激励机制不足、治理机制不健全和工业环境侵权救济机制不完善等体制机制挑战。[①]

民族地区的乡村也亟待建设，廖林燕指出"国家在推进乡村振兴中，要把边疆民族地区放在特别重要的位置上加紧推进，因为这是重点，更是难点"。[②] 民族地区的乡村建设面临诸多问题，廖林燕指出"在中国特色社会主义新时代，努力补齐边疆民族地区乡村振兴短板的迫切性愈加明显"[③] 第一，农村人口结构失衡。从农村人口年龄结构看，15～64岁的青壮年是我国农村总人口主要成分，占71%，0～14岁儿童占19%，65岁以上老人占10%。但是，农村青壮年人口流失严重，2010年全国农村常住人口数比2006年减少8295.5万人，其中15～64岁的青壮年减少数占农村总人口减少数的75.93%。第二，农村产业发展滞后。从农村的产业结构看，我国农村第一产业的主要问题是生产效率不高，尤其是贫困地区，仍在使用传统落后的生产方式；农村第二产业生产工艺落后；农村第三产业发展更为滞后。总体而言，现代乡村产业体系尚未形成。第三，农村教育问题突出。第四，乡村传统文化衰落严重。第五，乡村社会治理存在隐患。第六，农村生态环境问题堪忧。[④]

甘南州乡村振兴建设中存在的问题是由于过度的放牧和盲目的旅游开发加重生态环境的恶化；农牧村资金融通存在困境导致农村产业发展缓慢等原因。[⑤]

[①]许胜晴. 论我国乡村振兴的生态化发展及其法治保障 [J]. 西北大学学报（哲学社会科学版），2021（2）.

[②]廖林燕. 应加快边疆民族地区乡村的振兴 [J]. 社会科学报，2018（11）.

[③]廖林燕. 推进乡村振兴战略，边疆民族地区是难点，也是重点 [J]. 中国民族报，2017（11）.

[④]姜德波. 城市化进程中的乡村衰落现象：成因及治理——"乡村振兴战略"实施视角的分析 [J]. 南京审计大学学报，2018（1）.

[⑤]陈刚. 生态文明视域下甘南州乡村振兴中存在的问题及对策研究 [D]. 西安：西安建筑科技大学，2020.

五、关于乡村振兴的策略研究

基于学界对乡村振兴的内涵解读及其面临的困难分析，为了顺利实现乡村振兴，国内学者进行了大量研究，以期为乡村振兴建言献策。

多数学者围绕国家提出的五点要求来展开研究，比如姜德波指出实施乡村振兴战略，要全面准确把握"产业兴旺、生态宜居、乡风文明、治理有效、生活富裕"的总要求，建设产业发达、人口充足、文教昌盛、治理高效、设施完备、环境优美、与城镇化相匹配的社会主义现代乡村。①

整体梳理学界研究策略发现，对于实现乡村振兴的策略研究按主体主要可以分为两大方面：其一是乡村内部，比如乡村文化传承、体制构建和产业发展等；其二是乡村外部，也就是与城市的关系，及城市对乡村建设的赋能作用等。另外一种方式是按照一般与特殊的关系来划分：就一般来说，多数学者研究乡村振兴的一般性策略；就特殊来说，部分学者结合当地独有情况，特别是民族区域提出了针对性较强且实用性高的策略。

就乡村内部方面来说，孙宾认为需要着力深化农村农业体制机制改革，为改革发展提供内生动力；着力深化农业供给侧结构改革，推动现代农业发展；着力提高农业的科技贡献率，强化科技创新；着力提升乡村"筑巢引凤"的水平，发挥人才中坚作用。② 唐任伍指出，实现乡村振兴必须通过深化农村体制机制创新和改革，运用现代科学技术加快推进农业现代化，注入先进文化活化乡村精气神建设现代乡村文明，打破城乡经济社会二元体制构建城乡命运共同体，建立现代乡村治理体系，实现乡村治理体系和治理能力现代化的路径来实现。③

在乡村振兴战略背景下的实证研究中。首先是对已实施乡村振兴战略案例地的乡村发展情况分析与经验总结，其次是对还没深入实施乡村振兴战略的农村地区强调以新农村发展要求为基础提出改进意见的研究。例如有学者运用文献研究法、规范研究法、调查研究法等研究方法，对浙江省田园综合体的发展类型进行归纳和分析，指出对于不同的地区要因地制宜地运用发展模式。并提出要科学打造、定位清晰、市场明确、农民为主导的发展格局。④ 也有学者从唐山的实际案例入手，从 10 个村庄的乡村经

<hr>

① 姜德波. 城市化进程中的乡村衰落现象：成因及治理——"乡村振兴战略"实施视角的分析 [J]. 南京审计大学学报，2018 (1).

② 孙宾. 基于 EFE 和 IFE 矩阵的山西省乡村振兴战略研究 [J]. 商业经济，2021 (3).

③ 唐任伍. 新时代乡村振兴战略的实施路径及策略 [J]. 学术前沿，2018 (2).

④ 迣寒露. 浙江省田园综合体理论研究与规划实践 [D]. 杭州：浙江农林大学，2018.

济、社会服务、农村环境、基层组织结构等角度研究乡村发展现状与存在的问题及解决思路，最后得出，为协调平衡目前的农村发展，应从政策方面、乡村内部调整方面转变"空心化"，农村生态环境脏乱差的情况。强调将乡村治理落到实处、策略实施从乡村、农民实际情况出发。① 乡村振兴的关键，则在于农耕文明的挖掘与提升，其实质是聚力乡村治理。② 另外，刘合光也指出，实现乡村振兴包含四大路径③：一是全面深化农村改革，通过机制创新路径推进农村振兴。首先，要巩固和完善农村基本经营制度，深化农村土地制度改革，完善承包地"三权"分置制度，保持土地承包关系稳定并长久不变，第二轮土地承包到期后再延长30年，为推进农业规模化经营和可持续发展的各类主体提供稳定预期。其次，要深化农村集体产权制度改革，切实保障农民财产权益，不断壮大集体经济。最后，要发展多种形式适度规模经营，培育新型农业经营主体，健全农业社会化服务体系，实现小农户和现代农业发展有机衔接。最后，要积极鼓励农民和城镇居民返乡创新创业，促进农村多种业态融合发展，激活乡村发展新动能。二是加快振兴农村产业，通过产业发展路径助力农村振兴。首先，要因地制宜确定乡村的产业发展策略。依据乡村的资源优势、区位优势和发展过程中积累的其他比较优势，确定自己的主导产业，形成能够充分利用自身资源并符合市场需要的产业结构，着重发展特色产业。其次，促进农业与二、三产业的融合发展。要充分挖掘和拓展农业的多维功能，促进农业产业链条延伸，丰富农村产业增值环节；促进农业与其他产业尤其是文化旅游产业的深度融合，大力发展农产品加工和农村新兴服务业，为农民持续稳定增收提供更加坚实的农村产业支撑。最后，加快农业供给侧结构性改革，构建现代农业产业体系、生产体系、经营体系，发展多种形式适度规模经营，培育新型农业经营主体，健全农业社会化服务体系，全面推进农业现代化进程。三是发挥科技引领作用，通过科技创新路径高效振兴乡村；首先，整合公共力量，进一步加大农业科技资金投入，整合各方面科技创新资源，完善国家农业科技创新体系、现代农业产业技术体系和农业农村科技推广服务体系，依靠科技创新激发农业农村发展新活力。其次，整合民间力量，促进私人资本扩大对农村科技开发、推广和应用的投

①甄峰，赵勇，郑俊，等. 新农村建设与乡村发展研究——唐山秦皇岛乡村个案分析 [J]. 地理科学，2008（4）：464—470.

②石杰. 黄土高原生态文明建设暨乡村振兴的若干哲学思考 [J]. 渭南师范学院学报，2021（3）.

③刘合光. 乡村振兴战略的关键点、发展路径和风险规避 [J]. 新疆师范大学学报（哲学社会科学版），2018（3）.

入，在农村环境保护、农村治理、农村产业发展、农村生活便利化等各个领域扩大现代科技成果的广泛应用，并切实提高应用效率和效果。最后，促进互联网技术、智能化技术、物联网技术等现代技术与农业农村生产生活生态的密切融合，让农民充分享受现代科技成果，并运用这些成果实现乡村振兴，进一步引导农民积极参与现代科技的创新创造活动，实现乡村升级发展。四是打造乡村人才队伍，通过人才培育路径引领乡村振兴。一是改造、巩固和建设好乡村党支部，搭好乡村振兴的班子，为乡村实现良好治理打下组织基础。二是加强职业农民和新型农业经营主体培训，培养造就一支懂农业、爱农村、爱农民的"三农"工作队伍。三是要激励更多优秀的城市人才下乡创业，支持和鼓励农民就业创业，为乡村产业兴旺播下人才种子。四是打造乡村信息人才队伍，促进乡村全面融入信息化浪潮，依靠互联网高效接受新政策、新技术、新思路、新商机。五是打造乡村科技人才队伍，依靠科技人才，吸收现代科技成果改造传统农业和农村，依靠现代科技发展现代农业，促进农村一二三产业融合发展。六是培育乡土文化人才，促进乡土文化传承和文化创作，繁荣乡土文化，树立文明乡风。

就乡村外部来说，黄祖辉认为要准确把握乡村振兴战略和城市化战略的关系。通过乡村振兴战略解决中国城乡发展不平衡和农村发展不充分的矛盾，并非意味着中国城市化战略将放缓，更不是要用乡村振兴战略来替代城市化战略。恰恰相反，乡村振兴战略必须置于城乡融合、城乡一体的架构中推进，并且应以新型城市化战略来引领，以建成"以城带乡""以城兴乡""以工哺农""以智助农""城乡互促共进"融合发展的美丽乡村和实现乡村振兴。①

在一般性发展策略方面，阚玉辉认为要实现破题发展，激活产业振兴原动力；创建自主品牌，打造产业振兴新引擎；打造产业集群，凸显经济崛起强大张力。② 强化党建引领，拓展乡土人才工作新格局；强化精准教学，聚焦农业现代化发展新方向。强化严格管理，提升乡土人才培训新成效。③ 加强生态化发展法治建设，以经济激励措施调节乡村发展行为，以多元共治模式提升治理效能，以严厉措施提高农村环境违法成本，以环境污染受害者援助机制增强法的实效，从而确保乡村振兴遵循生态化、可持

---

①黄祖辉. 准确把握中国乡村振兴战略 [J]. 中国农村经济，2018 (4).

②阚玉辉. 坚实走出乡村振兴的"滨海路径"[J]. 经济，2021 (3).

③磐石市委组织部. 磐石市"三个强化"打造乡村振兴人才引擎 [J]. 新长征，2021 (3).

续的发展路径，实现农业农村生态现代化，进而实现乡村全面振兴。[①] 段德罡、谢留莎、陈炼基于我国乡村建设的历程，总结提炼其发展经验，提出要实现乡村振兴需要落实以下步骤：

第一，做好顶层设计，加强政策贯彻落实探索：实施乡村建设行动，需做好顶层设计，同时加强政策贯彻落实的探索。首先，深入了解我国乡村建设的现实，针对不同地区、不同发展情况的村庄，做好分级分类分时序的工作，明确实施乡村建设行动的要点重点与实施主体，并做好相应的政策、制度、资金等保障；其次，加强政策贯彻落实的实践探索，加强基层政府对实施乡村建设行动的认识，推动形成县级政府引领、镇政府组织引导、村两委衔接落实、村民积极参与的乡村建设模式，在这一乡村建设模式中需注意镇政府服务职能的落实，避免因镇政府"长期缺位"或"干预过度"而带来的"就村言村"或"村民主体地位缺失"问题的产生；最后，可根据村庄发展实际情况，采取"政府整合＋社会融资＋村民分担"相结合的方式，促进政府、社会、村民形成合力，共同为村庄的建设发展贡献一分力量。

第二，引导乡村精明收缩，推动城乡融合发展：乡村收缩是一种必然趋势，乡村精明收缩将成为我国乡村发展转型的必由路径。在应对乡村收缩趋势之下，应强化对"精明收缩"的认识，利用好"精明收缩"的理念，以国土空间规划为制度保障，推动城乡融合发展。一是在国土空间规划体系下加速推进新型城镇化，引导有条件的村庄就地城镇化，通过对空间资源的紧约束，倒逼发展方式的转型，及时调整和解决城乡发展过程中人口、资源、环境、经济等方面不平衡、不匹配的问题；二是国土空间规划应作为支撑乡村精明收缩发展的依据，引导乡村发展实现总体减量却有增有减、被动衰退到主动收缩的目标；三是动员社会各界共同推动乡村实现现代化的目标，不仅包括农业、农村的现代化，更是通过乡村教育实现村民现代化的目标。加速推进乡村现代化，让老百姓追赶上时代发展的步伐是乡村振兴、城乡融合发展的必经之路，更是促进社会公平、维护社会稳定的必经之路。

第三，强化乡村教育，培育村民主体能力：城乡差距的关键在"人"，只有在乡村建设过程中，强化村民主体的建设，方可实现人的振兴。因此，在乡村建设过程中应秉持共同缔造的理念，在充分尊重村民主体地位的基础上展开乡村建设活动，不仅针对乡村物质空间环境的建设，更是对

---

①许胜晴. 论我国乡村振兴的生态化发展及其法治保障 [J]. 西北大学学报（哲学社会科学版），2021（2）.

村民思想观念意识与个人素养的提升教育。在乡村建设过程中，引导村民参与建设，通过知识输出、技能培训、村民思想教育培训等方式，如传统建设方法与现代建筑技术交流学习、夜读班、三农自媒体培训等，强化村民对"集体""公共"的认识，村民经过培训学习可以成为乡村建设的主要力量，不仅可以提升村民的思想观念意识与劳动力技能，促进其就近就业，更能提升他们参与乡村建设的积极性。此外，村民、政府、社会企业、学界应立足于沟通、宣传、教育、陪伴，让老百姓的主体意识得以觉醒，真正承担起主体责任，心甘情愿地去建设村庄、发展村庄，进而增强村庄凝聚力，激活乡村内生动力。[①]

陈锡文从推动农业现代化的角度入手，提出了实现乡村振兴的三大要求：

第一，构建现代农业的产业体系、生产体系和经营体系。产业体系其实主要讲的是关于农业的产业结构和农业资源的有效利用；生产体系其实主要讲的是运用什么样的手段去从事生产。现代农业应当运用现代化的手段去从事农业生产，所以毫无疑问这里着重讲的是农业的科技进步。包括从良种培育到栽培、养殖技术，到使用的各种技术装备，一直到后面的加工营销，都要从传统农业加快向现代农业转型。我们的农业已经从完全依靠手工、依靠畜力更快地转向了依靠机械、依靠科技进步。农业的经营体系就是资源、资金、技术、劳动力等等这些要素，如何能让它优化组合。每一个要素都很好，但是不能把它们很好地组合起来的话，效率不会太高。所以我们讲经营体系，实际上是讲如何把这些已经开发出来、得到认可的资源也好、要素也好，能够让它优化组合，形成一种现实的生产能力，投入生产、经营和运行。

第二，健全农业的支持保护体系。在这个过程中就需要认真学习发达国家通过什么方式补贴农业，因为对农业的补贴 WTO 规则是允许的，但又是有限制的。正在进行的东北的玉米定价机制和收售制度改革，提出市场定价、价补分离，就是既要让市场充分发挥作用，又不能亏待农民，在这样的背景下怎么完善各种大宗农产品的定价机制、补贴政策、收储制度，这是未来发展现代农业的非常重要的方面。有一段时间理论界在讨论有没有产业政策，要不要产业政策，我觉得其实农业支持保护政策就是一个产业政策，它决定农业在国民经济中的地位，决定农业各类具体产品的发展方向和技术应用，这对发展现代农业是具有重大意义的。

---

① 段德罡，谢留莎，陈炼. 我国乡村建设的演进与发展 [J]. 西部人居环境学刊，2021 (1).

第三，发展多种形式适度规模经营，培育新型农业经营主体，健全农业社会化服务体系。要努力培育各种新兴农业主体，发展农业多种形式的适度规模经营，同时还要大力发展农业社会化服务体系，要使得小农户能够和现代农业的发展有机衔接。①

黄祖辉从国家乡村振兴战略的落地实施角度提出了在乡村振兴战略的具体推进过程中，应把握"三条路径"的同步协调，即"五个激活"驱动、"五位一体"协同和"五对关系"把控的同步协调。也就是说，实施乡村振兴战略，首先，要对乡村振兴战略的科学内涵和目标任务进行充分论证；其次，要与区域城镇化进程和乡村发展实际紧密结合，对各地区不同形态的乡村及其发展进行合理定位，做好顶层设计，制定出具体的计划安排，而不宜仓促出台与实施建设项目，切忌操之过急，以避免走弯路。其中，"五个激活"的驱动路径是指：激活市场就是要充分发挥市场在乡村振兴，尤其是在实现产业兴旺中的作用；激活主体就是要激活乡村振兴中的经营主体；激活要素就是要激活土地、劳动力、资本、技术这些基本生产要素；激活政策实质上仍要通过激活政府的途径来实现；激活组织既与主体有关，又与制度有关。"五位一体"的协同路径是指："农民主体"就是让广大农民成为乡村振兴的主体力量，而不是旁观者和跟随者；"政府主导"是指政府在乡村振兴战略实施中应主要发挥制导和引导的作用；"企业引领"是指各类企业，尤其是涉农类企业，应在乡村振兴中发挥龙头引领的作用；"科技支撑"就是要在乡村振兴中充分发挥科学技术的力量；"社会参与"是乡村振兴的重要力量和关键。"五对关系"的把控路径是指：把控乡村与城市的关系；把控政府与市场的关系；把控人口与流动的关系；把控表象与内涵的关系；把控短期与长期的关系。②

此外，四川乡村振兴战略智库学者提出了实现乡村振兴需要把握几对关系③：

一是城市与乡村的关系。实施乡村振兴战略，不是不需要城市的发展和辐射带动作用、不是放慢或者停止城市化进程，而是真正把乡村放在与城市同等地位，更加注重发挥乡村自身的主动性和内在活力，实现与城市在发展上的互惠共生、空间上的共融、要素上的双向互动、关系上的平等

---

①陈锡文. 实施乡村振兴战略，推进农业农村现代化［J］. 中国农业大学学报（社会科学版），2018（01）.

②黄祖辉. 准确把握中国乡村振兴战略［J］. 中国农村经济，2018（4）.

③四川乡村振兴战略研究智库. 实施乡村振兴战略的系统认识与道路选择［J］. 农村经济，2018（1）.

互利、乡村与城市文明的共同发展。我国目前工业化、城镇化任务还远未完成，必须坚定不移地继续推进新型工业化和新型城镇化，才能为乡村振兴提供带动辐射能力；必须坚定不移地推进农业转移人口市民化，才能为农业劳动生产率的提高腾出更多的发展空间。

二是政府与市场的关系。实施乡村振兴战略要更加注重发挥政府在规划、协调、战略引导和政策等方面的主导作用，这方面市场调节是滞后的、失灵的，政府具有不可替代的作用。但是，政府的作用边界不是无所不能的，政府不能凭借所掌控资源的优势和垄断权力通过层层下指标、行政命令式方式强行推进乡村振兴，不能以损害乡村发展中的市场机制和要素配置市场化为代价来推进乡村振兴。如果把乡村振兴搞成了政府不顾效率、强力推动的行政行为，那么一时轰轰烈烈的乡村振兴带来的可能是长远后遗症。必须明确，在实施乡村振兴战略中市场的动力是基础性的、决定性的，只有通过市场机制的完善，充分发挥市场在资源配置中的决定性作用，真正激发主体、激活要素，才能调动各方在乡村振兴中的积极性、主动性和创造性，凝聚起全社会支持乡村振兴的强大合力。要矫正长期以来政府对农业农村的过度干预倾向，减少对微观经营主体的大量投入和决策干预，突破行政主导农村事务的惯性思维，给予市场主体自主决策权利和理性选择环境，让市场筛选真正具备自我发展能力的农村经济主体。

三是发展与保护的关系。随着乡村振兴战略的全面实施，在政府的倡导和政策的支持下，务必会吸引和集聚多方力量、各种主体、多元化资本进入乡村进行开发建设，这使乡村多功能和资源的开发强度不可避免地会提高，这本身就构成了对资源环境和历史文化保护的巨大压力。如引导不力、监督不到位、管理不善，在经济主体趋利因素作用下，必然会给乡村的生态环境和历史文化保护构成巨大危害。必须认识到，实施乡村振兴战略不是不顾资源环境承载力的"掠夺式开发"，不是不顾乡村历史文化保护、以城市文明代替乡村文明的"无根开发"，而是以保护乡村资源环境和农耕文化为前提，实现资源持续利用、生态友好、农耕文化得到有效传承基础上的有序振兴。在实施乡村振兴战略中，要树立保护环境、保护生态、保护文化第一的思想，坚决防止各种力量对资源掠夺式开发而产生的生态问题、防止城市文明对乡村文明的侵蚀。

四是当前与长远的关系。在我国工业化进入中后期的转型升级阶段、城镇化率已经达到57.3％的情况下的质量提升阶段、城乡关系从单向城市化转向城乡互动阶段下推进乡村振兴战略，仍是在工业化和城镇化还有巨大空间下推进的乡村振兴战略，今后工业化城镇化继续推进仍是不可阻挡的趋势，未来乡村的人口和经济社会结构，乡村的功能、形态、地位和作用都在发生动态变化。如果不充分考虑和科学预测到这种变化，只顾当前和短期见效，所花费的大量投入若干年后就成了浪费。在实施乡村振兴战略中，一定要充分认识到是在工业化和城镇化还在继续发展、农村人口还要不断进城、城乡经济社会结构还在不断变化下的乡村振兴，所采取的乡村振兴措施不能只顾及当前和短期见效，要在乡村人口和经济社会结构变化中寻求乡村振兴的长远思路和根本路径。由于乡村振兴涉及面广、投资量大、影响深远，在实践中不宜设立过于机械的推进速度指标，要尊重经济社会发展规律，在产业建设、村庄整治等方面循序渐进，对于尚未明确或条件不成熟的建设项目可以将空间留出，待条件成熟后再继续建设。

五是试点与推广的关系。毫无疑问，实施乡村振兴战略需要开展乡村振兴试点，但在试点选择时不能只选择容易振兴的乡村或者已经发展得很好再锦上添花的乡村，而是要注重选择衰退得比较突出的乡村或深度贫困地区进行试验。试点不是选择同一区域、同一类型的乡村进行试验，而是需要根据我国不同地区乡村的自然条件、资源禀赋和发展基础，针对不同区域、不同类型、不同村庄的特征开展试点试验。同时，乡村振兴试点不是动用所有的行政力量和资源要素在一个点上进行堆积，人为地造出一个没有复制性的样板，而是要注重通过鼓励改革创新激发内生活力，创造出的试点经验成果能够在相似地区具有复制性和可推广性。另一方面，乡村振兴试点不能长期停留在试点上，而是要把试点的经验成果进行推广辐射到更大的范围，通过以点带面，有序打造具有地区特色的美丽宜居乡村，探索符合地区实际情况的乡村振兴之路。

在特殊发展策略方面，李妍、向昌国结合张家界特有的茶产业资源，提出将茶叶整合成单一品牌，打造知名度，形成农产品带动型发展模式。[①]陈刚系统研究甘南州农村发展的现状之后提出了对甘南州乡村振兴的建议和对策：转变经济发展方式，培育高原绿色产业，大力扶持农牧村特色支柱型产业，搞活农牧村经济；加大修复生态系统的力度，保护环境；大力创建富有民族风情的精品文化旅游项目；高效整合农村基础设施建设及公共文化服务；加强党组织建设，提高农村治理效率等。[②]潘娜，鄢奋从传承乡村文化的角度入手，提出为了实现乡村振兴，要传承发展乡村文化，

---

①李妍，向昌国. 张家界市富硒农业旅游产品开发的昂谱分析［J］. 中国集体经济，2018（13）：55－56.

②陈刚. 生态文明视域下甘南州乡村振兴中存在的问题及对策研究［D］. 西安：西安建筑科技大学，2020.

需要从弘扬优秀乡村文化入手，多渠道传播乡村文化，树立乡村文化自信；要以社会主义核心价值观为导向明确乡村文化的发展方向，凝练核心内容，突出发展特色；提高乡村文化的转化力，突出乡村文化的现代价值，将乡村文化转化成为乡村社会发展资源。[①] 杨庭硕认为乡村振兴的实质是进行生态建设，生态建设先行一步，不会影响乡村振兴的时效，反而会助推乡村振兴行动的顺利实践。对中国而言，生态建设先行一步，具有先天的优势，我们拥有优秀的农业文化遗产，我们有尊重自然，与自然和谐共生的精神财富。生态建设先行一步，不仅是科学研究的必需，也是时代的紧迫需求。[②]

此外，部分学者借鉴国外乡村建设的经验，试图从国际视角，来振兴中国乡村。如周立、李彦岩、王彩虹、方平等借鉴了日韩在乡村建设方面的做法，结合中国国情实际认为，以六次产业为重点的产业融合政策，是日韩两国推动乡村振兴，实现国家现代化的重要经验。中国也应重视破除乡村产业隔阂，走出乡村发展困境。通过推进乡村产业融合，借助六次产业的加法效应创造的新供给，以及乘法效应培育的新业态，实现基于农业多功能性的价值增值，切实提高农民收入，实现农业产业振兴，推进乡村振兴战略，推动中国现代化目标的早日实现。

从六次产业的运行机制中可以看出，加法效应和乘法效应是实现价值增值的关键。因此，如何鼓励、推进产业融合中的加法效应和乘法效应，是政策制定过程中需要关注的要点。

一方面，通过产业连接，创造新供给，发挥加法效应。通过把握城市对安全食品的新需求，根据本地生产特点，开发出适合新需求的新产品，实现农业和加工业的连接。在此基础上，发展文化创意产业和休闲旅游业，实现加工业与服务业的连接。期间，政策要鼓励当地产业，吸引外来企业，研发新产品，培育新业态，并为企业提供相应优惠和补贴等激励措施。因地制宜地创造有特色的乡村产业体系，为产业融合打下基础。

另一方面，通过产业融合，培育新业态，发挥乘法效应。在产业体系建立之后，政策上要侧重深化产业之间的融合。首先，需要完善和升级水电路网等公共设施，以及卫生、教育等基本服务，提高乡村的交通和信息可达性。其次，通过重视农村环境治理，创造清洁优美的环境，为一二三产业深度融合奠定基础。在有条件的地方，还应发掘和利用本地文化资

①潘娜，鄢奋.乡村文化振兴的战略意义和实践途径——探析习近平关于传承发展乡村文化的重要论述［J］.内蒙古农业大学学报（社会科学版），2021（3）.

②杨庭硕.乡村要振兴：生态建设必先行［J］.贵州民族研究，2021（1）.

源，借助现代化的形式，发挥出农业的多功能性，推动基于多功能性的价值增值。①

同样，张军也基于对欧美和日韩的乡村建设历程的研究，发掘其可资参考的实践经验，提出了中国乡村振兴可以从五个方面入手②：

第一，经济建设。全面推动乡村地区经济发展，既是乡村振兴的需要，也是乡村振兴的基础。经济建设的目的首先在于满足人民生活水平不断提高对农产品的需求，其次是满足农业生产者收入不断提高的需要。经济建设要以农业供给侧结构性改革为指导思想，以市场经济为基础，依托制度创新、组织创新和技术创新来进行。深化农村土地产权制度改革和农业经营制度改革，利用电商平台整合线上线下生产、流通和销售的强大功能，推动第一、第二、第三产业融合发展；大力实施农业生产组织创新，形成"农业＋互联网"的新生产组织方式，推动农业专业化、规模化发展，推动三大产业融合的田园综合体和共享农庄的创新发展；充分利用分子生物技术和物联网等新技术，改造传统农业生产方式，提高农业生产率和竞争力，建设好现代农业、现代加工业和现代服务业。

第二，文化建设。悠久的文明发展创造出璀璨的中华文化，它不仅是中华民族生息繁衍的源泉，也是中华民族历经劫难走向振兴的重要支撑。乡村是中华文化发源和传承的重要载体，拥有众多的文化遗产和自然遗产。加强文化建设就是在充分传承和发扬中华文化的基础上，利用文化自身的功能，为乡村经济社会稳定可持续发展服务，为中华民族的伟大复兴服务。它包括加强文化和自然遗产保护，坚决杜绝过度商业化开发现象；加强对历史文化名村和自然风景名村以及名人故居的修缮和保护，防止它们在工业化和城镇化进程中受到破坏，充分发挥它们在文化传承中的载体作用；加强各类文化基础设施建设，为乡村居民提供丰富多彩的文化服务；积极开展各种文化活动，弘扬和宣传中华文化，发挥中华文化正能量的作用来为经济社会发展服务，培养广大民众弘扬中华文化的自觉行动，并树立起文化自信；利用民俗文化中带有正能量的功能，加强连接城乡的文化纽带建设，为乡村社会的自治和稳定发展服务。

第三，生态建设。中国90％以上的国土面积属于乡村。建设好乡村生态环境，不仅对城乡乃至全国的生态建设至关重要，而且对满足城乡居民美好生态环境的追求与向往有着重要影响。因此，乡村生态建设是美丽乡

---

① 周立，李彦岩，王彩虹，等. 乡村振兴战略中的产业融合和六次产业发展 [J]. 新疆师范大学学报（哲学社会科学版），2018（3）.

② 张军. 乡村价值定位与乡村振兴 [J]. 中国农村经济，2018（1）.

村、美丽中国建设的关键。加强生态建设，一是继续进行乡村居民生活环境设施的改造和升级，在让居民生活更方便、更环保、更有质量的同时，减少居民生活对环境产生的污染和破坏；二是不断提高绿色农业生产水平，逐步减少农业生产对生态环境的污染和破坏，用生物肥料和生物农药替代化学肥料和化学农药，使用可降解程度更高的薄膜，把化学有机物对土壤、河流的面源污染程度降到最小，为消费者提供安全高品质的农产品；三是加强工业生产的清洁设施建设，逐步降低各种污染物对大气、河流的污染；四是增加对已受污染的江河湖泊、土壤治理的投入力度，逐步降低污染程度；五是加强生态保护区、水源涵养区的生态功能建设，最大限度地发挥它们美化乡村，"看得见青山，望得见绿水，留得住乡愁"的生态功能。

第四，福祉建设。福祉建设是乡村发展的基础，它包括为广大乡村居民带来福祉的各类制度和发展红利、基础设施建设以及公共服务能力建设等内容。受城乡二元结构的影响，无论是在制度和发展红利分享方面，还是在基础设施建设抑或公共服务能力建设方面，乡村与城市相比都严重滞后。因此，福祉建设的重点，一是放在破除城乡二元结构形成的制度和发展红利壁垒上，建立城乡一体化发展的体制机制，让乡村居民享受同等的发展红利；二是放在城乡基础设施以及医疗卫生、教育、养老等硬件设施的建设方面，根据经济社会和人口发展的具体情况，对各种设施进行科学、平衡布局，在乡村与城镇之间构建半小时公共服务圈，实现公共服务的乡村全覆盖，缩小公共服务上的城乡差别；三是放在提高公共服务能力建设上，根据发展需要，培养合格的医生、教师、老人护理员和康复师，为居住在乡村的居民提供高质量的各种公共服务，最终实现城乡公共服务均等化。

第五，政治建设。城乡壁垒的破除加快了城乡融合的进程，以往封闭的乡村逐渐走向开放。乡村之外的资本、人员和要素涌入乡村，改变了传统乡村的社会结构，推动了乡村社会向现代社会转型，同时也给乡村政治建设和治理提出了新的要求。乡村振兴过程中的政治建设既要坚持党的一元化领导，发挥党在基层引领发展的核心作用；也要以村民自治为基础，尊重自治组织的地位和作用，培育和壮大自治组织，充分发挥自治组织在社区建设和实行自治组织成员自律上的优势，正确处理基层党和政府组织、非政府组织与乡村自治组织之间在乡村治理上的关系，做到各司其职、各尽其责、相互监督、共商发展，为乡村社会的稳定和可持续发展奠定基础。

六、研究结论

通过文献梳理发现，学界关于乡村振兴的研究成果丰富，对当下进行乡村建设具有极高的现实指导价值。乡村振兴作为一个国家层面的战略方针，是针对当下乡村建设所需提出来的，现实性较强。这也就决定了关于乡村振兴的研究同样具备较强的实践色彩，而在理论层面则相对较为薄弱。学界对于乡村振兴的研究主要从乡村振兴战略的内涵、面临的困难和实践策略三方面入手，基本覆盖学术研究的是什么、为什么和怎么办的三大问题。当然，这三大问题特别是怎么办的问题也是进行乡村振兴极为关注的现实话题。

第二节　关于中等职业学校教学改革的研究

随着我国社会经济的不断发展，社会对人才的要求不断发生变化，培养高素质的技能型人才和创新型人才已成为全社会的迫切愿望。而职业教育的目的和任务就是培养社会所需的专业型、技能型人才。通过发展职业教育可以实现劳动者的就业与再就业，降低失业率，以此推动经济发展。中等职业教育作为职业教育的一部分，在教育领域中占有十分重要的地位，是职业教育事业的根基。中等职业教育以为国家培养专业人才的任务使命，成为推动我国社会发展的重要力量。如果没有中等职业教育，我国教育事业的发展和社会前进的步伐就将会受到牵制。

可见中职教育扮演着非常重要的角色，也得到了国家和社会的重视，但是就目前中职教育的发展现状而言，我国的中等职业学校仍面临着严峻的挑战。王倩认为国家对技术人才需求量的增长和对中等职业教育的重视，导致了中等职业学校数量的扩大和招收人数的增加，但是中职学校的教育质量并没有随着国家的重视程度而提高。因此出现了一种现象：对企业而言，虽然有不少职业学校的毕业生，但很少能招到自己需要的人才；对中等职业学校来说，培养出来的学生找不到适合的工作。产生这种问题的原因就在于中等职业教育还有相当一部分的课程是以知识本位为基础的，这种课程重视学科理论知识，而忽略了对学生操作技能的培养，片面强调知识的系统性，而忽视了知识与工作任务之间的联系，使书本知识与学生将来的工作岗位脱节；此外，一些中等职业学校教学方法陈旧单一，学生参与实践、动手锻炼的机会较少，这样就阻碍了学生关键能力和职业能力的培养。最终影响了中等职业学校教育教学质量的提高。因此，要改变这种状况，增强中等职业学校的吸引力，就必须进行教学改革。[①]

要顺利实现中等职业学校教学改革，王倩认为必须以做到"五个对接"为目标：专业结构与职业分类相对接、课程设置与工作任务相对接、教学内容与职业能力相对接、教学情境与工作情境相对接和评价方法与企业评价相对接。[②]

一、关于中等职业学校教学改革研究的文献计量学分析

（一）研究概况

本部分研究工具采用知网可视化分析功能，对所选文献进行发布时间、主题分布、文献来源以及高频作者等内容进行统计分析，并以图表的形式呈现出来。本部分数据来源知网，通过在知网上以"中等职业学校教学改革"为主题进行搜索，所得文献共计1679篇，对其进行可视化分析。

（二）研究结果

1. 时间分布

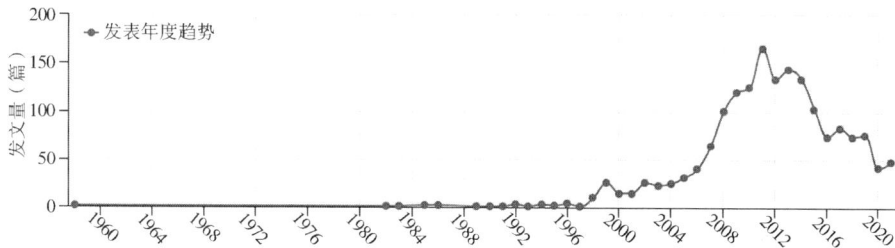

图2-4　中等职业学校教学改革研究文献发布的时间分布

由图2-4可知，学界对于中等职业学校教学改革的研究成果数量在时间上呈现出倒"U"字形。最早文献始于1982年，其文献名为《中共中央、国务院和有关部委关于职业教育工作的指示（摘录）》发表在职业教育研究期刊上，该文献指出：职业教育在国民经济建设中的地位和作用职工教育是开发智力，培养人才的重要途径，是持续发展国民经济的可靠保

---

① 王倩. 中等职业学校教学模式改革保障机制研究［D］. 重庆：西南大学，2014.
② 王倩. 中等职业学校教学模式改革保障机制研究［D］. 重庆：西南大学，2014.

证，它同现代化建设的成败有极其密切的关系，一定要作为一件大事及早规划，尽力搞好。今后要在经济上实行进一步的调整，加强职工教育是实现调整措施的重要内容之一，一定要结合调整的逐步进行，有计划地实行全面培训，建立比较正规的职工教育制度。现代经济发展史充分证明，企业职工科学文化水平的高低，在很大程度上决定了企业经营管理水平的高低、劳动生产率的高低和生产发展速度的快慢。其后至 1997 年，学界相关研究成果数量都较为稀少。但是，从 1998 年开始，学界相关研究成果就开始持续上升，上升速度先慢后快，到 2011 年达到顶峰，也是前所未有的高度，说明 2011 年是学术界对中等职业学校教学改革研究热度最高的一年，大量学者发表了相关学术论文。比如陈楚云发表《中等职业学校教学改革新体会》、冯玉厚发表《关于中等职业学校课程改革的思考》、朱希林发表《改革教学模式提高课堂效率》等。但是好景不长，从 2012 年至今，学界相关成果数量开始下滑，虽然其间稍有上升波动，但是总体呈现出下降的趋势。说明当前学界关于此问题的研究正处于一个低谷期，亟待学术界有志同仁加强努力，探索新时代背景下中等职业学校教学改革的出路。

2. 高频主题

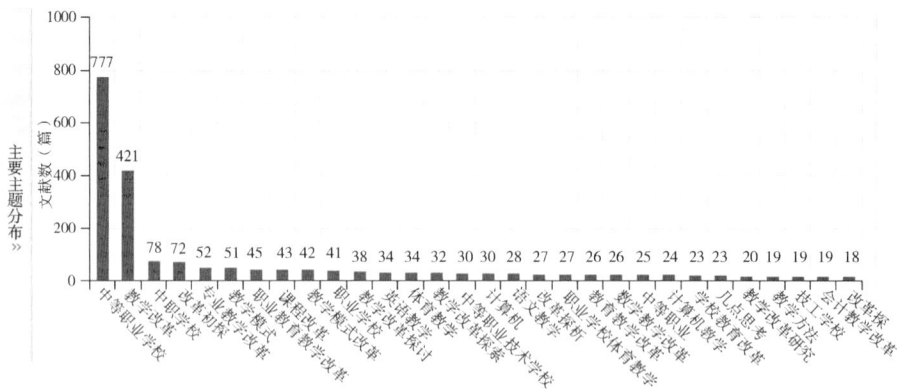

图 2—5　中等职业学校教学改革研究文献的高频主题

通过文献梳理发现（图 2—5），学界关于中等职业学校教学改革的研究主要从中等职业学校、教学改革、中职学校、改革初探、专业教学改革和教学模式六个主题角度切入，其相关文献数量最高为 777 篇，最低为 51 篇。

3. 文献来源

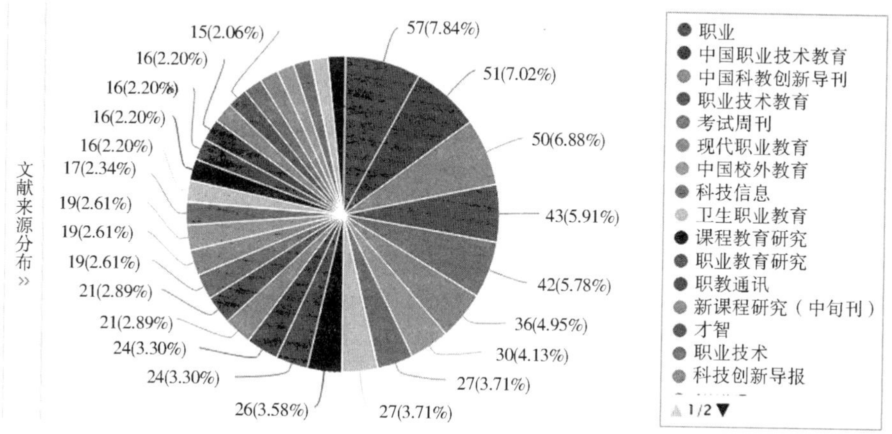

图 2－6 中等职业学校教学改革研究的文献来源

通过文献梳理发现（图 2－6），学术界关于中等职业学校教学改革的研究成果主要发表在职业、中国职业技术教育、中国科教创新导刊和职业技术教育四大期刊，其在总体文献来源中占比依次为 7.84％、7.02％、6.88％和 5.91％。说明学界关于此问题的研究较为分散，不甚集中。其文献来源主要来自职业教育相关杂志。

4. 高频作者

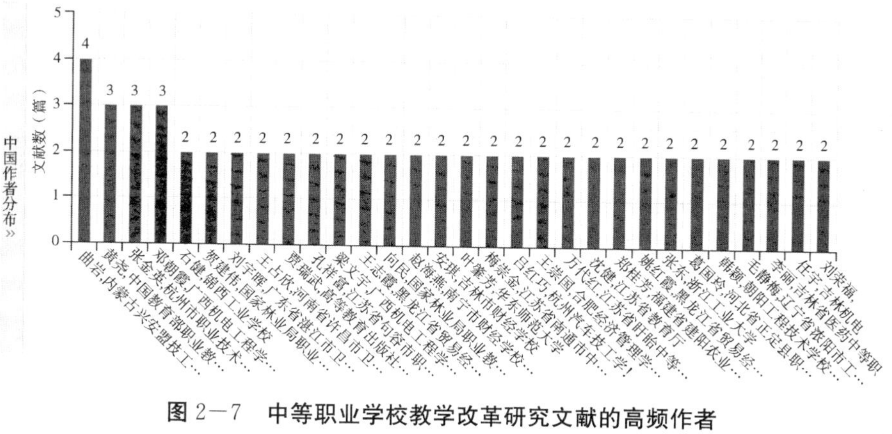

图 2－7 中等职业学校教学改革研究文献的高频作者

由图 2－7 可知，学界关于中等职业学校教学改革研究的作者单人发文数量最高不超过 4 篇，个人产出较少，多数学者都只发表了 2 篇文献。说明关于此问题的研究较为分散，没有形成一个相对集中的研究氛围。

5. 研究结论

通过文献计量学分析发现，首先，当前学界关于此问题的研究总体上正处于一个低谷期，急需广大学者共同努力，为中等职业学校的教学改革研究添砖加瓦。其次，学术界关于此问题没有形成一个相对稳定且较为集中的氛围，权威缺失，研究分散。

二、关于中等职业学校教学改革的研究

通过文献梳理发现，学界对于中等职业学校教学改革的研究主要集中在中职学校课程建设、教学模式和学制三个方面。当前中等职业学校教学改革如火如荼地进行，但是也面临着各方面的阻力。吴桂勇认为当前中等职业学校教学改革问题与误区有："重技能，轻德育"，偏离中职教育培养目标；教师培训欠实效，数不足，质不高，影响教学改革的进程；教学资源整合不到位，实训条件有差距，教学方法创新不多；办学模式创新不落到实处，与企业距离将会拉大等。[①]

（一）关于中等职业学校课程建设的研究

申家龙、周晋认为课程体系的改革是教学改革的一个重点，也是一个难点。目前，虽然中等职业教育作为终结教育正在被否定，但由于受高等教育资源的限制，中等职业学校的毕业生不可能完全升入大学，要把中等职业教育完全作为大职业教育的基础教育还需要相当长的时间，多数的毕业生还难以得到进一步的深造而需要到社会上就业。这就需要建立一种能满足不同个体需求可供选择的科学文化知识和专业技能课程体系，以适应学生多元化发展的需要。因此，必须对现行的课程进行重组，实现知识的整合。他们认为重组后的课程体系可以分四部分[②]：第一部分为共同基础课（包括文化基础课程，计算机应用、外语、科技文献检索等工具类课程，品德修养、文化艺术等修身类课程），主要以必修课为主；第二部分为生计课程（包括经济、管理、法律等社会科学基础课程，技术科学基础课程，权利和安全的维护、生存技能、职业指导等"通识课程"），以选修课为主，对不同去向的学生可以实行不同方面、不同课程门数的要求；第三部分为通用核心基础课程（构筑专业大类的专业基础平台课程），以必修课为主，但应有一定的选择性。由于职业岗位的变化加快，职业学校现行的较为狭窄的专业基础课程体系已不适应社会发展的需要，应加强基础大类的通用知识、基础技能和综合化课程的力度，增强学生的转岗能

---

①吴桂勇. 中等职业学校教学改革阻力及对策［J］. 轻工科技，2017（5）.
②申家龙，周晋. 中等职业学校教学改革走向分析［J］. 河南职业技术师范学院学报（职业教育版），2002（1）.

力；第四部分为专业方向类课程。此部分可根据社会需求及生产技术的发展按相近学科或专业设置多个岗位方向，岗位方向课程可以由若干个课程模块组成，不同模块的组合可以构成不同的岗位方向。

李文认为绝大多数职业学校仍采用学年制，按学期以学科的逻辑顺序安排课程。这虽然便于课程的编制及教学的组织，却缺少了灵活性。第一，各门课程之间关系协调不够，有贪多求全现象。知识点重复，学生实际负担加重。第二，理论与实践的衔接不够紧密。理论与实践在时间上不够紧密，常常使学生在进行实践操作时已记不得所学的理论知识，一定程度上降低了教学实践的效率；再加上大部分学校供实践用的设备相对落后，经济体制的变化又使一些企业对学生实习不予支持，使得尽管实践课时有所增加，但成效提高不明显，往往集中大量时间花在进行简单重复且不需要学生有更多智能参与的技能训练上，为了"动手"而动手。因此，要重构课程体系，对一所职业学校来说，通过对劳动力市场的预测和社会的反馈使教学设置与市场需求变化相匹配是必需的，但完全准确地把握市场的变化是难以做到的，即使同一个专业要照顾到众多不同的岗位也是困难的。这就需要建立一种能满足不同个体需求可供选择的科学文化知识和专业技能课程体系，以适应学生多元化发展的需要。重构课程体系的目的不仅仅在于使三年一贯制的在校正规学生有更多的选择，同时也有利于满足不同层次、不同要求的各类学员的需求，这样灵活办学才能成为现实。注重职业教育的基础性、加强关键能力培养、满足不同层次的需要将是职业学校课程体系发展的重要走向。[①]

董强认为调整课程设置和教学内容。调整课程设置和教学内容是贯彻教育振兴行动计划、深化职业教育改革的一项重要任务。作为学校与教师应着力研究以下两方面的问题。一是课程综合化的研究。课程综合化是组织具体教学内容的一种方法，作为集群式模块课程的内涵之一，很多学校都有所探究，取得了有实效性的成果。课程综合化是个系统工程，每个学校对所设专业课程综合化的范围、方式和程度都应做一些有深度、有广度的探索，逐步探索课程综合化的规律和原则。二是教材建设的研究。教学内容的改革，实质就是教材的改革和建设。教材建设研究应主要打破教材学科本位体系，满足复合型人才培养要求，解决知识内容陈旧，增强弹性内容四个方面的问题。应根据普通中专、职业中专、职业高中、技工学校同属一个层次的中等职业类学校这一实际，按照职教新形势的发展要求，

---

①李文. 中等职业学校教学改革探究［J］. 河北能源职业技术学院学报 2009，（4）.

编写一套适合中等职业学校共用的语文、数学教材。这势必对中等职业学校的教学研究、教学管理、质量提高，创造一个良好条件。中等职业学校的文化课教师可根据新教材的内容要求，探索新的、符合教学实际的规律。专业课教师可在模块式教材选择、教材编写方面进行一些实验探讨。[①]

蒙昭芳认为要优化课程结构，加强实训教学。在课时安排上，要加大实践性教学的分量，要加快职业学校实训基地的建设，加快"双师型"教师队伍的建设，提高教师的动手能力，在实践实训教学过程中，要注重培养学生的创新能力。[②]

（二）关于中等职业学校教学模式的研究

学界对中等职业学校教学模式的研究产生了大量成果，对该问题的研究较为透彻。综合学界文献发现，学界普遍认为当前中等职业学校面临生源紧张、质量下降、学生学习水平下滑、学习兴趣低下和教学困难等问题，并提出了一系列有针对性的解决措施。下面从"能力导向、学科导向和实践导向"三方面来梳理总结学界提出了中等职业学校教学模式。

首先是"能力导向"的教学模式，"能力导向"的理念来自北美，此模式中的"能力"指的是"职业胜任能力"，具体指的是社会环境中进行完满生活所需要的专业技能、职业态度与鉴赏能力等。"能力导向型"教学模式就是以"职业胜任能力"的达成为标准来选择与确定教学目标、组织与实施教学内容、选择与应用教学方式、评价与反馈教学效果的。此种类型的教学模式以综合能力为学习科目，并按照职业能力分析表所列专项能力由易到难地来进行教学内容的组织与实施，突破了以往学科体系框架的限制，因此受到广大职业教育同仁的欢迎。目前，国内职业教育领域影响较大的主要是"六位一体"式、"五阶段双循环"和分层教学三种教学模式。

"六位一体"式教学模式。这一教学模式由湖南郴州职业技术学院开发出来。这一模式的"六位"指的是教师在教学过程中必须重点突出把握"六个"核心要素：职业能力需求分析、课程目标、"教、学、做"结合、职业能力训练素材、职业能力训练项目、形成性考核。"六位一体"就是这六种要素的有机统一，这一教学模式以职业教育的本质特征和职业院校课程教学的基本需求为导向，以职业岗位能力需求为依据来确定教学目标，发挥了职业学校师生的主体性，有利于职业学校教学质量的提高。但

①董强. 中等职业学校教学改革刍议［J］. 中国职业技术教育，2002（15）.
②蒙昭芳. 中等职业学校教学改革初探［J］. 广西农学报，2007（3）.

是作为个案，该模式是否适合全国其他职业院校还有待探索。

"五阶段双循环"教学模式。该教学模式充分吸收了"CBE"和"MES"等教学模式优势，并结合中国的职业教育实际。其"五阶段"指的是"市场调查分析、职业情景分析、教学环境分析、教学实施与管理、教学评价与改进"，并且这五个阶段呈双向循环。该模式以市场需求为导向，注重教学内容要随着社会需求的变化来变化，注重综合素质与职业能力的培养，体现了教学内容的系统性和实用性，因此该模式得到许多职业教育学者的认可。但是，由于该模式还没有完全摆脱能力本位教学理念的制约，还处于试验探索与理论建构阶段，因此还需不断完善与提升。

分层教学模式中，陈永贵认为应采用面向对象分析问题的方法，利用需求分析—对象化处理—解决策略的模型找出教学中问题产生的客体，分析客体问题产生的原因，再采用分层处理的方法来解决问题，以期对中职学校的教学改革起到促进作用。[①]

申家龙也认为实行分级教学，可以提高教学质量。目前，职业学校的生源文化基础参差不齐，素质高低差别较大，而且到职业学校求学的目的也不尽相同，有想升学的、有想学技术就业的、有要求学历教育的等，这给组织教学带来了很大的困难。如果重心低移，教学起点过低，一方面难以完成教学计划，另一方面必然使整体素质较好的学生受到影响，如对口升学的学生将会受到影响；重心高移，教学又只能为少数尖子生服务，这又会严重挫伤大多数学生的学习积极性，致使差生越来越差，整体教学质量下降。部分基础较差的学生还可能因学习发生困难而退学，造成不必要的学生流失。采用分级教学的目的不是把教学搞成快慢班，而是按照学生的不同基础使其都能得到提高。职业学校的教学不能奢望把任何基础的学生都培养到某一个统一的水准，只要学生在原来的基础上有大幅度的提高，能确立一个正确的学习观念，养成良好的学习习惯，掌握了学习方法，为以后的工作和进一步学习打下良好的基础，就是成功的教育。因此，职业学校的分级教学对不同的学生要有不同的要求，不同的学生有不同的优势，对某些课程学习发生困难的学生，可以通过增加课程种类或专项实用技术来弥补，这既可以克服学生学习能力的某些缺陷，又可以使这些学生的整体素质不至于过低，达到职业学校的教育目的。[②]

①陈永贵. 中等职业学校面向对象的分层教学改革方式探析［J］. 中国职业技术教育，2017（20）.

②申家龙，周晋. 中等职业学校教学改革走向分析［J］. 河南职业技术师范学院学报（职业教育版），2002（1）.

李文认为目前职业学校的教师在进行教学活动中，常用的教学方法仍为讲授法，练习法和讨论法。国外人力资源开发中，应用型人才培训最常用的模拟教学、游戏、课题研究等方法在职业学校中鲜有人为。而且，目前中等职业学校基本上沿用着普通教育的教学模式——课堂教授，通常是教师教得辛苦，学生学得痛苦。所以，目前职业学校教学模式没有职教特色是问题的关键，它不能适应职业学校学生群体的学习特殊性，没有基于职业学校教学内容和培养目标的特殊性。因此，中等职业教育教学方法的改革方向应为：以能力（含智力和职业综合能力）为基础，以学生学习掌握职业技能为重心，以现代化教学手段为媒体，以专业课类型为划分依据，以个性化或综合包容性职业教育为管理方法模式。把代表职业教育特色的"专业技能教学"作为教学方法理论研究和改革实践的重中之重，这是由职教规律及现代教学方法的特征所决定的。可采取以下几种方法："能力构建—评价导向"模式、"案例教学法"、模块式"教群法"等。①

蒙昭芳认为面对这样的生源，在教学中如果仍采用传统的教学方法搞"一刀切"，即用同样的方法，教同样的内容，用统一的要求，同时入学，同时毕业，以一张试卷定成绩，显然已不符合学生能力发展多层次性的需要，也注定不会取得理想的教学效果。实行分层教学，可以很好地解决传统教学与学生素质不相符合的矛盾。分层教学包含两个方面的分层：一是学生分层，根据学生基础理论知识、学习能力、动手能力等各方面的差异，将学生分为若干个层次。即 A 层：学习能力较强，理论基础较好，但动手能力欠佳的；B 层：社会阅历丰富，动手能力较强，有强烈求知欲，但理论基础欠佳的；C 层：学习目的不明确，理论基础和动手能力均较差的；D 层：介于 A、B 层与 C 层之间的中间型，理论基础和动手能力均一般的。至于分三个层次或四个层次或更多（少）层次，要根据不同年级、不同专业学生的个体差异来定。同时要让教师和学生都明白，分层是为了更好地组织教学，更利于每一个学生的全面发展，且分层不是一次定终身，可随着学生的进步或自我感觉的改变而随时调整。学校和教师都应充分尊重学生的选择权，让学生根据自身的实际情况选择与自己相适应的层次，教师只做他们的参谋。二是施教分层，施教分层就是根据不同层次、不同个体的学生采取不同的教学方案（包括不同的教学方法、手段，以及不同的讲课形式、艺术及进度等），以便最大限度地满足不同层次、不同个体对知识的要求，面向全体，为每一个学生提供成功机会而组织的教

---

① 李文. 中等职业学校教学改革探究 [J]. 河北能源职业技术学院学报，2009（4）.

学。施教分层是分层教学的核心，它要求教师必须全面了解各个层次学生的学习情况及个性差异，从而确定不同的教学目标，编制不同层次的教案，备课要能充分考虑到各种可能发生的情况，全面兼顾，课堂上及时调整，以便获得最理想的教学效果。同时要求教师转变教学观点，由过去的"学"适应"教"，改变为"教"适应"学"，把传统的以教师为主、以教材教纲为主的课堂教学转变为以学生为主、以课堂教学效果为主的教学方法上来，调动各层次学生学习的积极性，全面提高教学质量。[①]

叶肇芳基于对中等职业学校学生和教师的分析，提出了一个以职业实践为主线，技术理论与实践完全融合的教学模式："活动—指导"模式。整个教学活动按一定的阶段展开：第一阶段，教师通过说明、示范或影像播放等手段使学生明确学习任务，了解活动的方法、步骤和结果。第二阶段学生在教师指导下一步步完成活动的全过程，使学生获得相应的感性体验。同时，创设问题情景，引导学生去发现问题、提出问题。第三阶段，教师采用各种教学方法（如讨论、讲授、自主探究等）使学生理解和掌握其中的理论原理和应用技术要领。第四阶段，学生独立练习或操作，针对性指导，纠正错误，以强化学习成果。第五阶段，教师评价反馈学习结果，揭示规律，形成概念和经验。第四、第五阶段可看作是二、三阶段在更高层次上的回复，是否需要回复、需要几次回复视具体教学任务而定。例如建筑施工课程，其教学过程的五个阶段分别为：第一阶段，使学生明确本门课程的教学任务与目标、教学活动的步骤以及注意事项。第二阶段，学生在施工实训基地进行钢筋制作、脚手架搭设、模板组装、混凝土浇筑等见习（尝试操作），使学生了解施工技术的操作步骤及方法，获得感性体验。第三阶段，学习施工理论和相应的技术原理。第四阶段，在结课后，到校外实习基地进行实习，使学生在真实环境中以现场技术人员的身份，进一步掌握施工技术，形成解决有关问题的能力。第五阶段，总结评估，结果反馈。是否需进入下阶段的学习，教师可根据教学目标和综合评价教学过程后决定。[②]

其次是"学科导向"教学模式，指以学科知识为主线来对学生传授系统知识、以学科知识间的逻辑顺序组织教学内容、以对学生进行训练和培养来拓展教学目标、教学目标主要依靠课堂教学来达成的一种教学样式或模版。目前国内关于学科导向型的教学模式比较多，比如"三段式"教学模式与"群集式"（KH）教学模式等。

①蒙昭芳.中等职业学校教学改革初探 [J].广西农学报，2007（3）.
②叶肇芳.中等职业学校教学模式改革研究 [D].上海：华东师范大学，2002.

"三段式"教学模式。这种模式是以某一特定职业或工作岗位的需要为前提，教学内容的组织与实施以学科知识逻辑为中心。教学内容按三段结构排列：文化基础知识、专业基础知识与专业技能培养。强调学科知识间的内在逻辑与学科体系结构的完整，其教学目标与评价标准的确定依据的是学生掌握知识量的多少，而很少考虑到学生实际职业能力的高低。因此，这种教学模式对系统掌握学科知识大有裨益，但是由于较少关注学生的实际操作能力和学生的精神世界，结果就会造成理论与实践的脱节，进而导致学生综合运用知识的能力不强，最终使得一些学生无法完满就业。因此，这种教学模式也得到许多批评。

"群集式"（KH）教学模式。这种教学模式又称"宽基础、活模块"教学模式，以学生综合职业能力的形成作为教学目标核心，其中"宽基础"这一阶段的教学内容并不是针对具体职业岗位的，而是需要集合一群相关专业所需的知识和技能，以便可以使今后的转岗和继续学习有丰富"知识和技能"基础，而其"活模块"这一阶段教学功能的发挥是在学生选定好模块后，并为了准备就业技能，会针对相对确定的一个或几个就业岗位进行训练。这种模式有利于学生个性的培养和教学内容的更新，能适应劳动力市场的不断变化。但是这一模式对职业群的界定缺乏一定的科学性，同时对学生的社会能力培养关注不够。因此，这种还存在一定局限，还需在教学改革过程中不断完善。

最后是"实践导向"教学模式，这是目前我国职业教育工作者们正在积极探索的一种新型的教学模式。这种教学模式的教学设计以企业厂矿的真实任务为依据，注重在真实职业情境中进行工作实践，以此来开展教学；注重工作过程的完整性，以此来培养学生职业能力的完整性；注重通过一个个具体的工作任务的达成来完成教学目标；注重教学效果要通过项目产品或主题拓展领域来评价。目前，这种教学模式的研究吸引了大批职业教育学者，其中影响较大的有主题拓展式教学模式、项目驱动式教学模式等。

"主题拓展式"教学模式。这种教学模式教学工作的开展是围绕一个或多个经过结构化处理的主题来实施的，它的教学内容是以一系列经过"结构化"处理的"主题"为参照点来设置的，这样就打破了传统学科的界限，使不同学科可以相互融合，有利于教育资源的拓展与学习能力的培养。但是由于该模式的体系是由一系列经过"结构化"处理的"主题"组成的，因此，有时该模式在达成或确定主题时所需的资源、所涵盖的内容与所把握的环节较难设计，这样就不利于教学资源的优化整合，不利于有效管理与评价学习效果，从而影响教学模式改革的进行。

"项目驱动式"教学模式。该模式基于工作过程，以学习领域课程思想为理论基础，课程设置与内容的选择以工作任务为参照点，主要的学习方式是项目活动。该模式其内容设置强调的是以项目为参照点并贯穿整个过程，让学生在以项目为载体所设计的综合化情境中学习完成完整的工作过程，进而获得相关的知识和技能。由于这种模式与实际工作过程联系紧密，因此能通过典型产品或任务的完成来体现过程与结果，使学生获得更多的成功体验，进而使学生的综合职业能力得到提升。但是此类教学模式还有许多问题无法在项目情境中找到答案，因此还需进一步发展与完善。

总之，由于我国职业教育起步较晚并且发展缓慢，较西方国家而言，我国对职业教育教学模式的研究比较匮乏，但是纵观我国职业教育教学模式的研究，也已取得了不少研究成果，不仅成功地借鉴了他国的经验，实现了从"学科本位"到"能力本位"再到"实践本位"的转变，还研究开发出许多科学、实效的新的职业教育教学模式，这对我国职业教育教学质量的提高起到了一定的促进作用。然而仔细思量，就会发觉不管是"学科本位"的教学模式，还是"实践本位"的教学模式，又或者是"能力本位"的教学模式，都强调教学质量的提高要依靠实践教学活动（如实习训练、任务引领、技能培养等），其出发点还是立足于通过实践来验证理论的科学性与有效性，实践教学体系并没有和"实践本位"与"能力本位"教学实现真正融合。若要使职业教育教学模式研究工作从纯粹对学科教学体系的批判转到对学科体系的结构和与行动体系的重构的研究道路上来，还需进一步完善与加强职业教育教学模式的研究，以更好地指导我国职业教育教学模式改革，从而促进我国职业教育教学质量的提高。

（三）关于中等职业学校学制的研究

关于此问题的研究，学界多数学者认为需要实行弹性学制，以满足不同学生多样化的学习需求。申家龙认为实施弹性学制是讨论职业学校改革问题中经常涉及的问题之一，要建立柔性的、适应学生多元化发展的教学机制，实施弹性学制也是必然的选择。然而在实施弹性学制中，大多考虑的是学生能够提前或推迟毕业，仅仅这样是不够的，实施弹性学制还应考虑学习方式、学习时间、学习内容的弹性问题。尤其是在大力倡导创业实践及职业学校向社会开放的情况下，"半工半读"的教学模式必然会得到发展，对这些"边工作边学习"的学员在学习方式、学习时间、学习内容上的要求与在校全日制学生的要求将会不同，这就需要有更多的灵活多样性。实施弹性学制是职业学校改革的需要，也是对职业学校的挑战，它对职业学校的教学、管理等各方面都提出了更高的要求。[①]

蒙昭芳认为实行弹性学分制，可以满足不同个体的需要。弹性学分制就是以学分为计量单位来衡量学生学业完成情况的一种制度，学生在修满必修课的基础上，通过自主选择选修课程，自主选择学习进程和学习年限，自主选择任课教师，自主选择辅修专业来修满（或超过）规定的总分，从而获得毕业。弹性学分制在国外早已普遍采用，我国的部分高校多年试行的结果也表明：弹性学分制能最大限度地满足不同层次、不同爱好和特长、不同家庭情况等方面的学生的实际需要，能最大限度地激发每一位学生学习的兴趣和积极性，充分发挥他们的潜能和特长，为每位学生的成功提供均等机会，是一种值得借鉴的管理制度。从目前中职在校生的实际情况看，个体间在各方面的差异都比高校高职大，在这种情况下，若仍采取统招统分时的"一刀切"的管理制度显然已不能适应中职的实际需要了。因此，中职学校也应尽快地实行弹性学分制，放松对学习年限的限制；应允许基础较好的学生在修满规定的总分后提前毕业，也应允许文化基础较差的学生延长修业年限；以及允许学生休学创业，分阶段完成学业或半工半读。这样做一方面可以有效地拓宽学生学习的空间和时间，充分发挥学生的特长、爱好和优势，面向全体，满足不同层次、不同个体的需要，为每一位学生获得成功提供均等机会；另一方面可以大大提高教学效果，保证中职学校向社会输送的每一位学生都是合格的人才。[②]

（四）研究结论

通过文献梳理发现，学界对中等职业学校的教学改革研究主要集中在课程建设、教学模式和学制三个方面，其中课程建设和教学模式包含了一般教学改革的关键要素，而学制这一研究热点则体现了职业教育的特殊性，成果数量丰硕。

[①]申家龙，周晋. 中等职业学校教学改革走向分析［J］. 河南职业技术师范学院学报（职业教育版），2002（1）.

[②]蒙昭芳. 中等职业学校教学改革初探［J］. 广西农学报，2007（3）.

第三节 关于农村中等职业学校教学改革的研究

一、研究概况

学界关于农村中等职业学校教学改革的研究较少，通过在知网上以"农村中等职业学校教学改革"为主题进行搜索，所得文献为11篇，剔除无关文献，只剩余6篇。

二、主要观点

虽然学界研究相关成果较少，但是已有成果提出了不少建设性意见，对农村中等职业学校教学改革具有极大的启发性意义。雷蕾认为在当前新一轮职业教育教学改革大背景下，农村中职学校需要从人才培养模式、教学模式、课程体系和课程内容等方面改革创新，不断提高为地方经济社会服务能力。

部分学者结合具体学科，谈到农村中职教学改革的具体方法，如黄猛结合数学学科[1]提出：

第一，在教学模式上要大胆创新，按学生的毕业方向实施分类教学。近几年来，学生的毕业去向不外乎两个：就业与升学。特别是2014年本科院校对口招收中职毕业生以及高职院校与中职学校开展"2＋3"五年一贯制合作办学以后，很多学生升学的意愿越来越强烈，每年报考的人数不断增加，因此，顺应形势的发展，在学生入学之初，在充分做好调查摸底的基础上结合学生的理解能力和学习能力，按毕业方向将学生分成两个部分：就业班和升学班。就业班学生的数学教学，应以就业为导向，以实用、够用为原则，在内容和课时安排上做出适当调整，对于实际用处不大的公式推导过程、繁杂难懂的计算和推理等内容作大胆删减，对于紧密联系学生所学专业，对学生的专业有很大影响的数学内容，要加强练习。这其中，教师也要改变传统的教学方法，给学生创造以个人所需决定教学内容与方式的教学，为学生真正学到有用有价值的知识，利于对专业知识的

---

[1] 黄猛. 桂西农村中职学校数学教学改革之我见——以田东职业技术学校为例 [J]. 中国培训，2016（6）.

理解掌握，让他们感受到学习知识的有用性，重拾对未来生活的信心，激发学习热情，知道学习数学并不是单纯的学习一门学科，而是一门技术、在现实生活中所需要的一种工具，一种思维的方法；升学班学生的数学教学，则以升学为目标，不轻易删减内容，加强课堂练习，加大训练量，适时地进行应试教育，注重学生数学成绩的提高。田东职业技术学校从 2016年 3 月起开始尝试实施，从目前态势来看，效果要比之前好得多。

第二，适当融入初中数学知识，做好初高中数学知识的衔接教学，补长学生知识短板，增强学生学习的自信心。以田东职业技术学校为例，入读的学生大致分为四个部分：第一部分是参加中考上来的学生，这部分学生数学知识相对较好，但只占 10％至 20％；第二部分是只完成初中阶段五个学期的学习后直接进入中职学校职业教育预备班后直升上来的，数学基础一般，这部分学生约占 70％至 80％；第三部分是初中二年级在读，但由于自身原因实在读不下去了且自愿到中职学校来跟读的学困生，这部分约占 7％；第四部分是曾经辍学在家或到社会上打工后，经家人和学校做工作后愿意到中职学校来读的未成年人，这部分学生约占 3％，文化基础都很差。面对这个群体的学生，适当补一补初中部分的内容是必要的，因为生源结构已经改变了。同时还要做好初中和高中内容的衔接教学，这个阶段的教学必须安排在学生入学的第一个学期完成，有条件还要再分类教学，补一补学生没学过的数学知识，否则学生没有得到有效的辅导而无力接受新的知识，那时将打击他们学习的自信心和积极性，必将引发新一轮的学生退学潮。

第三，改革传统考核和评价手段，注重学生个性成长。面对这样的一个特殊教育群体，教学效果无法在短时间内体现，因此，需要一定的时间引导让学生沉下心来进入学习角色。这就必须彻底地改变原有分数至上的评价手段，应结合学生的学习态度、效果、质量进行综合评价，既注重学生学习过程的考核和评价，也注重学生非智力因素的培养。以田东职业技术学校数学学科为例，每学期每个学生的作业任务是 18 次，以 5 分制评分，占 90 分，学习态度为 5 分，学习质量（能够完成作业次数）5 分，每一次进步的都要加 1 分，满分 100 分，这一部分算平时成绩，到期末总评时这一部分占 60％；期末进行全校统一考试，成绩占 40％。两者成绩总和就是学生一个学期的数学成绩。这一制度从 2015 年 9 月开始实施以来，每一个学生都会被关注到，每一次作业都是学习表现的浓缩，效果非常明显。只要学生有进步，就都要及时地表扬加分，学生的学习热情会不断地被点燃，学习劲头也上来了。

第四，大胆进行数学教材改革，将规定教材与校本教材相结合，以适应分类教学的需要。前面提到了学生分类教学的做法，但就业班毕竟与升学班有很大不同，无论在文化基础还是在学习能力上，都不能一概而论，若一视同仁地使用同样的教材就强人所难了。因此，对这一特殊群体必须降低要求，开发适合他们的校本教材，而升学班的学生可以继续使用教育厅规定的教材。

韦道火和陆玉馨认为农村中职教学改革要充分结合地方民族特色。其中陆玉馨结合数控专业技能教学指出，目前农村中等职业学校数控专业的教学由于教学条件、师资队伍、教学模式及学生接受能力等因素的影响，教学质量普遍不高。为使学校数控专业的发展及学生广泛就业必须进行教学改革。第一，转变专业发展的方向和思路，学校不仅要为社会提供操作人才，还为高校输送基础人才。第二，加强师资队伍建设的特色化，我校数控专业教师都是壮、瑶民族的教师，对这一方面的研究有着独特的优势，充分开发数控基地设备的社会服务功能，发挥教师的特长，研究和开发工艺品的技能和方法，体现民族职业教育特色，最大限度地提升教师的业务水平、实践动手能力和发展特色化教学。第三，培养学生实现由作品到产品的转化，在课题研究中注重民族工艺品设计与制作专业教学，加强学生实践动手能力的培养，重点培养学生对产品的设计开发制作能力。第四，以项目化课程改革为基础，编制民族工艺品特色教材，设置课程，把民族优秀的文化和技艺贯穿教学中，以激发学生的学习兴趣为主线，实现数控专业教学与制造特色工艺品相结合的产教结合教学模式。第五，应用仿真软件，加强学生对特色化零件的实践，数控专业具有较强的实践性，在加工特色零件的教学中，可以先使用仿真软件，以避免不必要的材料浪费和机床操作的碰撞事故。在计算机室设计好工艺品图，让学生利用仿真软件进行工艺品加工模拟，得出正确的模型，然后通过对模型的判断，再利用机床进行实体零件加工，保证加工的正确性和减少加工成本，以达到研究的目的。[①]

韦道火结合语文学科指出在中职学校语文教学中融入当地的优秀民族文化，创新、改革语文教学模式，能够提高农村中职学校语文教学效果，弘扬、传承和发展当地的优秀民族文化。以横县职业教育中心语文教学为例，在农村中职语文课堂中融入地方民族文化，通过挖掘教材资源，拓展教学内容，开展丰富多彩的活动，渗透当地民族文化，助推农村中职学校

---

①陆玉馨. 农村中等职业学校数控专业技能教学特色化改革的剖析 [J]. 装备制造技术，2016（9）.

语文教学改革。①

三、研究结论

通过文献梳理发现，当前学界对农村中等职业学校教学改革的研究非常薄弱，成果极为稀少，需要广大学者更加积极地投入农村中职教育的研究，为乡村振兴贡献教育智慧。就已有的研究成果来看，多以具体学科为载体，探讨农村中职教育中具体学科的建设路径，具体有数控、医学、思政和语文学科。其建设路径多含民族和地域特色，说明研究者多关注地域文化对农村中职教学改革的作用，倡导培养社会真切需要的人才。

---

①韦道火. 融入地方民族文化，助推农村中职学校语文教学改革——以横县职业教育中心语文教学为例 [J]. 教育观察，2016（4）.

第三章　理论部分

第一节　理论基础

一、乡村振兴战略的理论渊源

传统文化中的重农思想

1. 先秦的农本思想

我国古代对农业重要性的论述，最早见于西周虢文公对"农业是人们社会生活的基础"的阐述，虢文公认为"民之大事在农"[①]，农业发展，则"上帝粢盛""民之蕃庶""事之供给"，进而才有社会"和协辑睦"，国家才有"财用蕃殖"。在先秦时期，以管仲、李悝、商鞅、韩非为代表的不同思想流派，提出了不同经济主张和思想措施，随着铁质生产工具的普及，作为经济基础的农业，发展稳固，在这一阶段，农本思想得到普及。管仲提出："处士……就闲燕，处工就官府，处商就市井；处农就田野。""沾体途足，暴其发肤，尽其四支之敏，以从事于田野，""相地而衰征""无夺民时，则百姓富"。[②] 管仲将其农本思想在齐国进行了实践，划分"四民"，推行鼓励政策，保证农时，让农民有充足的时间专心农事，安心务农，齐国的农业生产效率得到显著提高，在农业对经济社会发展有决定作用的先秦时期，直接增强了齐国的国力，成就了齐国的霸主地位。

战国时期，自给自足的传统个体经济成为农业生产的主要形式，思想家们"百家争鸣"，以李悝为代表的新兴地主阶级继续发展农本思想，提出了"农伤则国贫"、要"尽地力之教"，要实现"亩益三斗"就要"治田勤谨"，否则就会"损亦如之"[③] 李悝认为只有实现农业发展才能实现国家

［①］《国语·周语》
［②］《国语·齐语》
［③］班固：《汉书》卷上《食货志第四上》

富裕，才能为国家强盛和百姓生产奠定基础，农业是国家财富的唯一来源。商鞅高度重视农业，在秦国变法时，首次将农业称作"本"，并著有《商君书》，在书中提出了农本论和农战论的重农思想，并指出："知治国之要"，就是要"归心于农""所谓富者，入多而出寡。衣服有制，饮食有节，则出寡矣。"①

商鞅鼓励发展一夫一妇的家庭经济，强调发展农业是增加国家财政收入的重要手段，并且实施一系列有利于传统农业发展的政策，秦国国力大增，为逐鹿中原奠定了基础。韩非主张农耕政策，指出"富国以农，距敌恃卒"，强调要对农民实行轻税的政策，并明确提出了"重农抑商"的观点。

在先秦的重农思想著作中，《吕氏春秋》一书中闪耀着重农思想的光芒。《吕氏春秋》《上农》篇、《任地》篇、《辨土》篇、《审时》篇中，除了论述了先秦的农业技术问题，还对当时的农政思想进行了论证。书中关于农业是第一位的论述："先务放农"、对重视农业作用的论述"民农则朴，……主位尊""民农则重，……力专一"等②。始于西周的先秦时期的重农思想，对当时社会的生产力发展起到了极大的推动作用，也为以后重农思想的进一步丰富和完善奠定了基础。

2. 汉代的重农思想

汉代重农思想的代表人物有西汉的贾谊、晁错及东汉的王符。汉朝吸取了秦王朝灭亡的教训，推行"无为而治"的治国思想，实行"与民休息"的治国政策，自汉高祖、汉文帝到汉景帝，在"重农""轻谣""薄赋"上实行了一系列具体措施，例如，罢兵归田、免除徭役、增加劳力、减低赋税等，至汉文帝时，多次发布诏书，鼓励农业生产，至此农本思想已然成为封建理论的正统思想。贾谊提出了"富安天下论"③，贾谊重农思想的体现：高度重视发展农业生产，认为，只有农业发展了，才能增加粮食产量，老百姓生活才能富足，国家才能有财政收入，进而才能够囤积粮食备战备荒，而要实现这些目标就需要增加农民劳动生产，要节约粮食，消灭奢侈浪费，"淫侈之欲，……是天下之大贼也。"④ 晁错对农业重要地位的说法，以拜爵、"贵五谷而贱金玉"以"贵粟论"而著称。通过"贵粟"这种方式，人们可以拜爵，可以除罪，"使民以粟为赏罚""夫得高爵

---

① 《商君书》
② 《吕氏春秋·士容论·上农》
③ 《新书·无蓄》
④ 班固：《汉书》卷上《食货志第四上》

也免罪，人之所甚欲也"，以"贵粟"为手段，增加人民从事农业生产的积极性，鼓励更多人从事农事生产，促进农业发展，增加国家粮食储备；同时农民的徭役负担得到减轻，生活状况得到改善。

贾谊的重农思想见著于《论积粟疏》，晁错的重农思想见著于《论贵粟疏》，贾谊、晁错的重农思想是在先秦农本思想的基础上进一步完善提出的，更具有可实施性，实践性更强，被广泛应用于西汉的农业生产指导，极大促进了西汉经济发展，为西汉第一个盛世文景之治的出现奠定了基础。

东汉王符在《潜夫论·务本》篇中，提出了"为国者，以富民为本"的观点，并就为何"富民"及如何"富民"进行了论述。对于为何"富民"，王符认为，治国要以民为主，施政要以使民富裕为目标，只有这样才能国家兴旺，人民安乐。对于如何"富民"，王符认为，"富民者""百工者""商贾者"要"守本离末"，坚持农桑、致用、通货为本，才能"民富"，如果"离本守末"就会导致"民贫"。[①] 王符认为统治者要正确处理好农工商之间的关系，不能仅仅只有农业是本，并且主张废除繁重的苛捐、杂役、徭役、赋役，以保证农民有充足的农时，实现富民富国。

3. 唐宋的重农思想

唐宋时期，商品经济发展到新的高度，但是重农思想仍然占统治地位，这一时期的重农思想代表以陆贽、白居易、王安石和范仲淹为主。

唐朝时，陆贽认为均田制下实行"两税法"只会危害农业生产，使"人益困穷"对唐政府实行的"两税法"激烈反对，主张整顿吏治，对农民实行安抚政策，才会避免"典制弛废""条约不明"这样的局面，终结"悠人浮流，莫克禁止"[②] 的现象。白居易对君民农之间的关系进行了深刻的阐述，认为，"君之所以为国者"是因为人民的存在，而"人之所以为命者"，是要有衣食住行的保障的，这个保障就是"农桑也"，因此，要高度重视农业生产，"若不本于农桑而兴利者，虽圣人不能也。"[③] 由此将农业视为"兴利之本"，只有牢牢稳固发展好农业，将国家的发展重心放在农业上，国家才能"兴利"，国家财富才能增加。

宋朝时，以范仲淹和王安石为代表的改革派，都将农业视为改革的重点。范仲淹认为"养民之政必先务农"，农业才是民众安居的基础，通过发展"农政"才能保证"衣食足"，民众安居才会"爱肤体"，进而"畏刑

①《潜夫论，务本》

②陆贽：《陆宣公集》卷22.

③《白居易集》卷63《策林二·二十二·不夺人利》

罚"，由此天下太平"寇盗自息祸乱不兴"。国家社会的稳定归根到底是因为农业的稳定，"天下之化起于农亩"。[①] 因此，要通过改革消除农民贫困，实现农业稳定。王安石再次肯定了农业稳定发展对国家理财的重要的程度，认为"欲富天下则资之天地"[②]，因此，要"举先王之政"实现"兴利除弊""为天下理财"，通过变法改变"方今"的"穷空""无节"，再次实现国家富强。王安石推行变法，注重通过新法新政改进农业生产条件、调整农村社会生产关系和经济发展关系，例如颁布青苗法、免役法、方田均税法和农田水利法等，目的在于消除地主、私人高利贷对农民的剥削，降低农民的负担，同时保证农民有足够的时间从事农业生产，确保国家收入和减少百姓的负担。但是，新法在颁布后到执行环节时，实际执行人员脱离了王安石变法的初衷导致新法执行出现扭曲，实际上加大了农民的负担，使得民怨沸腾，王安石变法最终以失败结束。

唐宋时期，工商业经济取得了显著的发展，尤其在南宋时，随着海上丝绸之路的开通，海外贸易兴起繁荣，农业和工商业"本"与"末"的矛盾进一步激化，统治者虽然不再过度强调"抑商"，并对"抑商"有所放松，但是对农业从未降低重视程度。

4. 元明清重农思想

元朝统治者继续延续了前朝的重农思想，推行"农桑为急务"，将重农思想落实到具体的政府行动上，设立了劝农司和司农司这两个专门的掌管农业生产发展的政府机构。劝农司负责检查考核地方的农业生产情况，司农司负责研究总结农业生产的发展历史规律及推广先进的农业种植技术。

明清时期，在农业经济高度发展的基础上，富余农产品或者工商业发展需要的生产资料供给显著增加，促进了工商业的长足发展，这一时期具备资本主义萌芽性质的中国的资本主义经济从封建经济的缝隙中产生了，新兴市民阶层兴起，以丘浚、黄宗羲、王源等为代表的新兴市民阶层的知识分子发出了要重视工商业发展的声音，但是，本质上来说这一时期的资本主义经济源于封建经济的高度发展，无法彻底摆脱封建经济的影响，"重商"的声音没有得到统治者的重视。明清时期的"重农抑商"思想基本上是对先前思想的延续，没有新的内容创新，重农抑商的思想仍然占据统治地位。

从以上四个阶段重农思想梳理的过程中可以发现，从古代社会产生一

①《范仲淹全集·范文正公政府奏议》卷上《答手诏条陈十事》
②《临川先生文集》

直到封建社会衰落，农业一直是统治阶级的统治基础，是古代人们的衣食基础，是古代工商业发展的基础，农业的基础地位不可动摇，农业稳定发展则国家稳定发展。以男耕女织、自给自足的家庭个体农业为特征的小农经济，生产能力低下且无法形成规模化生产，经受不起社会剧烈动荡的破坏和冲击，每一次王朝更替，也就意味着社会的动荡和农业的退步，因此就需要对农业加以重视与保护，才能维持传统生产关系的正常运转。所以，历朝历代的统治阶级从维护稳定自身统治的需要，都重视农业发展，强调农业生产，坚持重农思想。

二、马克思主义社会发展理论

马克思主义社会发展理论是马克思主义理论体系的重要成果，马克思主义社会发展理论经历了萌芽、形成和发展，解释了人类社会发展的一般规律，其思想体系包含了社会发展的动力、规律、结构、主体等内容，各个组成部分是有机整体不可分割，具有严密的逻辑结构，为人类社会的发展指明了发展道路。马克思主义社会发展理论具有区别于其他社会发展理论的一般特征，我们要从整体的角度把握马克思主义社会发展理论，正确的理解和运用马克思主义社会发展理论。

（一）马克思主义社会发展理论的历史脉络

社会在不同的发展阶段表现出不同的特征。马克思主义社会发展理论产生于一定的社会背景，随着社会实践的发展而不断完善和发展。我国是社会主义国家，社会发展以马克思主义社会发展理论为指导，在实践发展中逐步形成了中国化的马克思主义社会发展理论，丰富和发展了马克思主义社会发展理论。

1. 马克思主义社会发展理论的形成和发展

马克思主义社会发展理论产生于一定的社会背景中，19世纪初，西欧工业革命爆发，资本主义经济得到迅速发展，资本主义制度得以确立，由于资本主义制度存在严重的弊端和资本主义生产方式的局限性，社会矛盾逐渐激化，工人解放斗争不断发展，马克思主义社会发展理论随着工人运动和时代发展应运而生。同时马克思主义社会发展理论也批判地吸收了英国古典政治经济学、空想社会主义等的优秀成果，马克思主义在无产阶级反对资产阶级的革命实践中以及人类文明成果的吸收上创立了马克思主义社会发展理论。

马克思主义社会发展理论的萌芽开始于马克思的中学时期，他在《青年在选择职业时的考虑》一文中指出："我们并不总是能够选择我们自认为合适的职业，我们在社会上的关系，还在我们有能力对他们起决定性影响以前就已经在某种程度上开始确立了。"① 这显示他把个人的发展与社会的发展放在同一个维度上来考虑。马克思在他的《博士论文》中肯定了人区别于神的主体性和能动性，在此基础上马克思逐步形成了人的发展是社会发展的最终价值取向。马克思在《1844年经济学哲学手稿》中，专门论述了共产主义是人类社会发展的趋势，在《神圣家族》和《关于费尔巴哈的提纲》中肯定了人民群众的历史作用，认为人民群众是社会发展的主体；在《德意志意识形态》和《共产党宣言》等著作中强调了物质生产和社会主义基本矛盾对社会发展的作用、阐明了社会发展的动力。在《政治经济学批判序言》和《德意志意识形态》等著作中阐述了社会发展的规律，这些标志着马克思主义社会发展理论的基本形成，最后在《资本论》和《哥达纲领批判》等著作中进一步完善和发展了马克思主义社会发展理论。随着社会实践的不断发展，理论发展要跟上实践的步伐，马克思主义经典作家在社会发展中对马克思主义社会发展理论不断继承、发展和创新。

2. 马克思主义社会发展理论的中国化进程

中国共产党人在中国革命、建设、改革的探索过程中对马克思主义社会发展理论不断继承、发展和创新。毛泽东正确分析了我国的国情，确定了适合中国发展的正确道路，分"两步走"使我国走向了社会主义道路，科学分析出我国社会存在的基本矛盾，他认为社会发展的价值取向是人，社会发展的主体和目的都是人，社会发展最终是为了实现人的发展；邓小平在毛泽东对社会发展探索的基础上继续深化，提出了社会主义本质论，正确的分析了社会主义的发展阶段以及社会主义的正确定位并以改革为动力解决我国社会的矛盾；江泽民继续推进中国的社会发展，中国的社会发展要坚持全面发展、以人为中心的发展；胡锦涛以科学发展观对马克思主义社会发展理论进行创新和扩展，明确了发展的第一要义、核心、基本要求和根本方法。

社会是不断发展的，马克思主义认为社会发展是连续性和阶段性的统一，每一代人有每一代的使命。中国社会历史方位发生了巨大变化，步入新时代，我国的主要矛盾、综合国力等很多方面都发生了巨大变化，我国在取得巨大发展的同时也面临着更加复杂的国际国内环境，习近平总书记站在历史发展的新高度，带着强国情怀、人民情怀进一步丰富社会发展理

①马克思恩格斯全集第40卷［M］. 北京：人民出版社，1982：5.

论以及落实社会发展实践，推动中国社会不断向前发展以实现中华民族伟大复兴。首先，"五位一体"总体布局坚持和发展了马克思主义关于社会有机体的思想，生态文明是人类文明的重要组成部分，"五位一体"总体布局把生态文明建设纳入了总布局之中，"五位一体"总体布局实现了对科学发展观的对接和创新发展，是对马克思主义社会发展的方法论创新及系统拓展；其次，"四个全面"战略布局是应对国际国内形式而提出的解决中国现实问题的方案，是对马克思主义社会发展理论的创造性应用和创新性发展，中国社会发展需要"四个全面"战略布局，对实现我国的现代化建设具有重要的实践价值；最后，社会的各组成要素在社会发展过程相互作用、相互运动，发挥着各自的作用推动社会的发展，但是社会的各要素之间还存在着不全面、不平衡、不协调的现象，这构成了新发展理念的现实基础。新发展理念是马克思社会发展理论与当代中国社会发展实际相结合形成的新成果。①

（二）马克思主义社会发展理论的主要内容

马克思主义社会发展理论是马克思主义理论体系的重要组成部分，马克思一生致力于实现共产主义伟大目标，人是社会发展的主体，社会发展的最终目标是人的发展，社会的发展以实现人的自由而全面发展为最终目的。马克思主义社会发展理论涵盖社会发展的各个方面，是被实践证明了科学的、辩证的理论体系。马克思主义社会发展理论为社会发展过程中矛盾的解决提供了科学的指导，对各国社会的发展具有一定的指导意义，马克思主义社会发展理论的主要内容包含以下几个重要方面。

1. 社会发展的主体与动力

（1）社会发展的主体

马克思认为，在社会历史发展过程中，人民群众是历史的主体和创造者。因此，人是社会发展的主体和推动力量，离开了人和人的实践活动，就没有社会和社会发展的内容。社会的发展离不开人，人的发展是社会发展的目的，人在实践活动中满足自身发展的同时也推动社会的发展，人的发展是马克思社会发展理论的核心。马克思在其理论体系中不断地完善对人的发展，此处所指的人既不是指抽象的人，也不是所有人，而是现实生活中的对社会发展起推动作用的人。

马克思认为人是具有自主性、能动性、创造性的现实中的人。在当今

---

①杜玉华. 新发展理念：马克思社会发展理论的新成果以社会结构为分析视角［J］. 教学与研究，2017（9）.

中国的社会发展中，人不仅是先进生产力与先进文化的创造者，也是社会主义现代化的建设者，更是社会发展成果的享有者。传统的社会发展过于追求经济的发展，而忽视社会主体的发展，以牺牲社会多数人的发展需要为代价来满足社会经济的增长。马克思主义社会发展主体论启示我们在发展社会的时候，要关注人的发展，在关注人的发展同时，要注意多数人的发展，使发展成果让每个推动社会发展的主体共享。但是由于受主客观条件的限制，主体的发展呈现出严重的不平衡性和不充分性。

一方面，社会发展规律和发展状况是客观的，人的主体性和人的发展受社会发展规律和发展状况制约。社会发展中经济、制度、文化的发展的不平衡性成为制约人的主体性和发展的主要因素。马克思强调人既是社会化的产物，同时也是制度的存在物，社会生活是被制度规范了的生活，制度影响人的活动和社会关系。制度包含两个层面：一个层面是一般的制度，这是社会主义制度与其他制度的重要区分；另一个层面是具体层面的制度，即一般制度下的具体层面的政治、经济、文化等体制机制。我国已经实现一般层面的制度，但是在社会主义初级阶段仍然存在小范围的政治、经济、文化体制机制不健全的现象。乡村发展的最大障碍就是二元结构体制，城乡二元结构是"三农"问题需要解决的一大障碍。

另一方面，主体自身具有一定的局限性，人的发展受自身发展条件的制约。人的发展受主客观条件的限制，也在很大程度上取决于自身条件。没有主观条件，只具备客观条件，人的全面发展也未必能实现。客观条件发挥作用的充分与否，取决于主观条件利用客观条件的程度和方式。

（2）社会发展的动力

社会发展是多种因素、力量综合作用的结果。人的需要、社会主义基本矛盾、科学技术水平构成了社会发展的动力。首先，人的需要包含生存和发展需要，人为了生存和发展必须进行生产，以创造生产资料，在满足自身发展的同时，也推动着社会不断进步。同时人具有主观能动性，需要的不断丰富和发展促使人们不断创造条件实现经济、文化等的发展，推动社会发展。其次，社会主义基本矛盾表现为生产力与生产关系、经济基础与上层建筑之间的矛盾，这是社会发展的根本动力，尤其对生产力的发展起着决定性作用。社会基本矛盾贯穿整个社会发展的过程，涉及社会生活的基本领域，规定着社会发展过程的基本性质和基本趋势，因此我们在社会发展的过程中要处理好社会的基本矛盾，即两对范畴之间的关系。各种具体矛盾的变化发展会导致社会发展呈现出一定的阶段性特征，但社会发展的本质是生产关系不断适应生产力的过程，当前这对矛盾更多地体现在社会生活的基本领域中，例如城乡关系的发展，但是这种矛盾运动是非对抗性的，可以通过社会主义制度的自我完善得到解决和发展。最后，科学技术水平在推动社会发展方面扮演着越来越重要的角色，科学技术的力量转化为物质，不仅能满足人的发展需要，而且推动着社会发展。

2. 社会发展的结构与规律

（1）社会发展的结构

社会有机体理论是马克思主义社会整体发展思想的逻辑起点。马克思以历史唯物主义为基础探索社会有机体，把社会结构看作一个具有内在联系的有机整体，社会整体内部各组成部分要保持协调、和谐的关系以维持社会结构整体稳定运行。社会有机体的基本要素是现实中的人类个体，马克思认为人类社会是一个人与人之间关系构成的整体，人类社会的整体性源于人类实践活动的整体性，实践是人的独有属性，人类通过实践活动认识世界和改造世界。人类为了生存需要共同抗衡自然灾害以获取生活必需品，因此人类在实践活动中通过人与人之间的交流以达成共识来共同处理人与自然的关系，以此来维持人类与自然的和谐发展，人类在处理和自然的关系的同时也形成人与人之间的各种关系。因此，人类社会的发展过程就是一个人类不断处理与自然、社会、人之间关系的过程。

马克思认为社会结构是指社会不同要素之间相互作用、相互联系，社会的各个环节无法割裂。社会结构的主体和客体之间相互作用构成了社会结构的全部内容，社会系统的基本结构包括经济结构、政治结构、文化结构。马克思指出："人们在自己生活的社会生产中发生一定的必然的、不以他们的意志为转移的关系，即同他们的物质生产力一定发展阶段相适合的生产关系，这些生产关系的总和构成社会的经济结构。"[①] 社会经济结构是全部社会生活的现实基础，而社会经济结构又是生产力与生产关系的统一。马克思把社会的经济结构比喻为社会系统的骨骼，经济结构是生产关系、经济关系的反映，但是以经济制度的形式表现出来。上层建筑是社会的血肉，是经济基础的表现同时又影响着经济基础，上层建筑分为政治和观念两个方面，前者主要是政治领域的，后者是文化思想的领域的，观念上层建筑是社会的意识形态，政治上层建筑是在一定的意识形态指导下建立起来的，但是政治上层是整个上层建筑的核心，这两个方面形成了社会的政治结构和文化结构。社会发展的结构问题强调了社会发展的整体性和全面性，这也给社会建设提供了一定的参考，在推动社会发展的时候要注

①马克思恩格斯文集第 2 卷 ［M］. 北京：人民出版社，2009：591.

重把握全面性和整体性。

（2）社会发展的规律

马克思从历史唯物主义的角度出发，以科学的理论方法揭示了社会各要素之间的必然联系，将社会发展规律的研究建立在科学发展的基础上。马克思对社会发展规律的分析研究对指导我国社会实践和发展仍具有重要的意义。

马克思站在唯物史观的角度分析社会发展是一个合规律性和合目的性的统一，也就是实践的真理原则和价值原则的统一，既要满足人的需要、价值等，又要尊重自然和社会的发展规律。人类社会发展是由低到高不断进步的历史进程，社会发展的规律表现在两个方面。一方面，在发展道路的问题上，由于各国生产力发展状况不同、历史文化的差异所表现的国情不同，马克思主义承认社会发展的道路是多样的。每个国家社会发展道路模式、过程等都是不同的，社会发展道路是偶然性与必然性、普遍性与特殊性的统一；另一方面，在社会发展的前途上，马克思认为共产主义是社会发展的最终目标，社会发展总的历史趋势是受生产力与生产关系、经济基础与上层建筑的矛盾决定，社会发展总的发展趋势是朝共产主义社会发展的，但是会受一些因素的影响，在前进的道路上出现曲折的现象，但是不影响总的发展方向，社会发展是以螺旋式上升的方式呈现曲折性与前进性的统一。

马克思主义社会发展理论的主要内容启示我们要把人民的观点、创新改革的观点、全面的观点、整体的观点贯穿到党和国家的政策和战略中来，在社会发展中注重全面性，各领域均衡发展；整体性，各区域协调发展；人民性，以人民为中心，发展成果惠及全体人民，同时要注重生产力的决定作用，不断调整我国的产业结构以促进生产力的发展，同时不断调整生产关系以适应生产力的发展。

（三）马克思主义社会发展理论的主要特征

马克思主义社会发展理论是在唯物史观的基础上形成和发展的科学理论体系，与前人关于社会发展的思想有本质的区别。它是在社会发展规律的基础上做出的科学判断表现出科学性与价值性、整体性与层次性、普遍性与特殊性的特征，这些特征显示了马克思主义社会发展理论的真理性，给我们留下了拓展和创新的空间。

1. 科学性与价值性的统一

唯物史观和剩余价值学说是马克思主义理论的两大发现，在此基础上，马克思主义理论具有了科学性。马克思认为物质世界是客观的，因此以实践为基础的社会也是不以人的意志为转移的。人始终是马克思主义理论的核心，马克思在尊重客观规律的基础上始终把人的发展放在中心位置。人的发展是马克思主义社会发展的终极目标，即社会的发展在尊重社会发展客观规律的前提下，满足人的需要即人的价值性。马克思从主体和客体两个方面论述了科学性与价值性的辩证统一关系。"科学性"即承认和尊重社会内部各组成部分的有机联系，从物的客体尺度去把握规律；"价值性"即社会建设、社会发展是为了谁，对人的发展是否具有一定的意义和价值，是否能促进人的发展。马克思主义社会发展理论认为在尊重客观规律的条件下，人们在认识世界和改变世界的过程要创造一切有利条件来促进事物的发展以促进人的发展。社会发展的形态、目的、道路等都是科学性与价值性的辩证统一。

2. 整体性与层次性的统一

马克思主义社会发展理论把社会看作是一个有机的发展整体，社会有机体要素构成社会发展的有机整体。社会是一个有机整体，社会中各要素是社会有机整体的重要组成部分，不是一般意义上的简单叠加，而是相互关联、制约和作用，共同推动着社会整体的向前发展。一方面，社会有机体的整体发展不是着重于某一方面的发展，而是从社会各个部分之间的相互联系和各部分与社会整体之间的必然联系出发来进行整个社会发展的研究。另一方面，社会有机体各个部分之间应找准自身所在社会发展中的位置，社会各个部分之间在社会发展的不同阶段、不同区域所处的地位是不同的。社会发展的各组成部分之间不能出现片面强调和过分强调的现象，否则社会有机体各要素之间的相互关系系统会被打乱，社会发展会出现不和谐现象。我们在社会发展的过程中要注重社会整体性和层次性的统一。一方面，如果只注重社会发展的整体性而忽视社会发展的层次性，则会在社会发展实践中忽视社会发展的微观层面，社会各要素之间的相互联系状态会出现极大的分裂、分化现象，部分的发展制约着整体的发展，这样会导致社会发展出现更加复杂的问题；另一方面，如果只注重社会发展的层次性却忽略社会发展的整体性，社会发展的方向和前途就会出现偏差和迷茫。马克思主义社会发展理论从宏观和微观上分析了社会发展的整体性和层次性，整体性和层次性的辩证关系要求社会发展把二者统一起来。

3. 普遍性与特殊性的统一

唯物辩证法认为矛盾是普遍性与特殊性的统一。社会的发展是一个合目的性和合规律性的过程，是一个连续性与阶段性相统一的过程，人类社会总的发展趋势都是从低级向高级不断递进发展的过程，马克思主义社会发展理论是运用唯物史观对人类社会历史发展规律抽象概括出来的一般理论，这对社会发展具有一般层面的指导意义，这是社会发展理论普遍性的表现。但是马克思主义社会发展理论不是教条主义，只是为世界各国和社会的发展指明了前途方向，不是社会发展的现实道路。马克思主义认为共产主义是社会发展的最终形态，但是实现共产主义是一个长期的实践过程，不同的国家和地区在生产力状况上，经济基础与上层建筑上存在一定的差异，社会发展的过程、道路、形式等也存在差异，如何建设和建设成什么样的社会主义不同，这需要各个国家根据自身的情况具体问题具体分析，对马克思主义社会发展理论的应用也要根据自身的条件实现马克思主义社会发展理论的本土化，这是马克思主义社会发展理论特殊性的表现。

第二节　理论认识

一、实施乡村振兴战略的理论逻辑：高度契合了工业化城镇化与城乡关系演变规律

实施乡村振兴战略是以习近平总书记为核心的党中央深刻把握我国国情农情，深刻认识我国城乡关系变化特征和现代化建设规律的基础上而做出的重大战略部署。

新时代乡村振兴战略不但是中国农业农村发展和现代化建设的历史必然，是解决"三农"问题的现实诉求，而且也依循了马克思主义城乡关系和乡村发展的思想，是马克思主义乡村发展、城乡融合思想中国化的最新成果，是习近平新时代中国特色社会主义经济思想的重要内容。

马克思、恩格斯认为农业在社会两大部类生产中肩负提供消费资料和部分原材料的重任，其在国民经济和社会发展中具有"基础性"和"决定性"的地位。他们指出："农业劳动是其他一切劳动得以独立存在的自然基础和前提。"① 马克思、恩格斯赞成重农学派的观点，认为："重农学派正确地认为，一切剩余价值的生产，从而一切资本的发展，按自然基础来说，实际上都是建立在农业劳动生产率的基础上的……超过劳动者个人需

①马克思恩格斯全集（第三十三卷）[M]. 北京：人民出版社，2004：27.

要的农业劳动生产率，是一切社会的基础。"① 只有农业劳动生产率发展到这样的程度，即除了满足农业劳动者生活需要外，还能提供一定的剩余产品，才有可能使一部分人从农业中分离出来从事其他劳动，从而为社会分工分业提供现实的基础。②

马克思、恩格斯认为，在工业化、城市化进程中，乡村的发展对于解决城乡对立的问题具有重要作用。他们指出，随着社会大分工的出现，农村劳动力、资本不断流向城市，资本增值的本性和资本主义生产方式使得土地在资本家手里不断集中。农村的发展受到削弱，由此产生城乡之间的对立。城乡对立将人变为"城市动物"与"乡村动物"制约人的全面发展，这"同集体制的社会制度是相抵触的"③。"城乡对立是随着野蛮向文明的过渡而开始的，它贯穿着全部文明的历史并一直延续到现在"④。《共产党宣言》指出，共产主义运动要求"把农业和工业结合起来，促使城乡之间的对立逐步消灭"。⑤

马克思、恩格斯认为推动乡村发展、消灭城乡对立需要从两个方面着手。一方面乡村振兴、城乡融合需要依靠生产力的进一步发展。乡村衰败、城乡对立是生产力发展到一定阶段的产物，同时生产力进一步的发展也将奠定乡村振兴、城乡融合的物质基础。"消灭城乡之间的对立……取决于许多物质前提"⑥。这前提既包括城市发展，也包括乡村发展；既包括工业发展，也包括农业发展。他们指出实现乡村振兴、城乡融合具有必然性，"消灭城乡对立并不是空想……日益成为工业生产和农业生产的实际要求"⑦。另一方面，乡村振兴、城乡融合需要依靠生产关系的变革。"城市之间的对立只有在私有制的范围内才能存在"，只有让社会占有全部生产资料，并有计划地进行利用，才能改变这种人被生产资料奴役的关系与马克思主义城乡关系思想不同，西方发展经济学认为，发展中国家经济发展的关键在于城市和工业经济的扩张。以刘易斯为代表的二元经济理论指出乡村衰败、城乡对立的原因在于国家资本主义（城市）部门过小，维持生计（传统农业）部门过大，致使用于扩大再生产的资本积累不足，因此

---

①卡尔·马克思资本论（第三卷）[M]. 北京：人民出版社，2004：888.

②全国干部培训教材编审委员会. 马克思列宁主义基本问题 [M]. 北京：人民出版社，2002：118.

③列宁全集（第四卷）[M]. 北京：人民出版社，2013：137.

④马克思恩格斯选集（第二卷）[M]. 北京：人民出版社，2012：543.

⑤马克思恩格斯选集（第一卷）[M]. 北京：人民出版社，2012.

⑥马克思恩格斯选集（第一卷）[M]. 北京：人民出版社，2012.

⑦马克思恩格斯全集（第十二卷）[M]. 北京：人民出版社，1998：313.

破解乡村衰败、城乡对立的方式在于城市资本主义部门的扩大。他们指出随着城市资本主义部门的扩大，资本积累投入扩大再生产，农村剩余劳动力将不断向城市转移，当资本主义部门与非资本主义部门的边际产品趋于一致，城乡对立将随之消失。在发展经济学二元经济理论的指导下，一些发展中国家城市化、工业化取得快速发展，但同时城市与乡村、工业与农业发展的不平衡加剧，致使城市中失业率上升，农产品供给减少、居民消费价格指数飙升，农村购买力受到抑制，经济发展内需不足等问题频发，最终使国家整体经济的发展受阻乃至停滞不前。

我国是社会主义国家，乡村建设是我国社会主义现代化建设的重要组成部分。自中华人民共和国成立之日起，我们党始终从全体人民的根本利益出发，谋求包括乡村、城镇在内的全社会的共同发展、共同富裕。早在中华人民共和国成立前的 1949 年 3 月毛泽东就提出，在国家建设中，必须兼顾城乡，"使城市和乡村、工人和农民、工业和农业密切地联结起来"。他特别指出，"丢掉乡村"的想法是完全错误的。改革开放之后，1984 年邓小平在回顾十一届三中全会以来的经验时指出，中国的具体国情要求我们优先解决农村问题。因为占总人口比率 80% 的农村群众对国家稳定意义重大，农村的发展和稳定是国家城镇化发展的基础。21 世纪初，我们党总结先行工业化家发展经验，指出了工业与农业、城市与农村发展关系变化的普遍规律，做出"两个趋向"的科学论断，在处理城乡问题时强调统筹城乡发展。进入中国特色社会主义新时代，党中央对"三农"工作的认识更上升到了实现国家现代化和民族复兴的高度。习近平指出："西方发达国家已经实现了农业现代化，他们走的是一条让大量失去土地的农民进城，先实现工业化、城市化，后带动农业市场化发展并进而实现农业现代化的发展道路……如果照搬西方发达国家的模式，不仅会进一步扩大工农差别、城乡差别，使现代化建设成为一个漫长的历史进程，而且还会出现大量农村剩余劳动力涌入城市沦为城市贫民的问题，而这些都是社会主义现代化建设目标和社会主义基本制度所不允许的。"习近平进一步指出："没有农业现代化，没有农村繁荣富强，没有农民安居乐业，国家现代化是不完整、不全面、不牢固的。"中华民族的伟大复兴离不开稳固强大的农业基础，离不开农村的繁荣发展，离不开农民生活水平的大幅提高。习近平还指出，必须从促进城乡融合、巩固和完善农村基本经营制度、深化农业供给侧结构性改革、人与自然和谐共生、传承发展提升农耕文明、创新乡村治理体系、打好精准脱贫攻坚战等角度推进我国"三农"工作，走出一条中国特色社会主义乡村振兴道路。回顾历史，从城乡二元发展到统筹城乡发展，再到城乡融合发展；从以城市为中心到社会主义新农村建设，再到乡村振兴战略；从优先发展工业到农业现代化，再到农村农业现代化；我国农业农村发展的道路经历了由效仿发达国家发展方式，到正确走上具有中国特色社会主义乡村振兴道路的伟大转变。十九大以习近平为核心的党中央提出坚持农业农村优先发展，通过实施乡村振兴战略，统筹推进农村经济、政治、文化、社会、生态建设，促进农业全面升级、农村全面进步、农民全面发展，开启城乡融合发展和现代化建设新局面。这是我们党对新时代处理工农关系和城乡关系认识的深化，是我们党对社会主义现代化规律性认识的升华和实践的飞跃，是马克思主义发展乡村、城乡融合思想中国化的最新成果。

从世界经济发展的普遍规律看，随着人均 GDP 增长，一国工业化城镇化水平会随之提升。在工业化城镇化初始阶段，传统社会要实现转型必须通过工业积累资本，而工业发展需要城镇载体，城镇化水平也要提高。在这一阶段，国家财力无法顾及农业农村，反而需要农业农村通过价格剪刀差来为工业化提供积累。随着工业化的发展必然带动第三产业的发展，城镇也变得繁荣起来，农村人口大幅度转移成为城市二、三产业劳动力主要来源，传统农村社会结构瓦解，乡村加速衰落。当工业化城镇化发展到一定程度时，虽然农业人口仍在继续大幅减少，但由于城市的辐射带动能力和国家财政实力的增强，加之农村人口减少带来的土地与人口关系的变化，农业经营方式加速向集约化转变，乡村传统社会加速向现代社会转型。基于工业化城镇化与城乡演变的规律，世界许多国家都经历了"工业优先发展—工业反哺农业—工农融合发展"的路径：从工业化初期到工业化中期，由农业支持工业、农村支援城市；进入工业化中期以后，再由工业补贴农业、城市反哺农村。随着农村要素禀赋变化及工业剩余的不断投入，农业农村实现产业升级、功能转变，与城市形成相互补充、相互促进的平等发展关系。但是，在由工业城市优先向农业农村优先发展的转变过程中，由于受到路径依赖、发展惯性、利益集团或国际环境的影响，往往面临严重的阶段转换界面障碍，很难自发完成转变的任务。一些已经顺利实现工业化、现代化的国家，由于及时制定了农业农村支持保护政策，通过政府宏观调节引导要素流向农业农村，从而实现了乡村的振兴，而部分发展中国家在进入工业化中期阶段后，政府在调整工农城乡关系的有效作用发挥不足，仍靠市场机制的自发作用实现工农城乡关系的转变，由此产生了农业竞争力弱、农村衰败、城市贫民增多，陷入"中等收入陷阱"的严重后果。总结世界现代化进程，工业化、城镇化的发展并不一定必然会带来乡村的衰退，"乡村衰弱不是必然规律"，主动抓住和利用工业化到达中期以后、城镇人口超过农村人口带来的"窗口期"，从发展战略层面更加主动地调整工农和城乡关系，对于实现乡村振兴十分重要。中华人民共和国成立以来自改革开放后很长一段时间里，在推进工业化和城镇化的过程中也是靠农业为工业化提供积累、农村支援城市推进城镇化的，在改革开放之前主要通过工农产品的"剪刀差"为工业化提供农业剩余，在改革开放之后主要通过城乡要素的单向流动和不平等交换为工业化提供积累、为城镇化提供要素支撑。21世纪以来，基于我国已经逐步完成工业化中期并向后期过渡的重要判断，提出了城乡统筹和城乡一体化的发展思路，连续14年的中央一号文件都聚焦于"三农"问题，加大对农业农村的扶持力度，这对推动农村发展、增加农民收入起到了重要的作用。但是，由于体制机制不完善，所谓的城乡统筹发展实际上在很大程度上是工业化、城镇化在统筹农村，把农村的土地等要素过度统筹到城市建设中，形成了一些地方的土地财政和城市快速扩张的格局，而农村只是被动地接受工业化城镇化的统筹和辐射，并没有很好发挥农村的能动性和主动性。

党的十八以来，我国工农、城乡关系调整又到了一个极其关键的时间窗口：一方面，在我国经济发展进入新常态下经济增长速度放缓，部分传统行业生产能力过剩，创新驱动增强，发展动能发生转变；另一方面，农村可转移的劳动力越来越少，人口红利逐步消失，不仅工业和城市出现结构性的用工短缺问题，而且农村也出现了劳动力短缺现象，大城市病和乡村衰落并存并不断演绎和发展。更重要的是，中国的城镇人口已经超过农村人口，城市人口的增加与人们需求的加速转型，带来传统乡土文化、田园风光、农业景观价值凸显，日益成为稀缺的资源，广大农村逐渐成为一部分人口旅游、居住和创业的热土。因此，党的十九大提出的实施乡村振兴战略，是深刻认识到了城乡关系变化特征和现代化建设规律，体现了历史与现实的统一，是建设现代化的必然要求、新时代乡村发展新动力。

二、破除城乡二元结构是实施乡村振兴的关键步骤

没有农业农村现代化，就没有整个国家现代化。2018年9月21日，习近平总书记在十九届中央政治局第八次集体学习时指出，在现代化进程中，如何处理好工农关系、城乡关系，在一定程度上决定着现代化的成败。我国作为中国共产党领导的社会主义国家，应该有能力、有条件处理好工农关系、城乡关系，顺利推进我国社会主义现代化进程。

当前，我国农村经济社会结构正在经历深刻转型，正处于工农、城乡

关系深刻调整的历史关口。2017年全国乡村人口比2010年和2000年分别减少了9081万和3.13亿。大量人口向城镇迁移，许多村庄"房堵窗、户封门、村里见不到年轻人"，人际关系功利化，人情社会商品化，维系农村社会秩序的乡村精神逐渐解体，青壮年劳动力外出务工，出现家庭分离，村庄空心化、农民老龄化程度日益加剧，农村"三留守"问题严重。快速城镇化进程中，乡村何去何从，乡村发展路在何方，令人深思。

我国的现代化，绝不能一边是繁荣的城市，一边是凋敝的乡村，出现一条腿长、一条腿短的发展格局。习近平总书记指出，我国拥有13亿多人口，不管工业化、城镇化进展到哪一步，城乡将长期共生并存。要通过乡村振兴、脱贫攻坚开启城乡融合发展道路。40年前，我们通过农村改革拉开了改革开放大幕。40年后的今天，我们应该通过振兴乡村，开启城乡融合发展和现代化建设新局面。习近平总书记强调，要走城乡融合发展之路，向改革要动力，加快建立健全城乡融合发展体制机制和政策体系。前两天，在广东调研时，总书记再次强调，提高发展的平衡性和协调性，要加快推动乡村振兴，建立健全城乡融合发展的体制机制和政策体系，带动乡村产业、人才、文化、生态和组织振兴，加快形成区域协调发展新格局。

习近平总书记这些重要论述，为我们加快建立城乡融合发展的体制机制和政策体系，指明了方向，提供了根本遵循，要切实抓好贯彻落实。当前推进城乡融合发展，要重点抓好以下四个方面的工作。

一是要树立正确的城乡融合发展观，破除城市中心主义的错误认识。长期以来，一些人认为，只要城镇化搞好了，大量农民进城了，"三农"问题就迎刃而解了。也有人认为，"三农"对GDP、财政收入贡献少，不如工业项目来得快，"三农"工作排不上号，往往是说起来重要、干起来次要、忙起来不要。在这种不正确认识的指导下，资源配置上，基础设施、公共服务、社会管理一股脑向城市倾斜，以城市为中心，城市的各种发展项目一马当先，农村被远远甩在了后面，成了落后、封闭的代名词。有的同志形象地讲，我们现在是城市像欧洲，农村像非洲。

即便将来到了2035年基本实现现代化，城镇化率达到70%，我国依然还有四亿多人生活在广大农村地区。所以，我们抓经济社会发展，推动各项工作，不能顾此失彼。否则会造成农村衰败，最终会拖了现代化建设的后腿。所以，要树立城乡融合发展理念，坚持农业现代化和农村现代化一体设计、一并推进，通过建立城乡融合的体制机制，加快形成以工促农、以城带乡、工农互惠、城乡一体的新型工农城乡关系，逐步实现城乡居民基本权益平等化、城乡公共服务均等化、城乡居民收入均衡化、城乡要素配置合理化，以及城乡产业发展融合化。

二是要促进公共资源在城乡之间更加均衡合理配置。现阶段，城乡差距大最直观的依然是基础设施差距大，城乡发展不平衡最突出的依然是公共服务不平衡。长期以来，城市的基础设施、公共服务都是公共财政在保障，农村地区主要是靠农民集体自己解决。农村税费改革体制以来，这方面的情况有所变化，公共财政覆盖支持农村基础设施建设的力度逐年在加大。这些年下来，我们也初步建立起了覆盖城乡的公共服务体系框架，但总体保障水平仍旧较低，与广大农民群众的期待还有较大差距。

下一步，要坚持农业农村优先发展这个总方针，把基础设施和公共服务建设的重点放在乡村，统筹公共资源在城乡间的均衡配置，建立全民覆盖、普惠共享、城乡一体、均等服务的基本公共服务体系。对于农村基础设施，不但要加大建设投入力度，还要研究如何完善管护机制，让农村基础设施建得好、护得好、用得久。对于农村基本公共服务，要研究怎样提档升级，改善服务质量，真正实现从有到好的转变，促进城乡基本公共服务从形式上的普惠上升到实质上的公平。继续加大投入力度，推进新增教育、医疗卫生等社会事业经费向农村倾斜。以增强公平性和适应流动性为重点，推动社会保障制度城乡统筹并轨，统筹城乡社会救助体系，完善最低生活保障制度，完善养老体系。建立健全留守人员关爱服务体系，在基本生活保障、教育、就业、卫生健康、心理情感等方面及时为他们提供有效服务。让公共财政的阳光更多普照广大农村老百姓，让他们共享改革开放发展的伟大成果，让他们的获得感、幸福感、安全感更加充实、更有保障、更可持续。

三是要促进城乡要素双向流动，加快形成要素城乡均衡配置格局。长期以来，农村各种要素单向由农村流入城市，造成农村严重"失血"，这个问题不解决，乡村振兴、城乡融合发展就无从谈起。当前，城乡之间要素合理流动机制还存在缺陷，无论是进城还是下乡，渠道还没有完全打通，要素还存在不平等交换。必须围绕强化要素供给，抓住关键环节，坚决破除一切不合时宜的体制机制障碍，推动城乡要素自由流动、平等交换，促进公共资源城乡均衡配置。推动城乡融合发展，不能关起门来发展农业农村，不能就"农"论"农"，要积极引导城市人才、资本、技术、消费向乡村流动，激活乡村一池春水，汇聚乡村建设强大合力。

土地是农村最重要的生产生活要素，是广大农民的安身立命之本。深化农村改革，推进城乡融合发展，主线仍然是处理好农民和土地的关系。

要按照党中央的决策部署，稳定有序深化农村土地制度改革，建立健全土地要素城乡平等交换机制，加快释放农村土地制度改革的红利。要巩固和完善农村基本经营制度，深化农村承包地"三权分置"改革，发展多种形式适度规模经营。到今年年底，农村土地三项制度改革试点就要到期。要系统总结改革试点经验，尽快把立得住、可复制、能推广的经验变为普遍实行的政策。

推进城乡融合发展，必须解决好钱从哪里来的问题。这方面，关键是健全投入保障制度，创新投融资机制，加快形成财政优先保障、金融重点倾斜、社会积极参与的多元投入格局。长期以来，土地出让收益主要是取之于乡、用之于城，直接用于农村建设的比重很低。根据国土部数据，2001年以来，全国土地出让收入合计近35万亿元。其中，2012年至2017年底累计高达22.23万亿元。根据财政部数据，2007年以来，扣除征地和拆迁补偿等支出后，土地出让纯收益用于农业农村只有30%左右，有的年份还不到20%。城市发展靠"土地财政"，乡村振兴也要借助土地之力。为此，需要创新政策机制，把土地增值收益这块"蛋糕"切出更大一块来用于支持脱贫攻坚和乡村振兴。今年的中央一号文件对此做了部署，提出调整完善土地出让收入使用范围，进一步提高农业农村投入比例。

四是要做好乡村人力资源开发这篇大文章。长期以来，大量农业转移人口在城乡之间迁移，为城市建设和工业发展贡献了极为宝贵的人力资源财富。但青壮年一茬一茬离开农村，客观上也造成了农村发展的过度"失血"，留在村里种地的都是老幼妇孺，乡亲们形象地将其称作"386199"部队。人走了、村空了，乡村振兴无从谈起，城乡差距只能是越拉越大。推进城乡融合发展，要做好乡村人力资源开发这篇大文章，坚持乡村振兴与新型城镇化一起抓，两个轮子一起转，处理好"走出去""留下来"和"引回来"的关系。要建立有效激励机制，畅通智力、技术、管理下乡通道，把有志于农业农村发展的各类人才"引回来"，让城里想为振兴乡村出钱出力的人在农村有为有位、成就事业，让那些想为家乡做贡献的各界人士能够找到参与乡村建设的渠道和平台，在振兴乡村中大展身手。

当前，我国城镇化进程还没有结束，农民进城还是大趋势。目前有的地方在推进农业转移人口市民化过程中，存在重城镇化指标轻市民化质量，重本地市民需求满足轻外来人口权益保障，为农业转移人口特别是外来人口提供基本公共服务的主观意愿不强，权益保障制度建设较为滞后。城市过不好，乡村回不去。农民工进城不落户现象较为普遍，一方面是担忧眼前城市生活不稳定；另一方面是担忧身后农村权益不稳定。现在，我国户籍制度改革已进入下半场，要加大政策供给力度，让进城的进得放心，留在农村发展的留得安心，参与乡村建设的能够各得其所、各展所长，为乡村振兴做出应有的贡献。

第二次世界大战结束后，经济学家就发展中国家乡村建设与发展进行过理论上的激烈讨论。以 Lewis（1954）为首的部分发展经济学家认为，发展中国家存在两个部门和两个区域，即生产率低下的传统农业部门和生产率高的现代工业部门，凋敝的农村和繁荣的城市，这种典型的二元经济结构在发展上要求采取工业和城市优先或者说工业主导农业、城市主导乡村的不平衡发展战略。在这一发展战略下，乡村建设与发展只不过是以一种被动式的满足工业部门和城市发展的方式进行。与 Lewis 观点比较接近的还有 Krugman（1991）的中心—外围理论。该理论认为，市场经济背景下商品、资本、人员、技术等要素完全以自由的方式流动，且它们首先是向具有极化效应的地区流动，因而这些地区发展得更快、更繁荣，相反，不具有极化效应的地区发展更慢、更落后，从而形成工业部门和城市处于经济区域发展的中心或者核心地带并起着主导经济发展的作用，农业部门和农村则处在经济区域的边缘，从属于中心地带的工业部门和城市的不对等的发展关系。这种关系不仅促使中心—外围经济形成，而且随之而来形成了中心主导外围的城乡不平衡发展（Krugman，1991；Fujitaetal.，1999）。无论是 Lewis 关于工业主导农业、城市主导农村的城乡不平衡发展的观点，还是 Krugman 的中心—外围理论，其核心思想都是乡村建设与发展首先要服务于城市和工业需要，这是乡村应有的价值。这些学说对发展中国家乡村建设与发展的实践产生了重要影响。

早期的发展经济学和区域经济学关于乡村发展的理论突出了工农两个部门和城乡两个区域之间的被动发展和"极化"发展关系，并认为这是市场发展的结果，没有必要通过政府行为来纠正。但后来的学者通过对发展中国家的深入研究，尤其在看到发展中国家工农、城乡发展差距对整体经济发展带来的负面影响后，强调政府应在缩小工业与农业两个部门、城市与乡村两个区域发展差距上发挥更大的作用，并提出了工农、城乡协调发展思想。例如，Feiand Ranis（1961）认为，农业在经济发展中不只如 Lewis 所说的那样消极地为工业部门提供劳动力，还积极地为工业部门和城镇提供剩余农产品。为保证工业化和城镇化的顺利发展，必须重视农业发展，重视农业劳动生产率的提高，以释放更多劳动力和提供更多农产品，因此，要积极推动农业部门的建设与发展。此外，德国地理学家 Christaller（1933）强调城市与农村、工业与农业协调互促的发展关系。他认为，一个国家要想在全国范围内取得广泛的经济增长，就需要在国家范围内建立起一个一体化（integrated）的居落系（settlementsystem）。这个全国性的居落系统既包括城市，也包括农村。居落系统可以实现城市与农村、工业与农业之间产品与服务的互相交换，从而推动全国性的市场交易顺利进行。从产业发展的角度看，马克思主义经济学对城乡关系进行过论述。例如，恩格斯1847年在《共产主义原理》中提出了城乡融合的概念，其基本思想是消除由产业不同带来的城乡就业对立、人口空间分布上的不均衡，以及由城乡对立产生的城乡福利差异。古典经济学和新古典经济学对乡村建设与发展也有过明确的论述。例如，李嘉图（1962）在1871年出版的《政治经济学及赋税原理》中，系统地对农业与工业、农村与城市发展问题进行了阐述，认为两者两两之间存在着相互协调和相互促进的关系。美国学者库茨涅兹（Kuznets，1955）通过对发达国家经济发展过程中农业、工业和第三产业部门的变化关系，以及这种变化关系对不同部门就业与收入的影响进行分析，指出国民经济三次产业产值、就业结构之间存在结构性的协调关系。实际上，库茨涅兹提出的国民经济三次产业部门的产值、就业和收入的结构性变化关系，间接强调了乡村建设与发展的价值和重要性。

三、农村中等职业教育改革实施乡村振兴战略的应有之义

乡村振兴战略是未来我国"三农"发工作的重要指导政策，农村职业教育作为"三农"工作的内容之一，是乡村振兴的应有之义。

我国自古以来都是农业大国，不管是工业化发展缓慢的20世纪，还是工业化、信息化、城镇化以及现代化迅速发展的今天，农业、农村、农民都是我国的重要组成部分，是我国政府倍加关注的重大问题，因而农村建设便是我国发展的重大命题。从历史长河来看，我国农村建设走过了三个重要阶段，即民国时期的乡村建设运动，改革开放以来的社会主义新农村建设以及新时代乡村振兴战略。民国时期，我国政治动荡、农村经济崩溃、农村文化衰败，农村不能为国家的发展提供支持，在这一背景下一批知识分子认识到农村对国家发展的重要性，以"救济乡村""复兴乡村"为口号，试图通过乡村建设救治中国社会。民国乡村建设运动中，知识分子们通过乡村建设试验总结出多种农村发展思想，比较著名的有晏阳初先生的"平民教育"思想，梁漱溟先生的"文化复兴"思想，卢作孚先生的"实业民生"思想，陶行知先生的"生活教育"思想以及黄炎培先生的"政富教合一"思想。民国时期的乡村建设运动虽然以小范围的乡村实验

为路径开展，但是却为我国提供了宝贵的乡村建设经验。

进入新时代，《中共中央、国务院关于实施乡村振兴战略的意见》对我国乡村建设做出重大战略布局，这是基于我国社会主要矛盾变化的："我国社会主要矛盾已经转化为人民日益增长的美好生活需要和不平衡不充分的发展之间的矛盾。"而这种不平衡、不充分在我国农村表现得更为突出。中华人民共和国成立以来，我国农村发展建立在"城市偏向""以工促农""以城带乡"的理念之上，总体是以农业现代化和农村经济发展为衡量标杆的，指向的是农村发展速度。乡村振兴战略以"支持农村优先发展"为前提，是以乡村的内涵发展为最终目标的，指向我国亿万乡村人民美好生活的需要以及乡村特色化发展，这就意味着我国农村建设跨入了一个新纪元。有学者对我国乡村建设的几个阶段进行了总结评价，指出民国乡村建设运动探索乡村如何实现发展的问题，改革开放以来的社会主义新农村建设探索乡村如何更快发展的问题，而新时代乡村振兴战略布局则探索乡村如何更好发展的问题。如果说新时代之前我国农村建设是以速度为追求的，那么新时代乡村振兴战略下的农村建设则是以质量为追求的，这种从速度到质量的转化标志着中国共产党人对农民命运和乡村前途认识的深化，标志着我国乡村建设战略的转型。我国多年来的农村建设和农村改革，为我国农村战略的转向奠定了丰厚的物质基础和理论基础，能够实现由量变向质变的飞跃。同时，"乡村兴则国家兴，乡村衰则国家衰"，占我国大面积的农村社会有着巨大的发展潜力，推动农村发展能够激发我国亿万农民的需求，能够激发我国新的经济增长点，这是我党更新发展理念、转变发展方式、提升发展效益的重大决策，对于我国的持续发展具有深远的历史意义。因此，实施乡村振兴战略是新时代我国农村发展的现实需求，是"决胜全面建成小康社会、全面建设社会主义现代化国家的重大历史任务，是新时代'三农'工作的总抓手"，是我国谋求新发展的必由之路。

事物是"普遍联系"的，这是马克思主义哲学的基本范畴，是唯物辩证法的基本观点。这一观点强调任何事物的存在和运动都在于它内部结构要素之间的某种特定的联系及其运动，都在于它同周围其他事物的一定联系、相互作用及其变化。联系的普遍性也造成事物普遍地以系统的形态存在着，是具有特定结构和特定功能的有机整体。因此，分析乡村振兴战略与农村职业教育功能的联系，才能推动乡村振兴战略与农村职业教育向前、向上发展。

农村职业教育是乡村振兴战略的有机组成。农村是一个广泛、完整的社会系统，这个社会系统包含了各项子系统，比如经济系统、政治系统、文化系统等，各个子系统的正常运作才推动了农村这个社会系统的良好运行。教育系统作为农村社会系统的子系统，亦对社会系统的发展有着重要的作用。教育科学发展以来，诸多学者已经对教育系统的重要作用进行了论述，教育对政治稳定、经济发展、文化传承以及人才培养等都具有重要的意义。农村教育系统作为农村社会系统的子系统，对农村社会系统中其他子系统以及农村社会的发展有着无可替代的作用。俗语有云："百年大计，教育为本。"我们首先要认识到教育系统在农村社会发展中具有的战略性地位。

职业教育系统是教育系统的重要结构，职业教育作为教育的一种重要类型对于教育系统的发展、完善发挥着无可取代的作用。同时，与普通教育不同，职业教育在人才培养方向、类型以及社会服务内容方面都有着自身的独特性。近年来我国颁布多项政策、拨给大量经费大力发展职业教育，其目的在于完善职业教育体系，推动职业教育发挥自身优势，为各行各业培养各级各类人才。党中央的高瞻远瞩、全局统筹为职业教育的发展创造了政策环境，对职业教育的地位给予了高度认可。农村职业教育作为职业教育的重要层次，在助推农村教育发展、为农村培养人才以及为上层职业教育学校输送生源等方面均发展着重要的作用。同时，农村职业教育作为乡村教育系统的重要组成部分，与农村教育系统、农村社会其他子系统都有着莫大的联系，农村职业教育正常运作、发挥作用，对于更好地推动农村教育系统甚至于农村社会系统其他子系统更好地运行意义重大，各子系统各司其职从而能够推动农村社会向前发展。

乡村振兴战略是未来30多年我国农村发展的指导战略，是往后我国农村建设战略部署的总蓝图，为我国农村社会及其各子系统的发展指明了方向。乡村振兴战略落地生根需要农村社会系统中各个子系统的协同发力，同时各个子系统的共同发展才能够促成乡村振兴战略的实现。因此，农村职业教育作为农村社会系统的重要组成部分，是乡村振兴战略的有机组成，这是乡村振兴战略与农村职业教育相互作用的基础。

乡村振兴战略是我国发展进入新时代所提出的重要战略，标志着我国乡村建设的战略转型，这一战略背景对于农村社会系统有机组成的农村职业教育功能必然会产生影响。

乡村振兴战略为农村职业教育功能发挥提供了新环境。我国农村发展一直以来都是"国之重任"，农村建设经历了民国时期的乡村建设运动，经历了中华人民共和国成立以来长达半个多世纪的新农村建设工作，进入了我国新时代乡村振兴战略。新时代、新战略为我国农村建设规划了新蓝图，对我国农村发展提出了更高的期望。随着战略的落地实施，农村经济结构、人才结构、产业结构、教育结构等将会有新的发展、新的成就、新的面貌。农村整体发展水平的提升必将会为身处农村社会系统的农村职业教育的发展创造新环境。农村职业教育系统的教师结构、生源结构、资金来源、专业结构以及软硬件设备等将会随着乡村振兴战略实施而在新环境里有新的发展契机。同时，乡村振兴战略中的诸多项目与农村职业教育联系甚广，乡村振兴战略实施将为农村职业教育功能的发挥提供新的平台，农村职业教育只要抓住这一机遇，在历史浪潮中努力奋斗，便能够促进自身发展。

此外，随着乡村振兴战略的落地，关于新战略下农村职业教育功能的相关研究将会越来越多，这也将为农村职业教育功能实践创造良好的指导环境，有利于农村职业教育功能理性发展。

乡村振兴战略对农村职业教育功能发展提出了新要求。乡村振兴战略总目标"产业兴旺、生态宜居、乡风文明、治理有效、生活富裕"是前一阶段社会主义新农村建设总目标"生产发展、生活富裕、乡风文明、村容整洁、管理民主"的进阶，新的奋斗目标对乡村社会的方方面面提出了新的要求。相关文件中指出，实现乡村振兴战略目标，需要把破解人才瓶颈、开发人力资本放在首位。农村职业教育作为农村教育系统的重要组成，是农村人才培养的重要基地。农村职业教育的发展目标定位、人才培养方向、专业设置等将需要根据新战略对农村建设人才提出的新要求而升级、改造。同时，农村职业教育因其职业教育自身的社会性以及处于农村社会的地域性，对于农村社会政治、经济以及文化的发展也需要发挥一定的功能。事物要有新的结构和功能，才能适应已经变化了的环境和条件，因此，乡村振兴战略对农村社会发展的新规划也将刺激农村职业教育功能调整。

农村职业教育功能发挥对乡村振兴战略推进有作用。乡村振兴战略是关于农村建设的重要战略，涉及农村发展的诸多方面，范围甚广。通过对相关文件的分析，我们可以发现乡村振兴战略的实现需要调动农村社会系统各部门，其中也有诸多项目内容的落地需要农村职业教育发挥功能来更有效地实现。

乡村振兴战略部署中，实现乡村产业兴旺是重点目标。根据《中共中央、国务院关于实施乡村振兴战略的意见》，实现这一目标需要培养"知识型、技能型、创新型"农业经营者队伍，优化农业从业者结构，从而引领农民创新创业，带动农村产业发展，提高农业现代化水平。职业教育因其自身独特属性，对于培养技能型人才具有结构优势，同时，农村职业教育因其地理位置特征对于农村人才的培养具有地缘便利性，能够根据当地风土人情，因地制宜、因时制宜地培养农村、农业人才。"良好生态环境是农村最大优势和宝贵财富"，要将乡村发展成为生态宜居的现代化村落，首先应该从治理环境问题、保护绿水青山开始。农村因为工业化发展缓慢，所以较好地保留了天然的良好环境。但是，农业作为农村的重要产业，在发展中出现了诸多环境污染问题，像是秸秆焚烧污染、化肥农药污染、养殖粪污污染等。要处理好这些问题，首先需要从农民的思想抓起，通过普及相应的知识、教给相关的技能，来实现"畜禽粪污处理、农作物秸秆综合利用、废弃农膜回收、病虫害绿色防控"。而对农民进行相关知识、技能的普及，农村职业教育大有作为。乡风文明是乡村振兴的保障，乡村精神文明建设是其物质文明持续发展的动力和源泉。根据相关文件，"乡风文明"这一目标下包含了以下项目：加强农村思想道德建设，传承发展提升农村优秀传统文化，加强农村公共文化建设，开展移风易俗行动。这些项目中农民思想道德建设，尤其是职业道德的培养，农村农耕文化、传统文化的传承，乡村文化服务体系的健全以及农民科学文化素养的提高等这些工作内容均在农村职业教育的功能范围内，可以通过发展农村职业教育来实现。要把乡村建设成幸福美丽的新家园，人民的幸福感和获得感的提高至关重要，而达到这一目标，实现脱贫攻坚、实现农民生活富裕是根本。《中共中央、国务院关于实施乡村振兴战略的意见》中对这一目标的实现手段进行了详细论述，其中农村高中阶段教育普及、农民职业技能培训、乡村传统工艺振兴、教育脱贫目标的实现、信息技术的普及等等这些内容的实现都能够通过发挥农村职业教育功能来实现。此外，农村职业教育作为乡村振兴战略的有机组成，其自身功能的发展对于乡村振兴战略的实现具有积极意义。

第四章　实践探索

第一节　人才培养

　　1983年，学校由普通高中改办成职业中学以来，以"三教三培"为抓手，着重教师、教材、教法的培养和改革，着重围绕"为谁培养人、培养什么人、怎样培养人"进行探索和研究，取得了一系列的改革成果，形成了可推广、可借鉴的案例、模式。学校以"产教融合、校企合作、育训结合（学历教育和短期培训）"为指导思想，构建了以服务地方经济发展、服务乡村振兴为目标的农村职业中学"1323"的人才培养模式：即建成一个资源共享平台，更新教育手段与方式，加快信息技术的应用；实施公共基础课程＋专业课程＋实习课程的"三主线"培养，按"三主线"培养将课程设置成公共基础类、专业知识类、实习类三大类课程；构建了"一识二树三专四成"专业能力递进模式（图4-1），即，"一识"：第一学期到企业进行认识实习一周，让学生认识了解专业、企业。"二树"，即第二、三学期学生到企业跟岗实习两周，培养学生基本技能，树立献身"三农"职业理想。"三专"：即第四、五学期确定专门化方向，在企业跟岗实习一个月，重点加强专业技能训练，形成从事本方向业的基本能力。"四成"：即学生在第六学期到企业顶岗实习一学期，形成岗位能力。

　　实行"1＋X"证书制，中职毕业时，既要取得毕业证书，还要取得X个职业资格证书，以获"1＋X"证书为目标确定教学、实训内容，加强教学的市场针对性；探索初中、中职、高职"三层次"衔接，中职与初中学校衔接合作开展职业教育，转变初中生成才观念，中职与高职衔接，拓展学生成才通道，助推学生可持续发展。各学历教育专业在学校总的模式下构建符合各自专业特色的人才培养模式。

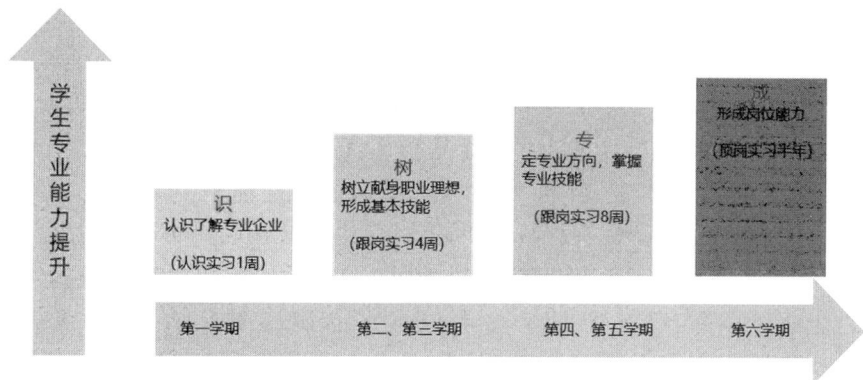

图4—1 "一识、二树、三专、四成"学生专业实践能力提升模式

一、学历教育专业以产教融合、校企合作为指导思想构建人才培养模式

在"产教融合、校企合作"的总的指导思想下，学校每个专业都成立了建设指导委员会，由行业专家、企业能工巧匠、学校专业带头人、骨干教师、高职院校专家等组成，制订工作章程，明确工作职责和运行方式，建立健全有关工作制度，定期开展工作。在市场调研分析、人才培养方案制订、课程教学改革、师资建设、质量评价和条件保障、走向国际、社会服务等方面全程参与，充分发挥指导作用。以产教融合统领专业建设，全面实行校企、院校协同育人。落实《国务院办公厅关于深化产教融合的若干意见》《国务院关于加快发展现代职业教育的决定》《关于加快推进乡村人才振兴的意见》等文件要求，引入国际理念和规则、标准，优化课程体系，组织行业企业专家、专业带头人和骨干教师进行深入研讨，坚持立德树人，紧扣"为谁培养人、培养什么人、怎样培养人"，科学确定培养目标和规格。再根据就业方向、职业素养和岗位核心能力要求，科学进行课程设置、实习实训设施和师资配备，健全考核办法和评价机制，经专业建设指导委员会审议确定，再提交学校党委会审核通过后执行，努力培养思想政治坚定、德技并修、德、智、体、美、劳全面发展的高素质劳动者和技术技能型人才。学校各个专业经过长期的探索和实践，分别构建了各具特色的人才培养模式。

（一）机电技术应用专业构建校企院协同的"五双四步、双证双向"的现代学徒制人才培养模式

该专业与培高科技有限公司和本地企业签订双主体合作育人协议，以

培高科技、本地企业和定点高职学院为出口对象，将企业需求和与高职院校的对接融入双主体培养体系中，构建了"五双四步、双证双口"的现代学徒制人才培养模式。

五双：一是学生"双身份"，既是学徒又是学生，学生一进校就与企业签订用工协议；二是培养"双主体"，学校企业都是主体；三是教学"双师资"，学校教师和企业师傅优势互补，协同教学，共同培养学生，培高科技公司每个班配备2～3名老师驻校上课（见习、跟岗实习、顶岗实习本地企业师傅参与教学）；四是教学过程"双控制"，教学结果"双考核"，由学校和企业共同完成；五是学校和企业"双受益"，相互服务共同获利。

四步：第一步，学生身份，认识专业。第一学年，每学期进企业见习两周时间，以学生身份了解行业、认识企业、体验岗位。第二步，学徒身份，轮训岗位。第二学年，"学徒＋学生"双重身份，进入企业进行实际操作训练，学生在岗位上直接面对产品，以提升实战技能（校内建生产型实训基地）。第三步，准员工身份，转变角色。第六学期，学生以"准员工"身份在工作岗位顶岗实习，锻炼综合职业能力，专业技术和职业道德要求均须达到企业的用人标准。第四步，员工身份，优质就业。顶岗实习结束，与企业签订用工协议。

双证：即实施毕业证＋"X"个技能证书制度。

双口：学生双出口，一部分学生到合作企业就业；另一部分升入定点高职学院。

（二）现代农业技术专业构建"校农合作、学劳结合、双向发展"人才培养模式

"校农合作"是指专业与区域内农业园区、重点农业龙头企业和特色种植大户，深入开展校企合作、实施定向培养，实施校企"共育、共管、共研、共享"。专业与四川合众生态农业有限公司、四川太阳湖农业有限责任公司合作等七家签订了合作协议，并在十家企业建立了实训基地，可一次性接纳实习学生300余人。

"学劳结合"是指专业改革以传统的课堂为中心的教学形式，实施校内学习与校外生产劳动相结合，实现"学做合一"，为此，专业构建了以"三化三定"为核心的教学模式和技能教学"八字环节"。

"双向发展"是指专业根据人才培养目标，积极优化课程体系，改革过去传统的以升学为目标的课程结构，实现既可就业也可升学，促进学生可持续发展。改革传统的以考试成绩为主的评价模式，构建学校、企业、社会广泛参与的多元化质量评价体系并与"1＋X"证书对接。

（三）中餐烹饪专业探索并实践了"2＋0.5＋0.5"的工学结合人才培养模式

即学生前 2 年在校学习，学校与北京眉州酒店管理有限公司共同设置课程和制订标准，使用共同开发的教材，企业派技术专家到校授课。第一个 0.5 年中在企业跟师学艺、顶岗实习，学校派 2～3 名教师与师傅共同管理、考核。企业先用 1 个月时间对学生进行岗前培训，再一对一安排师傅指导学生上岗实习 4 个月，最后安排学生顶岗实习 0.5 年，由原来的"消耗性实训"变成了现在的"生产性实践"，学生毕业后全部推荐到北京眉州酒店管理有限公司。

（四）学前教育专业"四双"人才培养模式

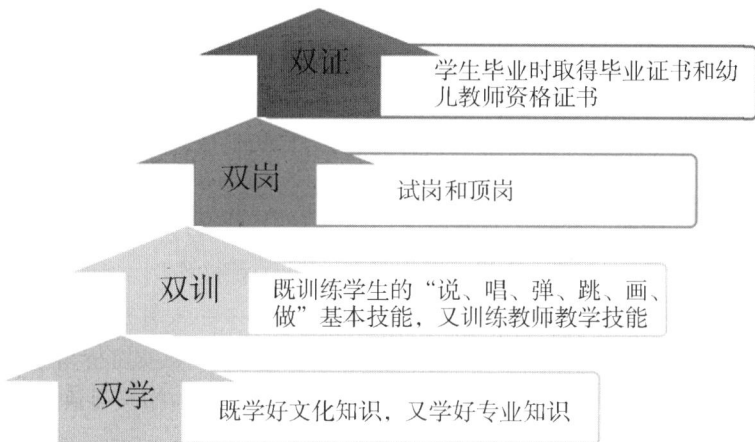

双证　学生毕业时取得毕业证书和幼儿教师资格证书

双岗　试岗和顶岗

双训　既训练学生的"说、唱、弹、跳、画、做"基本技能，又训练教师教学技能

双学　既学好文化知识，又学好专业知识

图 4－2　"四双"人才培养模式

即突出"双学"为前提，加强文化知识与专业知识的学习；强化"双训"为途径，促进学前教育专业学生对 6 项基本技能与教师的教育实践能力培养；依托"双岗"为载体，从而对接行业的用人需求与岗位需求；达成"双证"为目标，增强学前教育专业毕业生的市场竞争力。

二、培育新型职业农民，助力乡村人才振兴

学校于 2004 年建立"射洪县农民工培训中心"。年短期农民工培训达 4000 人次。学校与沱牌、宝钢、四川长虹、华西集团等 100 余家企业联合办学，开设机械、电子、建筑、经贸、计算机等 18 个专业。是国家重点建设 50 所示范性职业学校之一，是科技部确定的"农民科技培训星火学校"。

射洪县农民工培训中心是县政府依托国家首批示范职中——射洪职业

中专学校建立的培训转移我县农民的专门机构。

农民工培训中心于 2004 年由破产企业大榆丝厂改建而成。占地 40 亩，建筑面积 23000 平方米，能满足 500 个农民工同时参加培训，学校先后投资 300 多万元，改建成农民工专用教室 10 间、实训实作室 16 间和培训学员餐厅；新购课桌凳 500 套，铁床 500 张；购进电动缝纫机 50 台、电焊机 30 台、计算机 100 台，新购数控室、电子室、管工室、电工室、钳工室、食品加工室、餐饮室、钢筋工、抹灰工设备各一套；添置了办公设备、设施，满足了农民工培训的需要。

中心有管理人员 25 人，专兼职教师 60 余人。中心常年承担职业技能、退役士兵、劳务品牌、新型职业农民等培训。2003 年 4 月 21 日和 2004 年 4 月 5 日，四川省委书记、省人大常委会主任张学忠等领导两次来校视察，并欣然题词："农训基地，致富摇篮。"

近年来，随着精准扶贫的开发和农村产业结构的调整，为培训适应新农村建设，培养现代农业企业、家庭农场等现代产业工人，也本着为了实现"让农民当好农民"和"让农民不当农民"的目标。农训中心招收了大量有学习能力的、能率先脱贫并能带动大家共同致富的建档贫困户参加劳务品牌（初、中级）培训，所培训的人员覆盖到了全县 30 个乡镇，80 个贫困村，为我县乡村振兴及精准扶贫工作起到了积极作用。

自劳务品牌（初、中级）培训项目启动以来，在人社局劳务办的指导监管下，学校领导高度重视，根据四川省劳务品牌培训项目标准制订切实可行的劳务品牌培训方案，其中，在沱牌镇大舜村培训初级品牌农艺工 50 人，仁和镇培训初级品牌农艺工 50 人，与遂宁市安克拉食品公司联合招工培训中级品牌中式面点师 100 人，全部考试合格，顺利就业。初级品牌农艺工全部就近就业，中级品牌中式面点师全部在安克拉食品公司就业。

第二节　教学研究

一、教师培养是灵魂，师高桃李天下扬

百年大计，教育为本；教育大计，教师为本。教师是推动"三教"改革的主体，要突出教师主体地位，为教师成长发展营造良好环境和机制，以实现立德树人、教书育人的崇高使命。

以董国军名师工作室、胥进名师工作室、胥进遂州英才千人计划、遂

宁市李益大师工作室、任鹏名师工作室、杨应见名师工作室等作为引领，"三力并举、双轨互聘、四环育建"的师资培养模式为抓手，打造双师型专业教学团队，积极探索教育教学改革。

（一）完善专业教师培养培训管理制度

认真落实学校《教师继续教育制度》《专业教师企业实践锻炼实施办法》《教师工作激励机制》等一系列制度和管理考核办法，完善教师教科研和技能竞赛奖励和年度评优评先等规章制度，充分调动教师工作积极性，为教师专业成长提供保障。

（二）"三力并举、双轨互聘、四环育建"专业教学团队建设模式

学校的师资建设是一个系统工程，只有不断提高教师队伍的整体素质和能力，才能适应中职教育改革发展的需要。现阶段，我校专业教师相对匮乏、专业技能相对不足，专业教学团队素质不够理想，这些因素成为学校发展急需解决的突出问题。我校在专业教学团队建设中就进行了积极的探索。

1. 专业教学团队培养的实施背景

我校专任教师大多数是直接从大学毕业就进入职业教师工作岗位，基础理论知识扎实，但普遍存在缺乏生产实践经验、动手能力较差、专业技能不足等问题。同时，专任教师对教育学、教育心理学等教育教学基本理论的学习和认识不够深入，教学能力稍显不足。随着职业教育教学理论的不断发展，我校全体教师思想素养、教育教学水平、研究能力、创新意识、实践能力、自我发展能力等均需不断提高。其中，培养"双师型"专业教师已成为当务之急。

2. 专业教学团队培养的主要目标

专业教学团队建设的总体目标是：以专业教学团队建设为重点，加强"双师型"教师队伍建设，提升教师队伍素质，满足我校发展需求的高素质教师队伍。

具体目标为：

加强师德建设，提高教师职业道德水平。

进一步提高广大教师的教学能力和教学水平，全面提高教师队伍的综合素质。

开阔教师的专业视野、提高教师的技能水平，增加教师的教学和技能经验，使"双师型"教师占专任专业课教师的比例达到60％以上。

3. 专业教学团队培养的工作过程

我校通过多种途径，共同推进教师的"专业化"发展，形成了"三力

并举、双轨互聘、四环育建"的培养模式,也就是以"校本培训""省培、国培、高校培训""企业实践"三力并举来培养专业教学团队,实现"学""做";以学校聘请企业技师到校上课、企业聘请学校教师到企业担任技术顾问,实现学校与企业人员互进,交叉培养的"双轨互聘"机制,实现"研""创"。我校制订了教师培训方案及规划,既注重全员培训,又以培养"双师型"专业教师为重点。

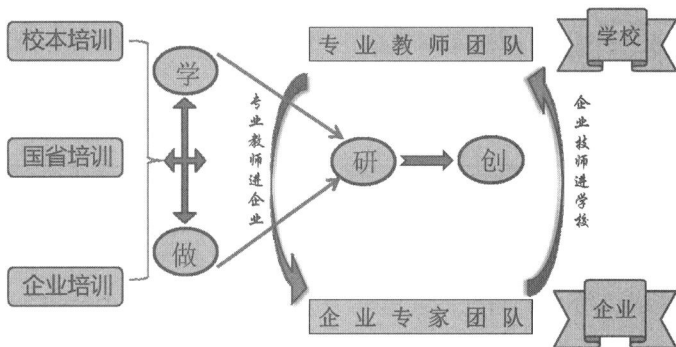

图4-3 三力并举 双轨互聘 四环育建

(1) 校本培训

①以校本培训为核心的多种培训活动

我校开展将教育理论结合实际情况进行运用的培训,提升专业课教师的操作技能等方面的培训;切实为教师的教育教学提供支持与帮助,调动教师的自主学习、自我反思、自主探究的积极性和创造性。

②教育教学专题理论培训

坚持利用每周的"周前会"和"业务学习会议"举办教育、教研理论专题讲座,组织教师学习相关专著,观看相关的教学视频。培训内容主要包括现代教育教学理论、思想、方法、模式,教师职业道德修养,教师教育教学基本技能,现代教育技术,学生安全方面的知识等。在《如何备好课》《营造良好的课堂教学氛围》《如何上好试卷评讲课》《项目教学法》《理实一体化教学法》等的培训中,我校采用探究式、交流式的互动培训方式。2013年5月我们就请到清华大学机械工程学院张学政教授主讲"教学方法与教学艺术"。我校还以教育教学中问题的研究为主要内容,搜集、整理相关信息,组织学习、研讨交流,使理论与教学实际相结合,促进教师将先进的教育理论知识及时进行消化和吸收。

③以教研组为单位的多种培训活动

严格要求每位教师每学期至少上一次教研课,同一个教研组的所有教师都要去听课、评课并做好听课记录,而且新进教师每学期至少上两次教研课。教师们能根据各教研组的安排，认真地上好每一堂教研课。在反思课堂教学中，教师们能够本着相互学习、相互进步的指导思想，认真地评好每一堂课。学校领导参与教研活动，深入课堂听课，面对面地对教师的备课、教案、作业批改、理论学习、教学基本功进行指导，发现问题，及时解决，并向全体教师就普遍存在的问题统一加以指导。

每学期我校还会由教研室牵头，运用先进的教学理念打造校区的精品课，全校所有专业教师都会去观摩、学习、评课；以这样的教学实践为蓝本，总结出了此课程非常有效的教学方法和教学模式。我校"备、组、讲、范、训、评、理"的"七字教学环节"就在这样的蓝本下应运而生。

对新进教师，教研组将安排优秀教师与其结成师徒帮学对子。通过优秀教师的传、帮、带，快速提升了新进教师教育教学能力、经验和敬业精神。

教研组还要求每位教师进行专业领域的自学提高并做好自学笔记和自学体会，教导处定期检查。安排专业课教师到实训基地、企业进行不少于一个月的各项工种操作技能的训练，促进专业课教师们的理论知识与实践紧密结合，提高专业课教师的技能操作水平。

我校每学期举行很多比赛，比如：操作技能比赛、教师优质课比赛、教师教案比赛以及板书比赛等，以赛促训、以赛促练，提高教师的业务水平。我校积极参加省、市、县组织的课堂教学竞赛以及国家级、省级、市级的技能大赛，努力促使学校骨干教师脱颖而出。参加竞赛活动的教师和学生，都能认真准备，深入思考，强化训练；同时，我校还重视发挥骨干教师的群体力量，全力以赴帮助做好参赛准备工作。各类竞赛是我校教师展示自己的舞台；同时也是我校教师走出去，与重庆潼南区以及其他地区的学校的教师进行教育教学能力交流的平台。

④现代化教学培训

我校在全体教师中开展以"现代教育技术"为主要内容的现代化教学技能的培训。教师们学习了信息技术基础理论和设备操作，学习了现代技术在教育教学中的运用。培训的应用软件有 Word、Excel、PowerPoint、Flash、Photoshop 等，还包括交互式液晶一体机（电子白板）的运用、网络的基本操作与应用等。全员普及电子办公所需的基本知识、基本操作。2018 年 7 月以来，我校教师的信息技术的培训共计 8106 学时。通过计算机培训，提高了教师教育技术的水平和能力，进而促进教学质量的提高。

⑤班主任队伍建设

为了提高班主任整体素质，每学期组织班主任外出到兄弟学校参观、学习；并组织教师参加国家级、省级的班主任德育工作培训。

通过开展班主任帮学对子活动，每周举行班主任工作经验交流、集体研讨会，每位教师都会谈谈班级管理存在的问题和一些措施，促进班主任间相互学习、相互借鉴，鼓励教师搜集各种先进教学工作和班级管理方法，并灵活运用于实际工作中。

每月组织一名班主任上一堂主题班会课，全校区的班主任到场观摩，学习、探讨、交流主题会的开展。

（2）国省培训

我校根据专业需要推荐、安排专业教师参加省级、国家级培训。在此之前，学校督导室领导都会召集送培教师开会，针对培训提出相关要求。例如：努力学习、提高技能、开阔视野、做好笔记、写好学习总结、努力考取职业资格等级证、为校争得荣誉等。培训结束后，参陪教师上交学习笔记、学习总结，针对参培内容向全校教师进行书面汇报并上一堂汇报课，以展现学习到的思想和技能等。例如：2019 年 7—8 月，我校共送培 59 人次，分别到省农科院、兴合田培训机构、四川农业大学等单位进行专业培训，培训时间共计 800 余天。

教师们走了出去，和各地的同行精英们在一起学习、交流，感受专家们的人格魅力，感受专业学习的过程，感受优秀的企业文化，发掘自身的价值和长处，提高理论水平和操作技能，更新教学观念；与同行间相互学习、交流，取长补短、增进友谊。

（3）企业培训

企业是锻炼教师实践能力的最佳场所。为适应职业教育改革发展新形势，根据专业建设需要，加快建设高水平"双师型"教师队伍，提高专业教师的操作能力和实践教学能力，让教师了解行业、企业的生产现状、发展趋势和用人需求等。

我校利用假期选派专任教师分组、分批到四川合众生态农业有限公司、射洪金柠农业开发有限公司、四川省亿诚现代农业科技有限公司、射洪县农度种植专业合作社、四川隆鑫、奥博尔电梯等企业的生产一线进行实践。实践教师和企业员工一样，打卡上班，遵循企业的各项规章制度。每组设一名教师为组长，与企业进行协调、考核教师的培训情况。每名教师都被安排到生产岗位，由岗位上的师傅针对教师进行实践培训，当天，学习结束后，教师还要填写岗位实践记录表，如表 4—1 所示：

表 4—1　专业课教师生产岗位实践记录

教师姓名		时　间	
企业名称		车间（班组）名称	
实践项目名称			
实践过程记录：			
实践体会：			
检查记录：			

2019 年，我校共计安排教师进企业实践 136 人，实践时间共计 5205 天。

学校与企业人员，交叉培养，实现"双轨互聘"。

以校企合作为平台，以校内一个"校中厂"为依托，学校聘请企业技师为兼职教师，聘请校中厂的师傅指导实训教学，主要担任青年教师的实践师傅，提升青年教师"双师"素质；指导学生实训，强化学生职业能力。企业聘请专业教师承担技术服务。

学校制订了兼职教师管理制度（含任职标准、激励机制），先后聘请了省级专家邓先才杨文，企业技师佘霞、蒲兵、钱勇，高校专家李春龙等 26 名教师担任技能课教学。兼职教师参与了课程设置研讨会、课程标准研讨会、专指委会议等会议，参与了《作物生产技术》等教材的编写。参与了技能尖子班、技能选修班的培训，参与了学生技能大赛的指导，参与了学生技能考核与职业技能鉴定。

引进安克拉食品有限公司建成校内安克拉食品加工中心，既是学生校内实训基地，又是校内教师和企业师傅一起合作的食品研发中心。

4. 专业教学团队培训的实施条件

我校专业教学团队建设，一直以来都是上级教育机构及学校领导非常注重的，2019 年是射洪县重点打造的"教师发展年"，我校也以此为契机强化了专业教学团队建设，制订了《专业教学团队建设培养方案》。

校本培训分别参照实训处和教导处的《教师校本培训计划》进行。

国家对中职教育的大力支持，使得我校有参加省级、国家级培训名额，这为教师"走出去"提供了机会。

四川合众生态农业有限公司、射洪金柠农业开发有限公司、四川省亿诚现代农业科技有限公司、射洪县农度种植专业合作社等企业建立了校企合作关系，为教师的企业实践搭建了平台。

5. 专业教学团队培训的主要成效

通过"三力并举、双轨互聘、四环育建"的师资培养模式的实施，取得了以下成效：

（1）师德师风建设

学习与教育相关的法律法规进一步规范了教师从教行为，使依法执教的理念深入人心。通过各项活动，广大教师默默奉献、扎实工作，表现出了高昂的工作热情和良好的精神风貌，涌现出了许多感人的事迹和典型，树立了教师的良好形象。教师师德师风建设也推动了教书育人向内涵发展，学生的思想得到较大的转变，学习习惯和生活习惯得到较大的改善。增强了教师的服务意识，服务社会、服务家长、服务学生的意识深入教师内心，提升了社会、家长、学生对我校的满意度等。

（2）校本培训

通过校本培训，教师们不仅更新了教育观念，形成了新的人才观、质量观、教师观、学生观等，同时促进了教师教育理论水平和科研水平的提高，为教师的教育教学行为打下了扎实的基础。教师改革意识不断增强，教学观念得以转变，教学模式得以提炼，教学方法得以增加。教师能够熟练使用现代化教学软件和设备实施教学。教师的专业技能得以提高，能将理论知识更好地融入实训教学中。各类竞赛中，教师精心设计，师生全力以赴，取得不错的成绩。学校还以课题研究为载体，有效地开展课题实验，引导教师从教学实践中不断总结经验和教训，提高了教育科研能力，教研风气好，很多年轻教师的教学能力进步很大。我校注重对班主任工作的研究，不断地总结和传授工作经验，培养了一批具有较高教学水平和业务知识的班主任。

（3）省级、国家级培训

教学理念得到很大提升。教师们在专家们的指引下，认真学习了教育心理学知识、科研方法、课堂教学艺术、科研活动形式等，让教师们深层次认知教育对象，深入透视职教发展，更科学地因材施教；让教师们树立了现代职业教育理念，了解职教课程和教学改革的方向，掌握了相关专业的教学方法和现代教育技术手段，以便更加贴近中职教学的需要。同时，我校教师也从专家们的身上学到了严谨的工作作风、求真务实的科学研究态度以及专家们的教学方法和教学手段等。

深入学习了专业知识、拓宽了专业视野。培训单位安排了既懂教学又有丰富实践经验的教师授课，开设了专业理论课和专业实践课。通过专家们对专业知识的讲解，并带领教师参与专业技能实践，提高了教师们实际操作的技能，做到了理论与实践的结合。教师与学员边学习、边交流，更新了教师们的专业知识结构，让教师们深刻认识了学科的迅猛发展，培养了教师终身学习的意识。同时，很多培训单位也会带领教师到企业参观考察，让教师了解企业的产品开发、生产工艺流程、管理文化与制度、岗位要求、用人要求等，并进行了产品展示和校企交流。同时，让教师了解市场、分析市场、紧跟市场，认识市场对人才的具体需要，使教师们在教学中对学生知识的传授更有针对性。

学员交流，收获经验与友谊。省级、国家级培训为参训教师提供了良好的学习环境，也为参训教师间的交流和讨论提供了很多宝贵的机会。参训教师们在一起共同学习和生活，了解了兄弟学校的课程设置、实训基地建设、教师管理、学校管理方面的有效做法等，获得了很多成功的经验；同时，大家也分享了各自教育教学的经验，学习中相互鼓励和帮助，建立了联系，便于以后的交流。

（4）企业实践

企业实践有效地提高了教师的实际操作能力和应用能力。我校注重学生的就业质量，注重学生动手操作能力和职业技能、职业素养的培养。作为专业教师，就必须具有过硬的实际操作技能。教师进企业参加实践，在企业一线踏踏实实学习。在企业中，教师们抓住机会自己动手操作，增强了动手能力，对培养学生的动手操作能力也有很大的促进；教师们在生产现场大开眼界，学到了大量在书本中无法学到的知识、技巧和经验，找到了理论与实践相结合的方法。教师在参与企业技术更新中，不仅提高了实践技能，也提高了现场解决问题的能力、技术开发能力，为指导学生解决现场技术难题奠定了坚实的基础。

企业实践中，教师的思想得到新的熏陶。实践期间，教师严格遵守企业的作息时间；同时，工人师傅们吃苦耐劳、任劳任怨、努力学习、勇于探索、积极创新、乐观向上的精神，深深打动了参训教师。工人师傅们内在的工作气质，技能操作的游刃有余，对生产产品的呵护，也深深触动了参训教师；同时教师们也吸取到了企业中"师带徒"的经验。教师们从企业的角度充分认识到了安全生产的重要性，通过学习安全规程和安全事故案例，知道了专业人员未认真执行安全操作规程、不按章作业、工作责任人勘察不到位等造成的许多事故，强化了教师们的安全生产意识。

企业实践中，教师全面熟悉了企业的设备，产品的加工流程和企业的现状与发展的新动向、新形势。教师们进企业及时了解自己所从事的专业学科的生产、技术、工艺、设备的现状与发展趋势，有利于教师在教学中及时增加当前生产现场的新技术、新工艺，从而丰富教学内容，提高教学质量。教师在企业收集到了大量加工的资料和实例，让学生所学知识与行业接轨，做到学以致用；使得教师的教学内容实用性强，更贴近企业实际生产，教学也更有激情。

企业实践中，教师了解了企业的人才需求。教师参加企业实践锻炼，了解了企业对人才需求的情况和市场的就业状况。这样，我校教师能更好地结合市场实际需求进行教学，培养出符合企业需求的实用性人才。教师们也了解到了良好的服务意识、心理素质、沟通能力等，都是对企业员工的基本要求，为学生职业素养的培训提供了参考价值。

企业实践，教师们深化了教育教学改革。教师们参与了企业实践，了解了企业对各类人才的需求、人才的知识结构、职业能力、职业素养要求等，带回了很多企业的相关资料。教师们回到学校后，有针对性地进行课堂教学，培养出更符合企业需求的应用型人才。同时，我校教师还根据企业需求与工作过程特点，修订了人才培养方案，改革课程体系，整合教学内容，分项目进行教学，采用"一识、二塑、三专、四选"的实习模式，加大对学生实作动手能力的培养和职业道德、职业素养的培养。

6. 存在的问题及改进措施

我校以"师德师风建设""校本培训""省级、国家级培训""企业实践"，四大培训活动为途径，加强了我校专业教学团队"专业化"的建设。教师们能更好地教育学生、关爱学生、帮助学生、服务学生。但是，我校的专业教学团队建设还存在一些问题及改进措施：

教师师德师风的建设取得很好的成效，教师们做到了身正以范，但师德师风建设的培训内容还需更多地涉及运用教师的师德师风转化学生的具体措施。

校本培训现在主要是面向全体教师的培训；从年龄上看，淡化了对青年教师、中年教师的分层培训；从任教学科上看，淡化了对文化课教师、专业课教师涉及不同课程的针对性培训；在以后的校本培训中将对教师进行分层次、有针对地开展培训。

参加过省级、国家级培训的教师们，带回来新的知识、技术、理论和见闻，但在技能方面未见到明显的提升；技能的新提升将作为对参加省级、国家级培训的教师的考核重点，让教师在考核中体现解决有难度的产品的工艺措施。

教师进企业参加实践能大大开拓教师的视野、吸收更多的经验、提高加工技能；但是缺乏相应制度的保障，企业不敢放开让教师参与更多的操作实践；同时现阶段很多企业与教育单位接触不多，教师到企业，师傅不清楚要教的内容，教师也不清楚师傅擅长的具体技能，这需要一段时间的磨合，短时间内难做到培训的有效性。可以利用校企合作的平台，加强企业师傅与专业教师间技能和经验的磨合，以快速促进教师与师傅的融合。

专业教学团队的建设是系统工程、是永恒的主题，我校通过"三力并举、双轨互聘、四环育建"的培养模式，不断提高专业教学团队的整体水平和实力，以适应新形势下，中职教育改革发展的需要。我们还将继续努力，营造更有利于教师提高素质的氛围。

（三）机电专业以"名师（大师）工作室"引领，构建"633"师培模式

1. 搭建教师成长的六个平台

一是搭建思政学习平台，加强师德师风培训。利用教研活动、职工大会等定期开展政治学习，不断提高教师的思想政治素质及职业道德水平，营造良好的氛围，提升师德师风修养。二是实践培训平台，提升专业能力、职业精神、工匠精神。依托校企合作，大力开展技能培训、技能竞赛和企业实践，专业教师每年到企业实践不少于一个月，培养教师的专业技能、职业精神、工匠精神。三是继续教育平台，提升综合素养。积极组织教师参加各级各类继续教育培训以及教学能力培训，认真组织开展教研活动，围绕质量提升开展教研教改。四是信息技术培训平台，提升教学能力。通过公需科目培训、信息技术培训、多媒体应用技术培训等，鼓励教师积极参加国家、省市和校级教学能力比赛，不断提升教师运用信息技术辅助教学的能力。五是教科研平台，提升科研能力。依托课题研究，提升教师科研能力和学术水平。六是成果激励平台，调动教师积极性。鼓励教师在省级及以上刊物发表学术论文或教育教学管理相关论文，参加各类学术研讨会，给予政策支持和表彰奖励。

2. 三个方面能力培养

一是教师专业理念与师德的培养，增强教师四个意识、坚定四个自信、做到两个维护、一个践行，规范个人品德、家庭美德、职业道德、社会公德。注重满足教师的兴趣爱好、个性特长、情感需求等价值诉求，注重引导教师仪容仪态、衣着服饰、物品整理的专业雅致，注重教师美学美育、提升审美情趣。二是教师专业知识结构的培养，研读思想政治课标完善思政结构、参与企业实践实现职业能力理实一体、通过参与课题研究等提升自己科研水平、通过校企合作开阔教师国际视野。三是教师专业能力的培养。围绕精讲一门课能讲多门课，培育每一位专业课教师具有"1＋n"门课的教学能力和实践能力，练一手绝活，即对照专业标准，掌握一门专业技艺。

3."职称、技能、荣誉"三维度提升

一是职称：二级——一级——高级——正高级；二是技能：理论双师—实践双师—理实一体双师—技能大师；三是荣誉：合格教师—骨干教师—专业带头人、名师（特级教师、教育专家）。我们制定和完善教师职称晋升方案、"双师型"教师培养方案、"双师型"教师认定标准及管理办法、"双师型"教师认定办法、"双师型"教师培养计划、专业学科带头人培养计划、专业骨干教师培养计划、专业教师培训培养规划、专业青年教师培养计划、名师考核实施方案，从"职称、技能、荣誉"三维度提升教师水平。

（四）师资队伍建设成果

学校教师团队的成长很快，现有特级教师 2 名、正高级教师 2 名、全国黄炎培职业教育杰出教师 1 名、四川省黄炎培职业教育杰出教师 2 名、四川省魅力职教感动人物 1 名、遂州千人计划 1 名、遂宁市学术和技术带头人 1 名、遂宁市优秀双师型教师 2 名、洪城工匠 1 名、射洪市名师 5 名、校级名师 15 名和优秀青年教师 24 名。落实了考核办法和学月考核，落实了优秀教师一对一帮扶管理，建立了遂宁市市名师工作室 1 个，现代农艺专业大师工作室 1 个，射洪市级名师工作室 5 个，校级名师工作室 15 个。形成了教师的梯度培养，充分发挥了优秀教师的示范引领作用。重新评选和聘请了专业带头人 18 人，骨干教师 36 人，双师型教师 91 人。2018 年全国中职学校信息化教学设计比赛两位教授入围全国现场决赛，吕海英获英语组二等奖，李胜获商贸组三等奖。2019 年第一次参加四川省中职院校教师技能大赛教学能力比赛，中餐烹饪专业蒋玉兰团队、现代农艺专业尹雄团队、电子商务李胜团队、公共基础课程数学组王玉石团队入围四川省现场决赛，均获二等奖，获奖数占遂宁市中职获奖一半。出色地组织开展四川省 2020 年中职教师教学能力比赛，初赛 20 组 79 人参赛。通过学校和遂宁市选拔，共 13 个组 49 人进入省赛网评，占遂宁市的 1/3。三个组参加省线上现场决赛，获得三个二等奖，6 个三等奖，遂宁市团体一等奖。

落实教师企业实践制度，完善培养机制。落实了各专业教师企业锻炼制度，各专业骨干教师，示范专业的所有专业课教师全年到企业实践都在 30 天以上。完成了所有专业都有至少一个外聘行业、企业兼职教师。

发表了《基于校企双主体办学模式下的双师型教师队伍建设研究》《现代农艺技术专业"三化三定"教学模式探索》《实施"校农合作、学劳结和"实现教产深度融合》等 36 篇文章，《助推三农创特色　送教下乡富农民——中职新型农民培训模式的探索和实践》等 22 篇经验文章省市获奖。编写出版了《作物生产技术》《果树栽培技术》《电工技术基础与技能》《机械制图》《机床维修电工》《机械基础》《机械 CAD/CAM—CAXA 制造工程师实用教程》等 14 本教材。

中国职教学会 2013—2014 年课题《中职学校语文诵读教材编写的研究与实践》《中职学生顶岗实习前社会实践之探索》结题并获二、三等奖。2014 年《中职学校人才培养模式探索》获四川省人民政府教学成果二等奖。《中餐烹饪专业教学模式的实践与探索》获遂宁市 2017 年教学成果二等奖。遂宁市金融学会课题《遂宁市中职教育与地方经济增长关系研究》结题。四川省教师教育中心课题《产教融合视角下中职师资团队建设改革与实践》、四川省财政厅课题《农村新型经营主体会计人才培养机制研究（以遂宁市为例）》获得立项，组织了开题。

二、以学定教明方向，教材建设硕果累

从学校开办以来，我们一直在探索教材建设，2010 年学校开始进行全国首批改革发展示范校建设，学校各专业教材建设进入快车道。前些年，中职学校以学科体系为主的课程设置不合理，教材内容枯燥乏味，与企业生产应用不接轨，教学方法单一、陈旧，专业教学以课堂讲授为主，理论与实践脱节。加之中职学生文化底子薄，学习更面临诸多困难。因此，为了解决学生学不懂、学习兴趣不浓、所教所学与生产不接轨等问题，我们积极改进课程设置、创新课程模式、改编教材、改进教学方法，增强教学直观性、生动性和趣味性，从而激发学生学习兴趣和求知欲望，锻炼学生实际操作能力，以提高专业技能教学质量，培养合格的技能型人才。

（一）构建"双元七步"的课程建设模式

校企"双元"深度合作，全过程、全方位参与课程建设。课程建设分七个步骤：一是校企合作制定课程标准，将国际规则和行业标准与课程标

准相融合。二是与校企共同进行教材的选用和编写，公共基础课按国家要求选用，专业课由企业编写一部分教材、校企共同编写一部分教材，将企业最新技术、工艺、标准融入教材，将思政内容融入教材。三是校企合作持续推动信息技术与专业教学深度融合，开发丰富的数字化课程资源，共20G，形成系统的专业教学资源库。四是建立了每门课的考试考核平台。五是每门课程配置1~2名教师上课及负责课程建设，让教师能精上一门，能上几门。六是推进教法改革，全面推行理实一体化教学模式改革，加强课程思政，强化课堂教学、实习、实训的有机融合。七是根据对课程的实践、评价、考核反馈，制定新策略，持续改进，滚动发展。

（二）各专业百花齐放，建设成果全国有名

1. 数控专业构建"二一四"教材编写模式

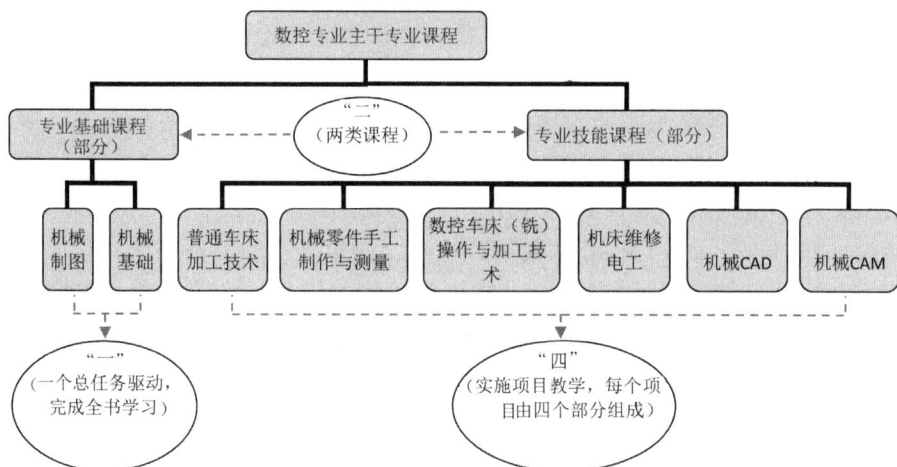

图4-4　数控专业构建"二一四"教材编写模式

　　数控专业与企业紧密合作开发专业课教材，以"五个对接"的职教理念为指导思想，以"工作过程"为导向，通过企业调研，明确了数控专业的培养目标和对应工种的核心能力要求，依据职业岗位特点和职业标准，结合生产实际和能力培训要求，制订了机电专业的课程体系、课程标准。针对学生基础，吸收企业、行业专家意见，实施企业生产目标管理方式，以任务驱动，将教学过程与企业生产过程对接，利用项目载体来承载和组织教学内容，知识围绕项目载体搭建，技能围绕项目载体实施。构建了主干专业教材"二一四"编写模式，该模式论文在国家核心刊物《职教论坛》发表。该模式成果获四川省教科所优秀教育研究成果一等奖。"二一四"教材编写模式："二"，即主干专业课程分为两大类：专业基础课程和

专业技能课程;"一",即对专业基础课程以"任务驱动、行动导向"为指导思想。以完成一个总任务为课程目标,组织教材编写和实施教学。在编写教材时,整本教材设计一个总任务。以总任务为统领,将总任务分解成若干个小任务,学生通过一个个有关联的小任务的完成,弄清基本概念,获得专业基础知识。再通过回顾、梳理、总结,就能形成一个较完整的专业知识框架体系。"四",即专业技能课程以"工作过程"为导向,全部实施项目教学,每个项目由"任务书—知识链接—工作单—课后反馈"四个部分构成。整个项目的实施过程就是企业"生产过程"的再现,但在这个"生产过程"中还加入了"知识链接"和"课后反馈"两个重要环节,这是学校教学与企业生产的区别,也体现了学校教育人才培养的规律。

通过校企共同努力,机电专业在教材编写取得了丰硕成果。校企合作编写《电工技术基础与技能》《机械制图》《机械制图习题集》《机床维修电工》《机械基础》《机械 CAD/CAM——CAXA 制造工程师实用教程》《极限配合与技术测量》《普通车床加工技术》《机械 CAD/CAM——电子图版》《钳工工艺与技能训练》等 10 本校本教材由北京理工大学出版社、中国广播电视大学出版社联合出版发行,在全国推广使用,深受国内广大师生好评。企业对接生产开发《工业机器人应用与编程》《PLC 技能工作页》《典型工作站应用案例精析(搬运应用)》《传感器与气动实训》等 4门教材。所有教材均建设完善的配套教学资源。

其中《机械 CAD/CAM——CAXA 制造工程师实用教程》《极限配合与技术测量》《普通车床加工技术》《极限配合与技术测量》等 4 本被评为国家规划教材,《电工技术基础与技能》被评为行业精品教材。《机械制图》被评为全国优秀校本教材二等奖。

2. 现代农艺技术专业教材编写显特色

按教学任务项目化要求选用按项目编写的国家规划教材;校企合作编写符合区域实际的特色项目教材;整合教学内容,编写学科实践教学项目实施方案。由蒲伟、尹雄、罗会义等同志主编的项目式教材《作物生产技术》《果树生产技术》由吉林科技出版社正式出版。专业教师共计编写了12 门专业技能课程的实践教学项目实施方案,如表 4-2 所示:

表 4-2 现代农艺技术专业自编项目教材一览表

序号	学科	主编	类别
1	《作物生产技术》	蒲伟、尹雄	吉林科技出版社出版教材
2	《果树生产技术》	蒲伟、罗会义	

续表4－2

序号	学科	主编	类别
3	植物生产与环境	尹雄、汪秋菊	活页式教材（实践教学项目实施方案）
4	植物保护技术	罗会义、邓先才	
5	畜禽营养与饲料	王统一、何静	
6	农业经营与管理	涂腊梅、涂翠芬	
7	作物生产技术	尹雄、蒲兵	
8	蔬菜生产技术	汪秋菊、蒲兵	
9	林果生产技术	邓希兵、佘霞	
10	农业生物技术	何静、蒲兵	
11	农业化学	杨传忠、于杨	
12	智慧农业与农业机具使用维护	赖华军、胥进	
13	种子生产与经营	鲜静、尹雄	
14	农产品贮藏加工	甘雨林、陈建军	

3. 学前教育专业教材建设

该专业与成都大学幼教专家、合作幼儿园骨干教师一起研发了《舞蹈》《琴法》两门具有区域特色的校本教材，以项目设置教学任务，体现了"理实一体化"的编写理念。完成了《手工折剪》《幼儿故事集》《普通话训练题集》《儿歌集》4本校本读物的编写，其中《幼儿故事集》《儿歌集》根据幼儿生理、心理、智力、语言等发展阶段的特点，分不同学龄段，设置为小班、中班、大班三个模块，有效解决了幼儿教师如何分学龄段教学的现实问题。《普通话训练题集》根据国家语委二级甲等的检测标准，把教材设置为声母、韵母、声调、变调、朗读、即兴说话等6个模块，各模块下共设置60个训练项目，《手工折剪》分常见的动植物、生活用具、交通工具等设置模块，投入使用后对我校学前教育教学模式的改革起到了很好的促进作用。

4. 中餐烹饪专业教材建设

为了体现知识＋技能＋实习"三主线"培养的要求，该专业与北京眉州酒店管理有限公司研讨设置专业课程13门，其中《企业特色菜制作》《中式面点制作》《中餐烹饪技术》三本教材与公司共同开发，各科课程标准和生产标准高度统一，满足了定单培养的需要。校企合作开发了《中式面点制作》《中餐烹饪技术》两门核心课程的教学资源。专业教师自主开发了《冷菜、冷拼》《食品雕刻》《营养卫生》等11门课程的教学资源。目前建成了4496题的电子题库、499个电子教案、367个PPT、80G共625分钟的教学视频。所有资源都存放在学校教学资源管理平台，教师可随时调用。

5. 电子专业紧扣"做中学、做中教"编写理实一体化教材

整合学科门类，构建理实一体化课程。专业按照"教、学、做"一体化的原则，将基础平台课《电工技术基础》《电工技能训练》整合为《电工技术基础与技能》；将《电子技术基础》《电子技能训练》整合为《电子技术基础与技能》；将《电子测量》《材料与元件》《电子产品结构工艺》三门课程整合为一门课程《电子产品装配与调试》。并打破传统的章节式课程结构，以项目引领、任务驱动的形式修订了各门学科课程标准，为实施理实一体化教学打下坚实基础。提炼出了《电工技术基础与技能》等九门实训项目92个；根据课程标准，以项目式编写了《小家电维修技术》《电视机维修技术》等理实一体化校本教材5本。其中《电工技术基础与技能》《小家电维修技术》两本教材出版发行。

6. 农民工培训教材建设

用好劳务品牌规定教材，编写经济实用乡土教材。学校购买国家技能鉴定培训考核教材《中式面点师（中级）》，并针对劳务品牌农艺工培训，先后编写了《畜禽常见疾病防治》《现代农业种植技术》《蔬菜栽培技术》《林果栽培技术》《大宗淡水鱼生产技术》《新农村建设与农民素质教育》等12本教材，保证培训的质量。

三、以教促学找方法，教法改革显成效

教材是客体，其为教师和学生的教育教学活动提供了学习的对象和条件，教法是工具和手段，是连接教师和学生的桥梁和纽带。《教育部关于全面提高高等职业教育教学质量的若干意见》（教高〔2006〕16号）指出，改革教学方法和手段，融"教、学、做"为一体，强化学生能力的培养。学校充分认识教法作为教学技能和技巧的重要性。教法带有经验性，系统化、科学化，是教师在教学过程中通过多种方法和途径对学生进行学习方法的传授、诱导和矫正，使学生掌握科学的学习方法并灵活地应用于学习中。以校企合作、育训结合为教法改革切入点。校企合作、育训结合是职业学校教学的基本特征，教法改革的重点是教学过程的实践性、开放性和职业性，通过实验、实训、实习这三个关键环节的改革，带动专业调整与建设，引导课程设置、教学内容改革。在具体教学中要因材施教，积极实

行启发式、讨论式教学，鼓励学生独立思考，激发学习的主动性，培养学生的科学精神和创新意识。运用现代信息技术推动教法改革。适应"互联网＋职业教育"的发展需求，引入大数据、人工智能等现代教育技术，增进教学内容，改进教学方法，推进虚拟工厂等网络学习空间建设和普遍应用。加强对现代教育技术、手段的研究和应用，加速实现教学技术和手段的现代化，提升职业教育教学质量。

　　学校探索出技能课的"备、组、讲、范、训、评、理、固"八字教学环节，该论文在国家核心刊物《中国职业技术教育》发表，具体如表4－3所示：

表4－3　技能教学八字教学环节详解

教学环节	教学意义	应用要求
备	即准备，包括：备教案；备实训设备和器材；对实训项目或任务结果无法预计的需要教师提前试验、制作或操作；备学生分组；"小先生"提前培养	教师在上实训课之前，要提前将学生按工位分组、定工位或定座位，为每组学生备好实训器材，选出学习能力较好的学生作为"小先生"或小组长并提前培养，以便实训课协助教师指导管理其他学生
组	即组织教学，包括课前组织和课中组织	课前整队集合，清点人数、背诵"十不准"、有序进入实训室，课中加强组织纪律和安全管理
讲	即讲解、讲授，包括：对实训内容或实训项目的导入、分析、讲解；对新知识、新技能的讲解	要求教师要做到精讲少讲，重点放在原理、操作要领、操作步骤、安全注意事项等方面，一般控制在整个实训时间的1/3为宜
范	即示范，教师利用多媒体技术和示范操作向学生展示操作方法、操作要领，让学生看明白，知道怎么做	要求教师示范面向全体学生、注意全方位和个别学生、个别方位结合，动作示范与语言表达同步配合，让小先生提前学会和示范
训	即学生训练、实际操作，是实训课核心	要求遵循技能迁移规律，先学会，再通过反复多次练习形成技巧。要加强教师和小先生的个别指导、巡回辅导，注意操作安全，防止事故发生
评	即评价、评判，有师评、小组长或小先生评、学生间互评等形式	教师要对每个实训项目制订评价评分标准，注意过程评价与结果评价相结合，多鼓励、褒奖

续表4-3

教学环节	教学意义	应用要求
理	按照企业 7S（整理、整顿、清扫、清洁、节约、安全、素养）要求做好最后阶段的工位整理、整顿、清扫和器材回收工作	要求班干部或实训室管理员把学生分组，落实到人头，并注意检查和指导
固	即课后巩固性实践活动，包括撰写实习报告、安排特定任务、组织技能尖子生培训班、课外兴趣小组、周末及寒暑假回乡参加生产劳动和具体实践活动	教师要注意根据学生家庭或区域种植特点安排实践任务，加强检查与监督

学校各专业积极探索，加强教法改革，构建了各具特色的教学模式。

（一）现代农艺技术专业

为改革农艺传统的理论课多、实践课少的教学形式，推动实习实训扎实开展，我们总结出了有农艺特色的基于项目的"三化三定"教学模式，即：教学任务项目化，按作物类别确定教学项目，分项施教；教学时间季节化，以农作物的生长周期确定教学时间，因季施教；教学地点田间化，以产业基地确定教学地点，因地施教。

按教学任务项目化要求选用按项目编写的国家规划教材；校企合作编写符合区域实际的特色项目教材；整合教学内容，编写学科实践教学项目实施方案。由蒲伟、尹雄、罗会义等同志主编的项目式教材《作物生产技术》《果树生产技术》由吉林科技出版社正式出版。专业教师共计编写了12门专业技能课程的实践教学项目实施方案。

按教学时间季节化施教总体思路编制各门专业学科项目训练计划和校外实习计划。比如《作物生产技术》这门课程，专业教师打破教材章节顺序，将教材中的各类农作物种植技术分解到春、夏、秋、冬四个季节，按照从育种到收割各关键时点需要开展的主要工作和需要掌握的关键技术，如施肥、除草、打药、收储等编制成项目训练计划，因时因季施教。比如，秋冬季主要学习小麦、油菜及冬季蔬菜如萝卜、白菜、包菜等种植技术，春季主要学习玉米、水稻、花生、红薯、豆类植物种植等，夏季主要学习农作物田间管理、病虫害防治等，秋季主要学习农产品的收储、保鲜及加工等。这样不仅增强了教学的直观性和针对性，更有利于实现理实结合、学做一体。

按实习实训田间化要求，专业根据各产业基地的种植特色，将各学科重要实训项目和各个学期的认识实习、跟岗实习安排在不同的实训基地。比如玉米、稻谷、小麦实践教学主要安排在沱牌镇沱牌舍得酿酒专用粮生产基地，柠檬种植主要安排在四川金柠农业开发有限公司，黑桃种植主要安排在四川太阳湖农业有限公司，蔬菜种植主要安排在四川合众生态农业有限公司、香山镇蔬菜生产合作社等。

（二）中餐烹饪专业

构建"二三一七"教学模式：

"二"，以获得双证为目标确定教学内容，体现教学的针对性。

"三"，按"三主线"设置课程，增大实习课比例，突出教学的实践性，对实践现代学徒制的实践提供了理论依据。

"一"，以"工作过程"为导向，采用一种基本的教学方法，即"项目教学法"，有利于培养学生的职业岗位能力。

"七"，专业技能课以"七字教学环节"展开，实行"师带徒"的教学方式，优化实训过程，保证实训教学的操作性与实效性；《中餐烹饪专业二三一七教学模式的探索与实践》论文在《职教通讯》2013年第九期发表，获省二等奖。

（三）学前教育专业

"以适应职业岗位需求为导向"，着力促进知识传授、技能训练与幼儿园教学的紧密衔接，探索了以职业能力培养为核心的"学教融汇"教学模式，教师采用项目、案例、情景等教学方法，教会学生知识技能且教会学生运用所学的知识和技能进行教学，这样每一项（每一门课程）专业知识和技能，学生不但"知、会"，而且会"教"，即"学教融汇"（图4—5）。增强了教学的实践性、针对性和实效性。

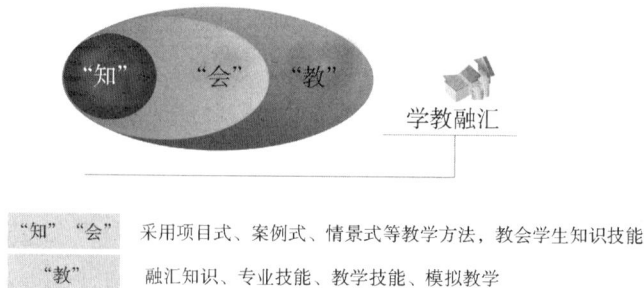

"知""会" 采用项目式、案例式、情景式等教学方法，教会学生知识技能
"教" 融汇知识、专业技能、教学技能、模拟教学

图4—5 "学教融汇"教学模式

（四）农民工培训

创新了"D—J—S—F"培训体系。

D（调研宣传），J（教学研究、基地建设），S（实施管理和师资培训），F（反馈和后续服务）。课前教师深入龙头企业、种养大户，调研生产实际问题，采集现场图片，编写教案，制作 PPT 课件，运用多媒体教学，拉近理论与实践的时空距离。在教学中树立学员学习典型、产业发展典型、基层管理人员典型，强化典型学员的示范作用，学员学习有榜样，致富有引领。课后相互交流，个别辅导。每期安排一天到其他乡镇参观龙头企业和新农村建设，增强学员发展农业产业的信心。

四、落足"三培"下苦功，德育为首掌方向

党的十八大以来，习近平总书记围绕"培养社会主义建设者和接班人"做出一系列重要论述，深刻回答了"培养什么人、怎样培养人、为谁培养人"这一根本性问题。2019 年 3 月 18 日，习近平总书记在学校思想政治理论课教师座谈会上进一步强调，我们党立志于中华民族千秋伟业，必须培养一代又一代拥护中国共产党领导和我国社会主义制度、立志为中国特色社会主义事业奋斗终生的有用人才。

要将立德放在人才培养的首位，在青年学生中大力培育和弘扬社会主义核心价值观，为实现中华民族伟大复兴的中国梦凝聚强大正能量。青年学生应当是最有朝气、最富有梦想的群体，其价值取向决定了未来整个社会的价值取向，而青年又处在人生的"拔节孕穗期"，正值价值观的形成和确立，最需要精心引导和栽培，因此，抓好这一时期的价值观养成十分重要。习近平总书记深刻指出，青年要从现在做起、从自己做起，使社会主义核心价值观成为自己的基本遵循，并身体力行大力将其推广到全社会去。

学校积极开展思政课程和课程思政建设，取得了一系列成果。实施课程思政是一个自上而下、环环相扣的系统工程，学校从课程标准编制到教材编写、教学活动、测量评价等整个教育教学过程，都要用课程思政的理念一以贯之。学校针对中职学生的学习特点，通过情境化教学、社会课堂等生动活泼的开放式教学方式，采用深入浅出、通俗易懂的呈现方式，注重探讨式和体验性学习，引导学生自我体悟社会主义核心价值观，增强历史使命感、社会责任感和科学精神、工匠精神，促进学生健康成长、全面发展。四川电视台以"强化思政教育，引领立德树人"为题，专题报道我校课程思政（图4-6）。

图 4-6　四川电视台的专题报道

为提升学生素养，培养学生全面发展，学校还聘请行业企业专家、中高职院校专家和学校一道编写《新时代职业人素养》读本教材。该书分为四篇：

第一篇"中国传统文化"。习近平总书记的传统文化观：抛弃传统等于割断了自己的精神命脉。他强调，抛弃传统等于割断了自己的精神命脉，不忘历史才能开辟未来，善于继承才能善于创新，只有坚持从历史走向未来，从延续民族文化血脉中开拓前进，我们才能做好今天的事业。中华文化源远流长，积淀着中华民族最深层的精神追求，代表着中华民族独特的精神标识。传统文化是中华民族优秀传统文化的核心价值体系，是数千年来中国人思维方式、行为方式、生活方式的高度总结。在浩瀚的传统文化典籍中，蕴含着中华五千年文明的文化精髓，蕴含着为人处世的人生智理，蕴含着安国定邦的执政智慧，丰富并蕴养着炎黄子孙的精神世界。在新时代，传统文化不仅是联系传统的纽带，更是创造未来的阶梯。

目前，中职学校积极落实"以服务发展为宗旨，以促进就业为导向"的办学方针，努力培养适应经济发展的技术技能型人才，重视对学生的动手能力、操作能力、文化理论的教育，但对学生自身素质的培养、传统文化教育重视不够。而近些年来，随着西方思想文化和生活方式对国内的影响、渗透，这种忽视人文素质培养，偏重专业技术教育的弊端越来越明显，诸多社会问题相应出现。徘徊、茫然、浮躁、没有追求和信仰越来越成为青少年们的主要思想问题，精神危机、道德危机、信仰危机逐渐显现，直接体现为中职学生职业素养的缺乏，导致其在用人单位的留存率下降。传统文化是中华民族的文化土壤，体现出中华民族普遍认同的道德规范、思想品格、价值取向与审美追求。在中职学校推广"传统文化教育"目的是想通过中国传统文化丰厚的人文底蕴去促进学生素养的提升，旨在通过传统文化教育引导学生正确理解传统文化思想精髓，从中学会为人处世的方法，修正自身缺点。通过对中国传统文化的学习，使得中职学生日常行为举止逐步规范；孝悌、尊老、敬师、友爱观念增强，改善与父母的关系、与朋友的关系；诚信观念进一步增强，树立正确的是非善恶观念。

第二篇"工匠精神"。中国在过去的几千年里创造出了辉煌的文明，这与先贤们充分发挥的聪明才智分不开。在这几千年的繁衍生息中，工匠精神一直持续着。2016 年，工匠精神第一次被写进了中央政府工作报告中，李克强总理提出要"鼓励企业开展个性化定制、柔性化生产，培育精益求精的工匠精神"，这为工匠精神赋予了新的时代内涵。

从本质上讲，工匠精神是一种职业精神，它是职业道德、职业能力、职业品质的综合体现，是从业者的一种职业价值取向和行为表现。在新的时代弘扬和践行工匠精神，须深入把握其基本内涵，明确其当代价值与培育途径。

在现代科技蓬勃发展的今天，"工匠"似乎远离我们而去。但是，实现中华民族伟大复兴的中国梦，不仅需要大批科学技术专家，同时也需要千千万万的能工巧匠。更为重要的是，工匠精神作为一种优秀的职业道德文化，它的传承和发展契合了时代发展的需要，具有重要的时代价值与广泛的社会意义。

第三篇"职业素养"。本篇包括职业素养的内涵、企业文化、职业选择、文明用语三个部分。职业素养是指职业内在的规范和要求，是在职业过程中表现出来的综合品质，包含职业道德、职业技能、职业行为、职业作风和职业意识等方面。职业素养是人类在社会活动中需要遵守的行为规范。个体行为的总和构成了自身的职业素养，职业素养是内涵，个体行为是外在表象。所以，职业素养是一个人职业生涯成败的关键因素。职业素养量化而成"职商"（career quotient，简称CQ），也可以说一生成败看职商。

企业文化则是企业在生产经营实践中逐步形成的，为全体员工所认同并遵守的、带有本组织特点的使命、愿景、宗旨、精神、价值观和经营理念，以及这些理念在生产经营实践、管理制度、员工行为方式与企业对外形象的体现的总和。

职业选择主要介绍了霍兰德职业兴趣自测，霍兰德提出了人格类型学说，将人格归纳为六种类型，从兴趣的角度出发来探索职业指导的问题。

文明礼貌用语，是指在语言交流中使用具有尊重与友好的词语。礼貌用语是尊重他人的具体表现，是友好关系的敲门砖，是我们自身良好素质的体现，是我们事业成功的助推器。

第四篇"激情德育"。激情，是一种强烈的情感表现形式，具有迅猛、激烈、难以抑制的特点。人在激情的支配下，学习工作状态非常好，能调动身心的巨大潜力。激情德育就是学校建立一系列完整教育管理机制，让学生把生命的激情注入平时的生活、学习、活动中来，使个人、班级、年级、学校成为沸腾的激情世界。激情德育的呈现应该是师生人人精神抖擞，斗志昂扬；活动开展生机勃勃，生龙活虎；学习状态聚精会神、全神贯注；校园随时干净卫生、文明有序。

五、"四元三维"构体系，坚持学分把质量

《国家中长期教育改革和发展规划纲要（2010－2020年）》指出："改革教育质量评价和人才评价制度，改进教育教学评价，根据培养目标和人才理念，建立科学、多样的评价标准，开展由政府、学校、家长及社会各方面参与的教育质量评价活动。"中等职业教育有自身的规律，社会的现实需求和人才培养目标，决定着中等职业教育必须建立多元化的评价体系。在社会对高素质劳动者的呼声日益高涨的同时，对职业教育学生的评价却存在着重理论、轻实践，重结果轻过程，重学科考试成绩，轻综合素质评价等现象，越来越不适应现代社会的需求，改革职业学校学生的评价势在必行。

根据《射洪市职业中专学校学分制实施意见》，结合专业教育教学的实际，制订本方案。

（一）指导思想

以习近平新时代中国特色社会主义思想为指导，全面贯彻党的教育方针，坚持社会主义办学方向，落实立德树人根本任务，遵循教育规律，系统推进教育评价改革，发展素质教育，全面贯彻党的十九大和十九届二中、三中、四中全会精神，落实习近平总书记关于教育的重要论述和全国教育大会精神。完善立德树人体制机制，扭转不科学的教育评价导向，坚决克服唯分数、唯升学、唯文凭、唯论文、唯帽子的顽瘴痼疾，提高教育治理能力和水平，加快推进教育现代化、建设教育强国、办好人民满意的教育。

坚持"三全育人"的发展性评价原则，学校、行业、企业深度融合；坚持全面推进素质教育，遵循职业教育规律，因材施教，满足社会发展对人才多样化的需要；坚持以学生为本，强化职业能力培养，与国家职业资格证书结合，促进学习的社会化、终身化和个性化；坚持向全体学生，促进学生有个性的全面发展，充分调动学生学习的积极性、主动性，增强职业教育自身的办学活力和吸引力。

（二）总体目标

专业学分制包括学业学分、实习学分、德育学分、奖励性学分四部分，通过教师、学生、企业技师、行业考评员等多元参与考核，实现对学生进行多元化评价推进学生全面发展，提高教育教学质量和办学效益，培养具有综合职业能力的专门人才。通过专业基于学分制的"四元三维"质量评价体系的践行，辐射全校所有专业所有学生，从而提升学校整体教育教学水平，增强职业教育的竞争力。

（三）具体措施

1."四元"

是指教师、学生、企业技师、行业考评员共同参与对学生的全面考核。

（1）教师评价

①班主任

班主任根据德育处及团委制订的德育学分考核办法，对学生的行为规范、学习态度、团结合作等综合表现通过观察进行评价后报送德育处审核，从而得出学生的最后操行成绩。凡操行不及格的学生不能正常毕业，这对学生综合素养的提升起到了积极的促进作用。

②课程教师

教师对学生的评价主要体现在课堂教学过程及考试成绩。文化课着重加强对学生平时过程性考核，如测验、作业完成、课堂提问、课堂纪律，同时也注重对学生半期考试、期末考试等进行结果性评价；专业课采用项目式过程性评价和考试成绩结果性评价相结合。

③评委、裁判

学校不定期开展丰富多彩的课外活动，一方面有利于丰富学生的课余生活，另一方面可以加强对学生的兴趣、特长进行培养。如：校技能大赛、各种球类运动、文娱活动、演讲比赛、运动会等，各种活动的评委和裁判对学生的表现、特长进行评价，及时报送班主任、德育处，通过颁发奖状和奖励性学分方式对学生进行及时鼓励，有利于更多学生参与到各种活动中来，从而更好地激励学生锻炼自我、提升自我。

④校方实习指导教师

在学生顶岗实习期间，学校派出专业实习指导教师与企业一道参与学生实习管理与指导，通过观察、操作、测试等评价方式，对学生实习期间的职业素养、专业技能、实习成效、劳动表现、团队协作能力等实习情况进行考评。

（2）学生评价

①学生自评

主要分两个方面按照权重标准进行：一是对自己各期的德能勤绩（操行、体育、美育、劳动等）做综合评价；二是对学科课堂知识学习的评价。学生自评，有利促进学生加强学习、生活的自我监督，增强自觉性，培养学习兴趣，提高学习、生活的成效。

②小组互评

因评价主体是学生，学生感觉公平公正，评价结果学生容易接受，且可起到相互学习的作用，参与评价的同学有自豪感。具体做法是：由小组长和学习委员或者由学生推选出来的代表2～3人，分两个方面按照权重标准进行：一是对各期的德能勤绩做综合评价；二是对学科课堂知识、技能学习的评价。

③企业技师评价

主要是聘请企业方指导教师参与对实习学生进行实习指导和评价。通过指导、观察、操作、考评等方式对实习学生的职业素养、专业技能、团队协作、实习效果、劳动表现等方面进行评价。在实习结束后，企业方指导教师对学生的综合表现做出鉴定并反馈给学校，作为学生教学实习成绩评定的主要依据。通过企业的参与，有利于实训内容和技能要求与岗位要求相接近，让学生感觉到所学知识有用，更能激发学生学习的热情。学校规定，凡是企业评价不合格的学生，需待企业重新评价合格后方可办理毕业手续。

（4）行业考评员评价

学生参加各级各类专业技能大赛、职业资格证书考试。通过行业考评员、裁判对学生的专业知识、技能和考风考纪进行测试和考评，检验学生的专业理论水平和专业技能操作能力，学生获取相应奖项和职业资格证书，从而获得行业认可，也为学生提升专业技术能力和更好的就业奠基。学校根据学生荣誉等级制定学分转换标准。学生获得校级奖励加1分，获得县级奖励加2分，获得市级奖励加3分，获得省级奖励加4分，获得国家级、国际奖励加6分；考取技能等级证加3分/证。原则上奖励学分不超过20分。

2.“三维”

是指对学生综合素养、学业成绩和岗位能力进行客观真实而全面的评价。

（1）综合素养，其考核结果主要纳入德育学分

根据党和国家的教育方针，按照培养德、智、体、美、劳全面发展的

社会主义建设者和接班人的目标要求，我校建立和完善中职学生综合素养评价制度，学校管理部门、班主任、科任教师、学生共同参与对学生的思想品德、学习成绩、社会实践、体育、美育、劳动等方面进行综合而全面的考核，以正确的教育质量观全面评价学生，全面反应中职学生的发展状况和水平（表4-4）。

表4-4　射洪市职业中专学校学生综合素养考核表

姓名　　　　　班级

加分项			扣分项									初始总分	加分合计	扣分合计	剩余总分	等级
学习进步	被评为校级三好学生、优秀学生、优秀团员、文明学生	每月全勤	上课说话、睡觉、玩手机、开小差	上课迟到、早退	未佩戴学生证扣	上课期间在校园内游荡	在队列中疯打、说话、打口哨、怪叫等	未穿校服或班服	集合、集会迟到	参加卫生扫除未保质保量完成任务	在教室、走廊、阅览室等地喧哗、疯打、做危险动作等					
总分/次数	总分/次数	总分/次数	总分/次数	总分/次数	总分/次数	总分/次数	总分/次数	总分/次数	总分/次数	总分/次数	总分/次数					

（2）学业成绩，其考核结果主要纳入学业学分

学业成绩评价将过程性和结果性评价相结合，通过考试、考查、竞赛、鉴定、自评、他评等方式进行结果性评价，平时也注重对学生的出勤、上课状态及纪律、课堂参与度、作业完成情况等进行全方位考核，注重对学生的知识的过程性评价，文化课平时成绩占比30%（表4-5），半期考试占比30%，期末考试占比40%。专业课采用项目式过程性评价和考试成绩结果性评价相结合，其中项目总评占比50%，半期考试成绩占比20%，期末考试成绩占比30%（表4-6）。

表 4－5　文化课记分册

姓名	平时考核				平时	半期考试	期末考试	学科	学分
	平时测验	作业完成	课堂提问	课堂纪律	成绩30%	分数 30%	分数 40%	总评	

表 4－6　专业记分册

姓名	项目 1	项目 2	项目 3	项目 4	项目…	项目 n	项目总 50%	半期考试	期末考试	学科	学分
								分数 20%	分数 30%	总评	

（3）岗位能力，其考核结果主要纳入实习学分

校企共同参与制定实习学分考核制度，主要从如下方面进行考核：从学生出勤、公司制度及规范进行日常的考核；从学习能力、工作效率、工作质量三方面进行工作能力的考核；从学生对待工作的积极性、责任心、团队协作能力三方面进行工作态度的考核（表4—6）。

表4—6　顶岗实习考核表

姓名	制度与规范		工作态度			工作能力			总评
	出勤	制度规范	积极性	责任心	团队协作	学习能力	工作效率	工作质量	
	6%	6%	6%	6%	6%	10%	20%	40%	

3. 学分制探索

（1）学分组成

学分是计算学生完成课程学习和训练的必要时间和成效单位，是学生获得学业证书的主要依据，也是学校制订教学计划和组织教学的依据。

专业学生学分由德育学分（品行学分）、学业学分（公共基础课和专业技能课）和实习学分、奖励学分四部分组成。三年六学期总计343分。根据专业实际，学生学分至少应取得240分，方可毕业。

（2）学分核算

各类学分计算方式如下：

总学分＝学期德育学分之和＋学期学业学分之和＋学期实习学分之和＋奖励性学分

学期德育学分＝学期操行评分×20%

学期学业学分＝（学科学期成绩/100）×该学科学分

学科学期成绩（专业课程）＝项目训练成绩平均分×50%＋半期考试成绩×20%＋期末考试成绩×30%

学科学期成绩（公共基础课程）＝平时考核×30%＋半期考试×30%＋期末考试×40%

学期实习学分＝学期实习周数×（实习成绩/100）×2

奖励性学分（第六学期统一核算），用以奖励在德育、学业和实习等方面表现突出的学生：

获得校级奖励加1分，获得县级奖励加2分，获得市级奖励加3分，获得省级奖励加4分，获得国家级、国际奖励加6分；

考取技能等级证加 3 分/证；

奖励性学分不超过 20 分。

（注：操行评分、学期成绩、实习成绩、项目训练成绩均采用百分制）

表 4－7　专业学分结构一览表

学分类型 / 学期	学业学分		实习学分	德育学分	总分	奖励性学分（≤20）
	文化基础学分	专业技能学分				
第一学期	24	11	6	20	61	1. 获得校级奖励加 1 分，获得县级奖励加 2 分，获得市级奖励加 3 分，获得省级奖励加 4 分，获得国家级、国际奖励加 6 分 2. 考取技能等级证加 3 分/证 3. 奖励性学分不超过 20 分
第二学期	19	16	4	20	59	
第三学期	19	16	4	20	59	
第四学期	17	18	8	20	63	
第五学期	16	19	8	20	63	
第六学期			36		36	
总学分（基础）	97	80	66	100	341	
注：奖励性学分未加入总分						

表 4－8　专业学生学分记分册

序号	姓名	学期学业学分			学期德育学分	学期实习学分	奖励性学期总学分	学期总学分
		公共基础课总学分	专业技能课总学分	学业总学分				
1								
2								

说明：

总学分＝学期德育学分之和＋学期学业学分之和＋学期实习学分之和＋奖励性学分；

学期德育学分＝学期操行评分×20%；学期学业学分＝（学科学期成绩/100）×该学科学期学分；学期实习学分＝学期实习周数×（实习成绩/100）×2；奖励性学分（第六学期统一核算）

（四）保障措施

1. 组织保障

学校设立以分管校长为组长的学生评价工作领导小组，对学生评价工作进行组织领导。

2. 人员保障

建立以学校（各相关处室、班主任、班委会、学生）为主导，行业、企业（领导、专家、一线主管）参与，家庭（家长、亲友）紧密配合的多元化评价机构。

3. 制度保障

制订领导小组、评价机构、人员职责，明确分工，分别制订德育学分、学业学分、实训学分、奖励性学分考核方案，做到科学、全面、可行。

4. 技术保障

学校和依能教育联合开发了教学诊改预警系统和毕业生跟踪服务平台。平台以"教学诊改的指导思想、方法、要求"为核心依据，以学校人才培养质量体系的 5 个层面为基础，涵盖从目标规划、制度设计到运行数据监控和预警的全过程，通过对不同阶段各个维度的质量数据分析，促进学校教育教学质量不断改进提升。可以实现招生线上自主报名和到校现场报名相结合，学生信息更准确；把企业纳为平台的用户，支持订单班，让企业参与到实际的教学过程中，从而培养出更加符合市场要求的毕业生，实现"双赢"；提供多角度的就业统计分析，让学校管理者轻松做到以就业促进招生和教学质量，培养更加符合市场实际要求的毕业生。

第三节　社会服务

一、创新育人理念，辐射示范引领

学校改办职中以来，始终坚持"科学发展、特色办学、合作育人、奉献社会"的办学指导思想，以"奠定生命生存生活基础、实现强校强教强国梦想"为办学使命，提出了"育人达业践三生"的办学理念。突出职教特点，实践"三生"教育（生命、生存、生活教育）。要求教职工树立三个理念，树立不选择学生观，树立老师眼里没有"差生"只有"差异"的学生观，树立没有教不好的学生只是没有找到教好学生方法的方法观。以"强身强心强技，成人成才成功"为育人目标，以"厚德强技，精彩三生"为校训。实践了"读书就是工作，上课就是上班"的理念，实现了"六合一"教学。建成了以"三生"教育为主题的文化校园。

2012 年 11 月 23 日，在川职院第十七期校长岗位培训班上，范文明校长以《遵循职教规律　创新办学模式　培育技能人才》为题讲课。2013 年 6 月 20 日，在川师大举办的西部职教论坛上，蒲伟副校长以《建好教学工厂，开辟企业课堂》为题交流办学经验。2013 年 6 月 25 日，省教厅在川职院举办的中职校党组织负责人"中国梦"学习班的 120 名书记来校参观学习。经省教厅推荐，河北阜平职教中心来我校考察示范校建设情况。中江职中、宜宾工商职中、遂宁市大英职中等市内外 16 所学校先后到我校考察学习。学校"1323"人才培养模式被市教育局推荐到省教厅参加省第五届教学成果评选。

二、提升育人质量，服务乡村振兴发展

（一）中餐烹饪与膳食营养专业

助力脱贫攻坚，专业教师为当地企业、行业服务。近年来我校派蒋玉兰、甘雨林等专业教师为射洪县行业企业及各大贫困乡镇开展了大量培训（图 4－7、4－8）：子昂金都酒店餐饮服务、营养卫生知识培训，3136 人/天；富螺湾大酒店筵席知识、餐饮服务培训，126 人/天；圣鹿尚品酒楼特色菜制作、餐饮服务培训，91 人/天；全县各乡镇餐饮行业主要从业人员营养卫生、中式面点知识培训，392 人/天等。

图 4－7　射洪市名师蒋玉兰为射洪文旅局培训旅游服务人员和为乡镇企业培训餐饮服务人员

图 4—8 中餐专业高级烹调师杜先荣老师为农民工进行培训

（二）学前教育专业

策划公益演出，提升大众文化品位。为了丰富老百姓的业余文化生活，我们组建了"职教之光"艺术团，近年来送文化下乡演出 72 场次。打造精品节目，积极承担县市各层次的演出 18 场次，得到了社会各界的认可。为地方幼教事业提供人才支撑，

我们以服务地方教育建设为己任，培养适应农村幼儿学前教育的紧缺技能型人才。我校毕业生如罗柳（金家幼儿园）、刘佳（太乙二小）、赵景（金华幼儿园）、林丹（涪西小学）等纷纷考取了教师正式编制；毕业生如罗平（罗平艺术中心）、何春（洋溪镇米菲幼儿园、新溪乡分园）、付小倩（苗苗幼儿园）、吴玉玲（起航幼儿园）等纷纷创办了自己的幼儿园；这些学生为助力农村幼教做出了自己的贡献。近 3 年为我县教育系统共输送了 482 名幼教人才，有效地缓解了我县幼儿教师荒缺的现状。我们的毕业生在实践技能、组织能力、解决实际问题等方面均有出色的表现，他们当中的很多人在不到一年的工作时间，就在所在幼儿园担任主要的教学任务，用人单位满意度达 95％。为我县幼教事业的发展做出积极的贡献。提供多层次的培训服务，近年来，在职教集团的引领下，举办了大量的、多层次、多类型的培训班：利用本校的师资和设备对私立幼儿园开展普通话、幼儿舞蹈、音乐等专业知识的培训，数量达 25 次。利用我们的人脉资源，邀请幼教专家对全县骨干幼儿教师培训。为提升幼儿教育工作人员素质做出了重大贡献。

（三）机电、数控专业

利用学校机电、数控实训基地，积极开展对外培训，与企业一起培训企业员工、农民工、兄弟学校的学生。机电专业与四川奥尔铂电梯深度合作，刘清华、李建军等专业带头人担任企业技术顾问，服务企业发展。学生到企业实习、就业，参与企业生产和地方建设。数控教师积极参与对外服务，与校企合作企业聚源机械厂合作，参与"一体化瓶盖"模具的设计

制作；与隆鑫公司建立共同研发机构，参与隆鑫公司"全自动瓶盖组装生产线"开发。胥进参与隆鑫科技包装有限公司产品研发；马利军参与明塬机械的生产工艺改良设计，担任该企业技术顾问；赵和平参与聚源机械厂数控车生产加工。

第四节　典型案例、成果、论文

◇ 典型案例一

创新人才培养模式　实现技能强国梦想

——四川省射洪县职业中专学校"1323"人才培养模式的实践探索

摘要：为实现技术技能强国梦想，我校在革新传统育人手段、课程设置、育人目标和拓展学生发展的途径上，加强调研、论证，提出并践行了"1323"人才培养模式：即建成一个资源共享平台，更新教育手段与方式，加快信息技术的应用；实施知识＋技能＋实习的"三主线"培养，按"三主线"培养将课程设置成知识类、技能类、实习类三大类课程，将实习课置于与知识和技能课同等重要的地位；实行"双证书"制，中职毕业时，既要取得毕业证书，还要取得职业资格证书，以获"双证"为目标确定教学、实训内容，加强教学的市场针对性；探索初中、中职、高职"三层次"衔接，中职与初中学校衔接合作开展职业教育，转变初中生成才观念，中职与高职衔接，拓展学生成才通道，助推学生可持续发展。本案例交代了该模式的实施背景和目标，简述了实施过程、条件保障及取得的较好效果，也说明了存在的问题及改进措施。

关键词："1323"；人才培养模式；实践探索

四川省射洪县职业中专学校办职教三十年来，先后荣获"国家级重点职中""全国职业教育先进单位""全国教育系统先进集体"等称号。2010年被教育部确定为首批"国家中等职业教育改革发展示范学校"项目建设学校以来，以"国示"项目建设为契机，坚持"合作育人，改革创新，特色办学，提高质量"的工作思路，特别是在改革以学校和课堂为中心的传统人才培养方面，提出了"1323"人才培养模式，开展了实践与探索。

一、实施背景

德国靠技术技能立国，技术技能型人才占整个产业工人的75％，他们的技术技能人才由职校与企业合作培养。在我国，要实现富民强国，需要产业结构优化升级，更需要职业教育培养更多的高素质技术技能型人才。从目前就业市场看，很多企业出现招工难的现象，不是没人应聘，而是没有适合岗位需求的高素质技能人才。这就需要职业教育创新人才培养模式，培养企业岗位需要的技能人才。

三年前，我校就实施了校企合作、工学结合、顶岗实习的"三层次"育人模式，即一年学基础，一年学技能，一年顶岗实习。学生前两年在学校学了文化基础和专业技能，由于学校教学条件还不够好，教师的教学方式单一，教学上仍然沿袭普通的教学模式，读职中的学生本身就是"学困生"，对基础课程缺乏兴趣，虽然在学校工位参加了实训，训练了专业技能，但要适应企业生产岗位尚有差距。第三学年把学生推荐到企业顶岗实习，但学生独立生活、工作的能力差，很难适应企业的管理和岗位需要，学生流失大，企业也不满意。同时，想升学的学生因第三年未在校，失去了继续深造的机会。所以，学校对人才的培养还不能很好地适应人的发展和经济社会的发展要求。

二、主要目标

构建"1323"人才培养模式，不断提高育人质量。"1"，即建成一个资源共享平台；"3"，即实施知识＋技能＋实习"三主线"培养；"2"，即实行"双证书"制；"3"，即探索初中、中职、高职"三层次"衔接机制。创新点：一是根据"三主线"培养设置课程，充分体现了把实习类课程放到了与知识类、技能类课程同等重要的地位。实施了"一识二塑三专四选"的实习课程体系。二是在"三层次"衔接中，在初中三年级加入职教课程，有利于学生正确认识职教，转变成才观。组织学生对口升学，中高职衔接畅通了中职生成长通道。

三、工作过程

（一）建成一个资源共享平台，初步实现教育现代化

两年来，我校投入720万元建成功能齐全、安全稳定、便捷高效的学校管理信息系统和网络教学平台，建成了90个具有交互功能的数字教室，建

成了具有校本特色的教学资源库，初步实现了管理信息化和教学手段现代化。

学校为提升教师信息技术素养，制订了培训方案。先后安排 16 位教师参加了国家级、省级的现代教育技术方面的培训，聘请企业技术人员对骨干教师进行专门培训，定期对全校教职工开展集中培训，共计培训 5865 人次。

（二）实施知识＋技能＋实习"三主线"培养，改革传统的人才培养模式

我们根据教育部颁布的中职生三年专业指导性教学计划，开展市场调研，通过对行业、企业调研分析，制订人才培养方案。根据"三主线"培养设置课程，分为三大类（表 4－9）：一是知识类课程，主要是公共基础课程；二是技能类课程，主要是专业技能课程，实行"基础平台＋专门化方向＋拓展课程"；三是实习类课程，包括专业见习、企业实践、对口实习、顶岗实习。三大类课程的课时各占三年总课时的 1/3 左右。开设实习类课程，充分体现了把实习类课程放到与知识类和技能类课程同等重要的地位。如电子电器应用与维修专业，第一类为公共基础课，主要开设语文、数学、英语等。第二类为专业技能课程，实行"基础平台＋专门化方向＋拓展课程"。专业基础平台开设电工技术基础与技能、电子技术基础与技能等课程。开设两个专门化方向，即电子产品装配方向和家电维修方向，拓展课程开设计算机组装与维护、显示器维修等供学生课外选修。

实习类课程实施"一识二塑三专四选"的实习课程体系。一识，即认识专业。新生入学，开展为期两周的军训、一周的专业思想教育和专业对口见习。通过召开大会，让学生了解育人目标、课程设置和专业技能；通过组织学生到企业参观，让学生了解企业生产环境；通过成才典型回校做报告，增强学生学好专业的信心和决心。二塑，即塑造学生的职业素养。在第二期末和第三期初（寒暑假）安排四个月的时间组织学生到企业进行生产实践（专业可不对口），把课堂设到车间，在企业的生产环境中培养学生的职业纪律、职业道德、职业精神和团队意识，养成良好的职业素养和独立工作、生活的能力。三专，即专业对口实习。第四、五期分别安排两周时间到县内的校外实训基地进行专业对口实习，安排学生到企业当学徒，每个师傅带 3~5 名学生，训练学生的岗位动手能力。四选，即第六期引导学生根据自身实际，选择升学或就业。对要求升学的学生，学校组织复习迎考或参加高职单招，其余的学生组织到联办企业对口顶岗实习，派班主任和专业教师到企业管理学生，疏导其由学生到技术工人身份转变的一些不适应心理。

该专业公共基础课 1154 学时，专业课 1222 学时，企业实习 1320 学时，约各占 1/3。

表 4-9 电子电器应用与维修课程设置一览表

			总学时	第一学期(18周,教学15周)	第二学期(18周,教学16周)	第三学期(18周,教学9周)	第四学期(18周,教学16周)	第五学期(18周,教学16周)	第六学期(18周)
				495	528	297	528	528	594
公共基础课	文化课	语文	247	4	4	3	3	职业模块3	
		数学	216	3	3	3	3	职业模块3	
		英语	216	3	3	3	3	职业模块3	
	体育与健康		144	2	2	2	2	2	高职对口升学及单招,企业顶岗实习
	计算机基础		60	4					
	德育		153	职业生涯规划2	职业道德与法律2	经济政治与社会3	哲学与人生2	就业指导2	
	素质课	礼仪	30	2					
		音乐	31	1	1				
		书法	25			1	1		
		演讲与口才	32				1	1	
	小 计		1154	21	15	15	15	14	
专业技能课	基础平台	电工技术基础与技能	120	8					
		电子技术基础与技能	210	4	6	6			
		电热电动器具维修	91		4	3			
		电子产品市场营销	48					3	
		联办企业课程	64					4	
		单片机	144				3	6	
	专门化方向 家电维修	维修电工	164		4	4	4		
		制冷设备维修	205		4	5	6		
		音视频设备原理维修	176				5	6	
	电子产品装配	电子CAD	176				5	6	
		电子产品装配与调试	205		4	5	6		
		维修电工	164		4	4	4		
	小 计		1222	12	18	18	18	19	

续表4－9

		第一学期（18周，教学15周）	第二学期（18周，教学16周）	第三学期（18周，教学9周）	第四学期（18周，教学16周）	第五学期（18周，教学16周）	第六学期（18周）
	总学时	495	528	297	528	528	594
实习类课程	40周 1320	见习1周、军训2周	实习2周	实习9周	实习2周	实习2周	实习18周
			寒、暑假实习约1个月				
学期技能考核与考证		电工基本技能考核	电子器件检验	维修电工考证	制冷设备维修工、无线电装接工考证	家电维修工或音视频设备维修工考证	

立足于"五个对接"，吸收企业、行业专家意见，开展以"工作过程为导向"的课程体系建设，实施教育教学改革，尽量做到"教学内容项目化、教学手段信息化、教学方式工作化、教学环境职场化、教学成果产品化"。

（三）实行"双证书"制，确保育人目标实现

学生在毕业时，除要取得中职毕业证书，还要取得职业资格证书，即实行"双证书"制。

知识类、技能类和实习类三大类课程的考试考核实行学分制，每个专业完成规定的学分，学生方可毕业。三年的总学分由品行分即德育分（100分）、学业分即文化基础学分和专业技能学分（165分）和实习分（102分）三部分组成，将三部分学分分解到每学年、每学期、每门课程。学生的德育学分由班主任根据学生品行来考核，学业学分由科任教师考试、考核，实习学分由实习指导教师和企业师傅，根据学生工作纪律、工作质量和任务完成情况进行综合考核。

学校实行一期一技能考核，学完一科考核一科，学完一个工种的所有课程后，由技能鉴定机构实施鉴定。学校规定学生在毕业前应取得1～3个工种的初、中级职业技能等级证书才能毕业。

（四）探索"三层次"衔接，促进学生可持续发展

1. 中职与初中衔接，转变学生成才观念

我校按照教育部的有关文件精神，推进普职渗透，丰富学生发展途径。在县教体局的重视支持下，2012年下期，与县内五所初中学校合作开展职业教育，共计26个班1300人。学校编撰了"flash动漫制作""社会礼仪""人生职业规划"三门课程，在初三第五学期每周开设四课时。派出业务水平高的教师去初中学校上课，兼任副班主任，接受初中学校的管理，认真开展教育教学，严格考试考核。帮助学生认识职业教育，了解就业形势，树立正确的成才观、就业观。

2. 中职与高职衔接，拓展学生成才通道

我们采取了三种中高职衔接的模式：

一是"六年一贯制"。从13年级开始，电子电器应用与维修、数控技术应用和财会专业与四川职业技术学院开展中高职衔接试点，实行"3＋3"学制：前三学习中职课程，每学期末由市教育局统一组织文化基础课和专业技能课考试，成绩纳入四川职业技术学院中高职衔接试点管理体系，成绩考核合格学生毕业后直接升入该院高职班学习（表4－10）。

表4－10　电子电器应用与维修专业中高职衔接课程设置表

学期＼学分类型	学业学分		实习学分	德育学分	奖励性学分	总分
	文化基础学分	专业技能学分				
第一学期	21	12	2	20	5～10分：（其中参加技能大赛获奖市级1分、省级2分、国家级3分；考取技能等级证2分）	55
第二学期	15	18	40	20		73
第三学期	15	18		20		73
第四学期	15	18	5	20		58
第五学期	14	19	5	20		58
第六学期			50			50
总学分	80	85	102	100		367
备注：奖励性学分未加入总分						

中职电子类		高职应用电子技术	
课程名称	总学时	课程名称	总学时
电工技术基础与技能	120	电工技术实训	50

续表4—10

中职电子类		高职应用电子技术	
单片机应用技术	144	单片机应用技术（含C语言）	120
电子技术基础与技能	210	模拟电子线路分析与实践	102
		数字电子线路分析与实践	96
		高频电子线路分析与实践	80
		电路分析与实践	84
电子产品装配与调试	205	EDA技术应用	80
		电子测量与仪器	32
		元件测试与焊接技术实训	25
		电子产品检测技术	50
		电子产品生产工艺	48
		小型电子产品设计与制作	50
		集成电路制造工艺	42
电子CAD	176	Multisim仿真软件应用实训	50
		电路制图与PCB制版技术	80
		工程制图	56
维修电工	164	PLC应用技术	64
		传感器应用技术	64
电热电动器具原理与维修	91	电子产品维修技术	50
制冷设备原理与维修	205	制冷技术实训	50
彩色电视机原理与维修	176	电视技术	60
电子产品市场营销	48	市场营销	56
		"6S"管理	50
		毕业设计	4周
考证：电工初中级、家电维修工初中级、制冷设备维修工初中级、无线电装接工初中级		考证：电工中高级、无线电装接工中高级、家电维修工中高级、音视频设备维修工中高级	

续表4—10

中职电子类	高职应用电子技术
1. 学习专业课程 10 门 2. 专业课＝基础课＋专业方向课 3. 专业课学时：1222 学时	1. 学习专业课程 25 门 2. 专业素质课＝基础课＋技术课＋专业拓展课 4. 专业课学时：1451 学时

二是高职对口升学，通过参加职教对口高考或单招，升入普通本科大学或高职院校学习。

三是助学自考模式，学校与电子科大和川师大合作办学，组建助学自考班。学生毕业后利用星期天、节假日参加助学自考课程学习，通过自学考试获得国家承认的专科文凭。

四、条件保障

投资 720 余万元初步建成校园数字化平台，基本能满足教育、教学、科研和管理需要。重视对教师的现代教育技术的培训工作。

各专业按"三主线"培养模式制订了教学计划，设置了课程，编写了理实一体化教材。

有价值 2357 万元的实训设备，3845 个实训工位，128 个"双师型"教师。

校企合作企业达 61 家，有稳定的实习、就业基地，保证了实习类课程的有效实施。

与五所初中校签订了初中、中职衔接办学协议，与四川职业技术学院签订了中高职衔接办学协议。

学校经劳动部门批准，建立了"国家职业技能鉴定所"。

五、实际成果、成效及推广情况

2013 年 4 月，学校被省教厅确定为"四川省教育信息化试点学校"，与遂宁地区职业学校实现资源共享，与合作企业实现了网络信息交流，升华了校企合作，通过培训，提高了教师的信息技术，初步实现了管理信息化，教学手段现代化。

两年来，所有专业按"三主线"培养，编写了理实一体化教材 23 本，出版发行 11 本，办好"校中厂"和"厂中校"，实现了课堂和车间合一。

电子专业学生冉鹏程、数控专业学生王太明分别获得全国职业技能大赛三等奖。近三届市技能大赛我校均获团体总分第一名。

学生实习满意率为 89%，毕业生专业对口率为 85%，两年来，学生获"双证书"的比例达 97%。

合作办学的 5 个初中校，今年为我校送生 700 余人，占我校招生人数的 35%，目前省外已招生近 100 人，藏区"9+3"学生 200 余人在校就读。与四川职业技术学院举办中高职衔接班，招收学生 200 人。今年参加对口升学考试，本科上线 83 人，专科上线 116 人，单招录取 71 人。组建自考助学班，已招收了学前教育和建筑两个专业共 5 个班。

反映其成果的论文已在《职教通讯》发表，有 13 人次共 10 篇相关文章在省级刊物上发表，其中 7 篇被维普网评为高影响力论文。接待了省内外 30 多所兄弟学校考察学习，成功经验在省级相关会议交流 4 次，产生了积极的影响。

中职教育"1323"育人模式已被遂宁市教育局推荐为 2013 年省级教学成果。

六、评价与认识

"1323"人才培养模式中，建成一个资源共享平台，是改变传统教学模式的重要方式，是实现教学现代化的必备条件。实施知识＋技能＋实习"三主线"培养，有利于实现职业教育育人目标，这是支撑整个模式的基础，也是最为关键的核心要素。实行"双证书"制，它是中职教育的三年的阶段目标；"三层次"衔接是中职教育的拓展和延伸。新模式的四个要素既重点突出又相辅相成，有力地支撑了人才培养的跨越式发展。

两年来，通过对"国家示范校"的创建，我们在实践"1323"育人模式中，虽然取得了一定的成绩，但也存在一些困难和问题：教师信息化技术素养参差不齐，资源共享平台的使用，需要不断地培训教师；实施"三主线"培养，需要进一步调动行业、企业参与职业教育人才培养的积极性；构架"三层次"衔接，还应取得上级主管部门的支持，充分调动初中学校的积极性，加强与高职学校在课程标准、教材编写上的对接，同时也盼望国家增加应用本科名额，畅通中高职衔接的立交桥，促进学生可持续发展。

◇ 典型案例二

圆梦金土地

——"让农民当好农民"与"让农民不全当农民"的实践探索

四川省射洪县职业中专学校　陈征安　罗会义　何　林

摘要：四川省射洪县职业中专学校寻找服务"三农"的结合点、支撑点和突破口，实施农村"双带头人"培养，让农民当好农民，即培养有道德、观念新、懂技术、会经营、善管理的农村科技致富带头人和改革发展带头人，从而带动千家万户脱贫致富；实施农民工转移培训工程，让农民不全当农民，即培训农村富余劳动力的专业技能，拓展就业门路，向城镇非农转移，让他们离土不离乡，主要为本土中小企业的发展提供用工支撑，农忙务农，农闲务工，亦工亦农，安居乐业，成为确保农村稳定的积极力量。本案例介绍了实施的背景、目标，阐述了实施的条件、过程与创新，也交代了取得的较好效果与体会。

关键词：培养农村"双带头人"；农民工转移培训；实践探索

一、实施背景

历年中央一号文件，都将"三农"问题作为全党工作的重中之重。近两年来，中央一号文件特别强调加强农民培训，促进农业产业化发展，为推进农业集约化经营提供技术支撑。射洪是百万人口的丘陵农业大县，农业还是以家庭联产承包为主的经营模式，种养大户文化素质不高，产业规模较小，技术落后，效益低下。农村富余劳动力转移就业，缺文化，少技术，工资低，就业难且不稳定。从整体来看，农民工对文化知识和技能培训有着强烈渴求和迫切愿望。实行校政合作，培养农村"双带头人"，让农民当好农民；实施农民工技能培训，增强农民工就业技能，农民非农就业，让农民不全当农民，是解决我县当下农业发展问题的有效对策，是引领射洪农民"圆梦金土地"的重大举措。

二、服务"三农"的主要目标及预期成果

根据农村、农业、农民的现状，培养农村"双带头人"和实施农村劳动力转移培训，其目的是培养农村科技致富带头人和改革发展带头人，提高农村劳动力素质，强化农民就业技能，主要为本土中小企业的发展提供用工支撑。力争在构建县、校、乡、村农民教育体系，创新培训模式，探索适合成人培训的评价方式和农民工培训转移等方面取得可操作性成果。

三、服务"三农"的条件保障

（一）校政合作

射洪县职业中专学校是科技部"农民科技培训星火学校"。射洪县农民工培训中心是射洪县人民政府依托学校建立的培训、转移我县农村劳动力的专门机构，是四川省"阳光工程""就业技能"等培训基地，被四川省人民政府多次表彰为"农民工培训转移先进基地"。

经乡镇要求，县政府同意，市、县教育主管部门审批，学校与金华、凤来两个乡镇校政合作，联合举办种、养专业函授中专班，培养农村"双带头人"。乡镇政府负责提供培训场地，组织推荐学员，联系协调生产实训基地，为优秀学员提供项目扶持。学校负责教学实施，注册学籍，为学员免费发放教材，每月为学员发放 100 元误工补助，考试考核合格颁发职高毕业证书。

（二）师资队伍

学校农训中心有涉农专职教师 11 人，其中高级职称 4 人；兼职教师 15 人，其中高级农技师 4 人，高级畜牧师 1 人；有电工、电子、电焊、车工、钳工、厨师等专业教师 60 余人。

（三）教学设备

学校有价值 2357 万元的实训设备，3845 个实训工位，还重点加强了与县内中小企业所需工种相适应的实训实作设备。确保转移培训需要。学校为教师配备了笔记本电脑，便携式投影仪及专用车辆，满足送教下乡需要。

（四）资金保障

项目资金专款专用。学校自筹了五十万作为培训资金，专项用于"双带头人"培养工程。争取政府的农民工转移培训项目，确保培训顺利实施。

四、服务"三农"的实施过程

（一）开展实用技术培训，让农民当好农民

1. 开展学历教育，培养农村"双带头人"

（1）成立服务"三农"教学指导委员会

由学校领导、专职教师、行业专家、企业技工和乡镇管理人员组成的

专业教学指导委员会，制订教学方案、研究教学计划、开发课程菜单、编写实用教材等培训指导工作。

（2）制订服务"三农"教学实施计划

学校在金华镇、凤来镇招收现代农业技术种养专业成人中专班，教学采取函授形式、学制三年。每月在乡镇集中学习理论4天，其余时间自学或在老师指导下参加生产实践。按公共基础课、专业基础课、专业技能课、生产实践课四大模块，课程内容分为党的基本知识、法律常识、新农村建设等，结合当地产业开设种、养实用技术课程（表4—11）。

表4—11 凤来镇教学点"双带头人种植班"教学计划

时间	第一学年 第1学期	第一学年 第2学期	第二学年 第1学期	第二学年 第2学期	第三学年
培养目标	为实现农业增效、农民增收、农村稳定、社会发展的总体目标，根据教育部现代农业技术中专班的指导性意见，制订了培养农村"双带头人"的目标，以培训学员掌握政策法规、农业实用技术为重点，把学员培养成有道德、有文化、懂技术、会经营、善管理的科技致富带头人（种养大户、技术能手）和改革发展带头人（村社干部、村社干部后备人员）。努力营造"争做新型农民、争当文明农户、争创和谐新村"的良好社会氛围，促进农村经济社会和谐健康发展				
学制	三年				
公共素质课	新农村建设与农民素质教育（20学时）	安全知识、应用文写作（20学时）	现代远程教育（40学时）	法律基础（20学时）礼仪及现代文明（20学时）	1.毕业生产实践
专业基础课	土壤肥料（20学时）农业经营与管理（20学时）	淡水鱼养殖技术（20学时）植物保护（病虫草鼠害防治）（20学时）	动物营养与饲料（20学时）猪的生产与经营（40学时）	禽的生产与经营（40学时）	
专业技能课	花生生产技术（60学时）核桃生产技术（40学时）	农作物生产技术（60学时）林果生产技术（40学时）	蔬菜生产技术（60学时）	莲藕生产技术（40学时）农产品贮藏与加工（40学时）	2.毕业设计

续表4—11

时间	第一学年第1学期	第一学年第2学期	第二学年第1学期	第二学年第2学期	第三学年
社会实践	1. 主要种植、养殖品种的特性调查 2. 公司（农户）的经营项目计划、经济效益分析 3. 花生、核桃的种植技术调查分析 4. 本地土壤情况调查	1. 花生选地、整地、选种、种子处理的技术措施及播种的注意事项 2. 核桃采果及果实处理 3. 核桃园的秋季管理	1. 果园的秋季管理 2. 果园间作、套作品种选择及种植措施	1. 蔬菜的种植与治虫、防病及田间管理 2. 果园冬季管理 3. 田间土壤冬季处理技术	1. 家庭或企业经营管理措施总结分析 2. 花生、核桃及其他种植品种技术统计分析
小计	160学时	160学时	160学时	160学时	
实践	480学时	480学时	480学时	480学时	
合计	640学时	640学时	640学时	640学时	
备注	1. 课程安排以一学期5个月上课为准，每月4天集中学习（每天8学时），16天在老师指导下自学、生产实践（每天6学时） 2. 部分专业课可根据地方产业适当调整 3. 期末考试由任课教师安排，课表上未另外安排时间				

（3）围绕特色产业，编写乡土教材

凤来镇以黑花生、核桃种植为主导产业，金华镇以生猪、鸡、兔规模养殖为主导产业。学校围绕乡镇主导产业，组织专业教师和行业专家，在深入调研的基础上编写了《新农村建设与农民素质教育》《畜禽常见疾病防治》《黑花生生产技术》等12本乡土教材，这些教材浅显易懂，针对性强。

（4）建好实训基地

学校在凤来镇太阳湖农业科技公司、凤来镇刘少兵（学员）养鸡场、射洪县清见（子昂金柑）公司，金华镇刘春梅（学员）养兔场等七家企业和种养大户建立了学员的教学实训基地，满足教学实训需要。

（5）改革教学方式方法

一是强调研重实效。课前教师到龙头企业、种养大户及部分学员家中，调研生产实际中的问题，采集现场图片，编写授课案例，制作成PPT课件，运用多媒体教学，拉近理论与实践的时空距离，提升教学效果。

二是多方式激热情。以集中辅导、自学、讨论交流、现场实践学习、个别指导、参观访问等方式教学，根据学员生产实际合理安排教学活动。

三是以榜样作引领。树立学员学习典型、产业发展典型、致富带头人典型、基层管理人员典型，在教学中强化典型学员的示范作用，使学员学习有榜样，致富有引领。

四是观成果树信心。安排学员到县内龙头企业，种养大户现场学习，参观新农村建设成果，开阔眼界，更新观念，增强学员学习农业科技，发展农业产业的信心。

五是建反馈重改进。用问卷的形式了解学员：你最喜欢的课有哪些？你最喜欢的教师有哪些？你认为还要增添哪些课程内容？你对这样的教学方式方法有什么建议？及时了解情况，为教学提供借鉴，让培训更加贴近农民，贴近产业发展。

（6）严格教学过程管理

一是建立政校共管机制。由分管农业的副镇长和学校教师担任正副班主任，负责班级日常管理。把学员的出勤与误工补贴挂钩，综合考核成绩与产业项目支持挂钩。

二是建立教师考核奖惩制度。课前审核教师授课方案，培训中随堂听课，检查学员笔记，进行学员问卷调查，学员听课率，学员产业发展情况纳入任课教师绩效考核。

三是创新农民学员档案管理。学员档案包括个人信息、生产规模、技术水平、产业效益、存在问题等内容，每期进行一次调查，及时掌握学习情况，以便教师进行针对性的学习辅导和产业指导。

四是建立适合成人学习的学业评价标准。成人学习重在"懂"和"会"上下功夫，综合考核评定成绩。学员学科成绩＝听课笔记×20％＋出勤考核×20％＋学科考试×30％＋生产实践产业发展×30％。

（7）建立跟踪服务平台

选派具有较高专业水平和经营从业经验的教师，搭建学员服务平台，解决生产技术难题，协调争取政策，规划发展种养规模。

2. 开展阳光工程培训，送农业技术到村社

学校承担了农业局的阳光工程培训项目，根据阳光工程文件精神，围绕农业发展方式和新农村建设的需要，加快培育专业化的农业产业劳动者队伍，拓宽农民增收渠道，为现代农业发展和新农村建设提供人才支撑。2011、2012年共到13个中心乡镇、14个村开展了35个班次10个专业的培训，共计培训1990人。2013年850人正在实施（见表4-12）。

表4－12　2011、2012阳光工程培训完成情况

专业	2011年				2012年			
	乡镇	村社	班次	人数	乡镇	村社	班次	人数
畜禽繁殖员	3		7	360	3		3	250
果树园艺工	2		2	120	2		2	150
合作社管理人员	2		2	100	1		1	50
蔬菜园艺工		1	1	60				
乡村旅游服务员		2	4	200				
榨菜						2	2	100
企业甜橙						2	2	100
合作社甜橙						2	3	150
黑花生						2	2	150
海椒						2	2	100
子昂金柑						1	2	100
合计	7	3	16	840	6	11	19	1150

（二）开展转移培训，让农民不全当农民

学校围绕区域经济发展，视转移培训工作为政治任务和德政工程，先后承担了县就业局的就业技能培训项目、农办的劳务品牌培训项目、民政局的退役士兵培训项目、扶贫办的扶贫培训项目。根据各项目要求，开展为期一个月至三个月的职业技能培训，培训合格推荐其到企业工作。

1. 领会精神，积极宣传

根据项目精神，利用广播、电台、电视等媒体，选派教师深入乡镇村社和农户广泛宣传。明确培训专业、培训时间、培训内容、就业去向等。

2. 了解市场需求，签订培训合同

面向市场，调研企业的管理、员工需求、产品开发等情况，紧扣劳动力市场变化和用工单位需求，坚持以就业为导向，实行"订单培训、定向就业"。

3. 重视培训，保证质量

根据企业，特别是本地中小企业的需求，分专业制订实施性方案和教学计划，采取因材施教、分类培训的原则。在学员管理上实行学员签到

制，班主任教师跟班制、理论教学和实践操作专人负责制。逗硬考试、考核，合格者免费发给职业技能培训结业证书，推荐办理全国通用的职业资格证书。严格了培训过程管理，让学员满意，让企业放心。

三年来，开展了电工、焊工、钢筋工、缝纫工、厨师等工种培训，转移培训 5386 人，合格率达 98％，97％的农民找到了满意的工作。

五、创新点

（一）校政合作构建农民教育体系

校政合作，构建农民培训的县、校、乡、村农民教育体系，充分发挥学校的师资设备等资源优势与政府统筹优势有机结合。使农民培训灵活、高效、开放，拓展了学校与政府的社会服务功能，与企业合作，共同参与完成培训转移农民工任务。

（二）创新"D－J－S－F"培训模式

表 4－13　D－J－S－F 教学模式工作表

内容	D	J	S	F
含义	调查研究	教学研究、教学管理和基地建设	上课、师资培训	反馈
参与人员	学校、企业、乡镇、农业大户	专业指导委员会	专业指导委员会、学校、企业、教师	学校教师、企业、企业技术人员、种养大户
工作任务	企业及乡镇产业发展概况；课前调研企业和农民生产需求	研究、管理、实践	教师业务培训、课堂质量	技术指导
工作要求	把握培训的方向，办企业和农民需要的培训。	研究培训内容，制定培训管理制度，确立实训基地	提高教师上课能力和实践操作水平	以学促产、助农增收
目的意义	体现农民培训的"实用性、针对性、多样性"，让培训"实在、实际、实用"			

（三）实施多元评价手段

坚持学员发展性评价的指导思想，运用多元评价手段，实施以奖励为主、学业成绩加产业发展相结合的学业评价方式。

（四）为本土中小企业输送合格的工人

让工人离土不离乡，创造条件对当地工人进行工业生产与农业技术双重教育，农忙务农，农闲务工，亦工亦农，增加收入，让他们安居乐业，确保农村社会稳定。

六、服务"三农"的实际效果

送教下乡、农村"双带头人"培养初显成效。实施转移培训，农民工就业技能增强，打工致富。

表4—14　2011—2013年度培训一览表

年度	让农民当好农民		让农民不全当农民					
	农民中职学历班	阳光工程	就业技能	劳务品牌	退役士兵	扶贫培训	企业培训
2011		840	800	860			2215
2012	106	1150	750	400	270		2647
2013		850	1160	360	336	450	2327
合计	106	2840	2710	1620	606	450	7189

两年来，开展农村"双带头人"和阳光工程培训，提升了农民素质，推动了新农村建设。风来镇种植班学员刘少兵，肉鸡养殖规模由年3000只增加到5万只、年利润由3万余元增加到50万元。金华镇养殖班学员聂仕春，生猪养殖规模由100头发展到380头。2012年，在"双带头人"的带动下，风来镇人均收入可达8600元以上，比上年增加1368元，增长20%。金华镇畜牧业总产值达2.56亿元，比2011年增长10%。

转移培训增强了农民工就业技能、增加了农民收入。农民工经过职业培训，就业技能得到大幅提升，经学校推荐，97%的农民工找到满意工作。2011年9月，农民工陈永松、胡尧参加四川省农民工技能大赛（南充），获钢筋工三等奖和服装裁剪与制作优秀奖，是遂宁市的参赛选手中唯一的获奖者。实践证明，经技能培训的农民工，比未经培训的农民工月收入高200~400元。实现了体力型向技能型、低收入向高收入、短期打工向稳定就业的转变。据农办不完全统计，三年来，经我校培训的农民工，年均挣回1.5亿元，占全县劳动力收入的6%。不少农民工选择了在本土中小企业就业，为县域经济发展做出了突出贡献。实现了"一人打工，脱贫一家；二人打工，致富一家；三人打工，实现小康"的目标。

七、体会与思考

职业学校服务"三农"，前景广阔，任重道远。校政合作，培养农村"双带头人"，让农民当好农民，是支撑农村经济结构调整和产业转型升级的抓手；搞好农民工转移培训，让农民不全当农民，打工致富，是把职业教育的软实力转化成服务地方经济的贡献力的有力举措。通过项目实施，我们认识到：政府统筹，校政合作是构建县、校、乡、村农民教育体系的基础；能讲会做、专兼结合的"专家型"教师团队，是提高农民成人教育质量的关键；调动农民学习积极性，经费投入是做实农民教育的保障。

服务三农，效果体现在"实"上，政府、学校要杜绝"官本位""校本位""师本位"思想。农民培训只有做实，才会取得培训的实际效果。我们的"双带头人"培养，时间只有两年，效果还未充分凸显，但我们有决心，以办好现代农业技术成人中专班为载体，逐步把培养农村"双带头人"的工作推向全县 30 个乡镇，同时，加大农民工转移培训力度，大大提高服务"三农"的效益。让农民"圆梦金土地"，让学校"圆梦金土地"，让千家万户的农民富裕起来。

◇ 典型案例三

数控专业基于"二一四"课程模式的教材编写之探索

摘要：为了解决学生学不懂、学习兴趣不浓、所教所学与生产不接轨等问题，数控专业构建了"二一四"课程模式：专业课程分为基础课和技能课两类；对专业基础课程以"任务驱动、行动导向"为指导思想，以完成一个总任务为课程目标，由总任务贯穿始终，驱动完成整门课程的学习；专业技能课以"工作过程"为导向，实施项目教学，每个项目由"任务书—知识链接—工作单—课后反馈"四个部分构成。根据该模式确定教材的内容和结构，配套编写了理实一体教材，在教学和实训实习中应用，实效良好。一系列教材的出版发行，在全市乃至全国起到了示范引领作用。

关键词：数控专业；"二一四"课程模式；教材编写；探索与成效

随着我国对创新型技能人才要求的不断提高，中职教育在迎来难得发展机遇的同时也面临着挑战。为了解决学生学不懂、学习兴趣不浓、所教所学与生产不接轨等问题，我们在构建新的课程模式、编写创新教材等方面进行了切实有效的探索。

一、实施背景

前些年，中职学校以学科体系为主的课程设置不合理，教材内容枯燥乏味，与企业生产应用不接轨，教学方法单一、陈旧，专业教学以课堂讲授为主，理论与实践脱节。加之中职学生文化底子薄，学习更面临诸多困难。因此，需要改进课程设置、创新课程模式、改编教材、改进教学方法，增强教学直观性、生动性和趣味性，从而激发学生学习兴趣和求知欲望，锻炼学生实际操作能力，以提高专业技能教学质量，培养合格的技能型人才。

二、主要目标

在创新课程模式基础上，以工作过程为导向，采用任务驱动，以项目为载体，编写对接生产过程的理实一体化教材，培养适应生产岗位需要的技能人才。

三、工作过程

（一）工作思路

以"五个对接"的职教理念为指导思想，以"工作过程"为导向，针对学生基础，吸收企业、行业专家意见，实施企业生产目标管理方式，以任务驱动，将教学过程与企业生产过程对接，利用项目载体来承载和组织教学内容，知识围绕项目载体搭建，技能围绕项目载体实施。

（二）"二一四"课程模式的构建

通过企业调研，明确了数控专业的培养目标和对应工种的核心能力要求，依据职业岗位特点和职业标准，结合生产实际和能力培训要求，制订了数控专业的课程体系、课程标准，构建了主干专业课程"二一四"课程模式。

"二一四"课程模式含义："二"，即主干专业课程分为两大类：专业基础课程和专业技能课程；"一"，即对专业基础课程以"任务驱动、行动导向"为指导思想。以完成一个总任务为课程目标，组织教材编写和实施教学。在编写教材时，整本教材设计一个总任务。以总任务为统领，将总任务分解成若干个小任务，学生通过一个个有关联的小任务的完成，弄清基本概念，获得专业基础知识。再通过回顾、梳理、总结，就能形成一个较完整的专业知识框架体系。"四"，即专业技能课程以"工作过程"为导向，全部实施项目教学，每个项目由"任务书—知识链接—工作单—课后反馈"四个部分构成。整个项目的实施过程就是企业"生产过程"的再现，但在这个"生产过程"中还加入了"知识链接"和"课后反馈"两个重要环节，这是学校教学与企业生产的区别，也体现了学校教育人才培养的规律。

（三）基于"二一四"课程模式的教材编写

在构建了"二一四"课程模式的同时着手探索开发了与之相配套完善的专业主干教材，包括专业基础课程和专业技能课程。

1. 专业基础课程教材的编写

着重编写了"机械制图""机械基础"两门课程。"机械制图"以一个泵轴零件图贯穿整本书，以识读、绘制该零件图为总任务贯穿学习机械制图的基本知识，并将总任务分解成九个小任务（即九个教学目标）。如表4－15所示：

表4－15　"机械制图"课程结构

"机械制图"课程结构	教学作用
绪　论 机械图样是人们表达零件设计思想、传递设计信息、交流创新构思的重要工具。同学们请看下图，这是泵轴的零件图，图上有许多的图形、数字、符号和文字，我们应该怎样读懂它、绘制它，并运用它去加工生产呢？别着急，让我们一步一步地来学习吧 	以"任务驱动、行动导向"为指导思想，整本书在绪论中就提出任务：识读和绘制这张零件图。由一个任务驱动，贯穿始终，驱动知识的学习

续表表4—15

"机械制图"课程结构	教学作用
项目一　掌握三视图形成方法 图中阴影部分是泵轴零件的主体,在这个项目里我们就一起来学习:用什么办法把零件或机器表达在图纸上 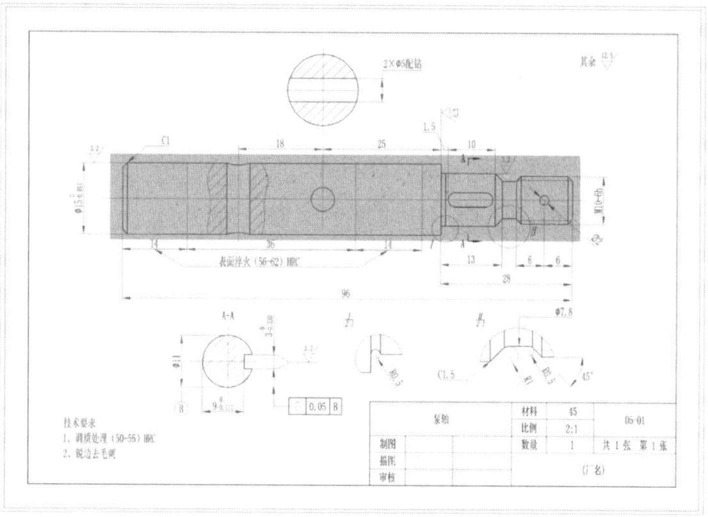 (具体内容略)	大任务又分为若干个小任务,每个小任务就是一个项目,实施完一个项目就学习完成一个小任务。比如"项目一"就是学习图中阴影部分,掌握零件三视图的形成
项目二　掌握绘图基本知识 在图泵轴零件图中,有粗线、细线、实线、点画线……图中阴影部分的标题栏应画多少格?图样上的文字该用什么字体?画这张图的图纸是多大?画出来的图和实物的大小一样吗?在这个项目里我们就一起来学习图中阴影部分一些制图的基本知识 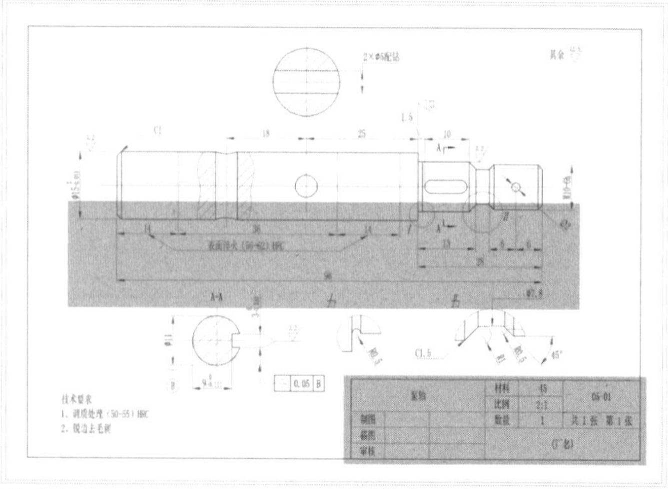 (具体内容略)	"项目二"的任务:学习图中阴影部分,掌握绘图的基本知识

续表表4—15

"机械制图"课程结构	教学作用
项目九 运用计算机绘图 随着计算机技术的发展，计算机绘图已经基本取代了手工绘图。同学们，要跟上时代的步伐哦，我们一起来学习计算机绘制这个泵轴零件图	"项目九"学习任务：用 CAD 软件绘制泵轴零件图

"机械基础"课程教学中以学习、认识一辆宝马摩托车为总任务，驱动学生对机械基础各方面的知识进行学习，如图4—9。

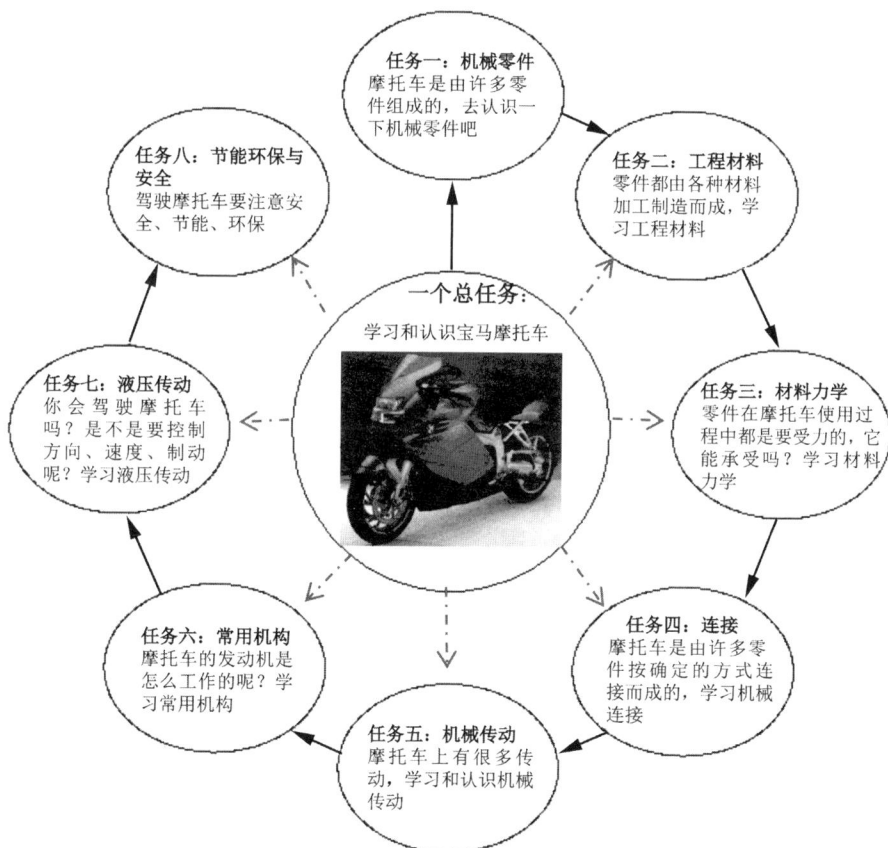

图4—9 "机械基础"教学课例

2. 专业技能课程的编写

全部实施项目教学，每个项目由"任务书—知识链接—工作单—课后

反馈"四个部分组成。例如《普通车床加工技术》项目五的教学：（见表4
—16）

表4—16　"普通车床加工技术"项目五

"项目五　车削圆锥面"结构				教学作用
第一部分　任务书				提出工作任务，讲述清楚要完成的工作任务的内容、条件和目标，如基本工作对象、重要的工作组织形式、提供工件图样及资讯途径等，并通过对工作任务的提示，激发学生的学习动机
一、任务单（部分内容）				
项目五	车削圆锥面	工作任务	1. 学会圆锥各部分的计算方法 2. 掌握圆锥的车削方法 3. 完成项目5零件图样的车削	
学习内容	1. 圆锥各部分名称及计算方法 2. 车削圆锥面的方法 3. 圆锥工件的质量分析	教学时间/学时	21	
学习目标	1. 学会圆锥各部分的计算方法 2. 掌握用转动小滑板车削内、外圆锥面 3. 掌握使用万能角度尺检验圆锥角度的方法			
二、工件图样（略） 三、资讯途径（略）				
第二部分　知识链接 （以任务驱动学生学习相关理论知识） 一、训练目的：（略） 二、参考制作工艺（略） 三、操作重点及难点（略） 四、相关知识（理论知识）				引导学生通过阅读教材或查阅其他资料获得回答这些问题所需要的理论知识，或通过教师讲解来让学生获得、理解和记忆这些理论知识

续表4-16

"项目五 车削圆锥面"结构	教学作用

第三部分 工作单
（制作零件、以工作单形式呈现企业生产过程）

一、工艺分析（部分内容）

项目五	车削圆锥面	工作任务	完成项目5零件图样的工艺步骤编写，并完成车削加工		
加工工艺路线			签名	本人	
				同桌	
加工工具			签名	本人	
				同桌	

二、工、量具的选择

工、量具选择单（部分内容）

名称	规格	精度	数量	名称	规格	精度	数量
游标卡尺	0～150mm	0.02mm		90°外圆车刀			
外径千分尺	0～25mm	0.01mm		45°端面车刀			
外径千分尺	25～50mm	0.01mm		切断刀			

三、参考工艺步骤（部分内容）

××职业中学	加工工序卡片	工件型号		零件图号		共1页
		工件名称	01号	零件名称	带锥面阶台轴	第1页
（图样略）			车间	工序号	工序名	材料牌号
			车工室	01		45钢
			毛坯种类	毛坯外形尺寸		每台件数

四、评分标准（部分内容）

考检内容	评分标准	配分	自评扣分	互评扣分	自评得分	互评得分
安全意识	严格按照安全操作规程，如有出错酌情扣分。	20				
"7S"要求	整理、整顿、清扫、清洁、素养、节约、安全	20				

教学作用栏：

项目任务的具体加工操作阶段，完全对接企业的生产过程，以"工艺分析单（学生拟）—工、量具选择单—参考工艺单（教师提供）—检测评分"几个工作单全程控制和记录生产全过程，实现生产过程的再现

续表4—16

"项目五　车削圆锥面"结构	教学作用
第四部分　课后反馈 一、工艺分析题（略） 二、理论题（略） 三、社会实践题（略） 四、实训报告	对学习的知识、制作的项目、掌握的技能进行回顾、梳理、总结。

四、条件保障

构建了"三融合、三提升"的人才培养模式。三融合：校企融合、产教融合、教师与师傅融合；三提升：在校实训基地提升专业基本技能、在校中厂提升生产技能、在顶岗实习企业提升岗位技能。

实训基地建设，有数控加工实训基地等实训室 10 个，总面积 2680 平方米，仪器设备总价值 860 余万元。

培养、聘请了一支专兼结合的双师型教师队伍。

建成四川隆鑫模具车间、聚源机械厂两个"校中厂"，在县内五家企业建立实训基地。

五、主要成果及推广情况

通过"二一四"课程模式与新教材在本专业的实施，教师乐教，学生乐学，教学质量明显提升，教材在全国推广使用，反响很好。本专业取得了一系列的教学成果，获得社会各界的好评，起到了示范引领作用（表4—17）。

表4—17　课程改革成果及示范、辐射情况统计

序号	内容	示范、辐射范围
1	编写了《机械制图》《机械制图习题集》《机械基础》《数控车床操作与加工技术》《普通车床加工技术》《机床维修电工》《钳工工艺与技能训练》《机械 CAD \\ CAM》8 本教材，7 本已经出版发行	在全国推广使用，特别是在遂宁市的各中职学校推广使用，深受使用学校师生好评
2	《机械制图》《数控车床操作与加工技术》《普通车床加工技术》《机床维修电工》四门教材已选入国家规划教材指定书目	全国推广使用

续表4—17

序号	内容	示范、辐射范围
3	《机械制图》获全国"天煌杯"教材评选二等奖	全国
4	《机械制图》《机械基础》《普通车床加工技术》《机床维修电工》《数控车床操作与加工技术》5本教材被指定为四川职业技术学院数控专业中高职衔接中职阶段的使用教材	四川职业技术学院所有数控专业中高职衔接学生
5	论文《数控专业"二一四"课程模式的构建及教材编写探索》在《职教通讯》2013年第六期发表	全国
6	应用数控专业"二一四"课程模式及教材编写案例的课题《职业技能训练中教学环节的有效性策略调研》获国家三等奖	全国
7	"二一四"课程模式在遂宁市职教研讨会上做两次报告	全市中职学校
8	数控专业的课程设置及课程标准作为四川职业技术学院数控专业中高职衔接中职阶段的课程设置及课程标准	四川职业技术学院所有数控专业中高职衔接学生
9	《机械制图》《机械基础》已建成网络教学资源;《数控车床操作与加工技术》《普通车床加工技术》等课程已建成数字化教学资源	教材使用学校
10	2012年、2013年全市技能大赛机加工类总分第一名	全市中职学校
11	2012年、2013年全市技能抽考机加工类总分第一名	全市中职学校
12	2012年培养学生王太明获国家技能大赛数控铣工三等奖	全国
13	2012年毕业学生138人,对口就业112人,升学12人;2013年毕业学生178人,对口就业138人,升学15人。学生、家长、企业、社会满意	学生、家长、企业、社会

六、体会与思考

数控专业"二一四"课程模式的开发与实践,教材编写与使用,切合学生基础,激发学生兴趣与求知欲,教学过程对接生产过程,教师乐教、学生乐学,教学效果凸显,质量得到提升。但也存在一些困难和问题,如教材中项目的选取、实施难与企业的生产零距离接轨;教材在使用中模式还比较单一;学校缺少懂理论、技能强的双师型教师。这需要国家政策支持、企业参与,也需要加大师培力度、拓宽聘请教师渠道,在探索中不断改进和完善,以期更好地培养更多适应社会需求的合格人才。

◇ 典型案例四

中餐烹饪专业"1.5＋X＋1.5" 工学结合
人才培养模式的探索

摘要：中餐烹饪专业实践性、操作性强，办学适应市场需要是硬道理。在烹饪专业建设中，我校为了让该专业学生适应市场岗位需求，在充分吸收了行业、企业专家意见的基础上，不拘常规，大胆改革，打破以学校和课堂为中心的传统人才培养模式，提出了"1.5＋X＋1.5"工学结合的新模式。即："前1.5年"在校内"学知训能、边学边做"，"X"是在校期间"利用节假日边做边学"，"后1.5年"到企业"工学结合、边做边学"，将本应在学校里完成的0.5年学习任务放到企业里实践，然后是一年的顶岗实习。该案例交代了新模式的实施背景、主要目标及创新点，阐述了实施过程、条件及效果，也介绍了实施新模式的体会与思考。

关键词：中餐烹饪专业；"1.5＋X＋1.5"；工学结合；探索

一、实施背景（行业、企业调研）

据国家统计数据显示，目前我国餐饮业从业人员超过2200万。仅遂宁市城区2010年共有中西式餐饮店共3000余家，烹饪从业人员达2.5万多人。我校对省内外多家大型餐饮企业的从业人员进行了调研，目前从事餐饮工作的人员中，70％是由传统的"师傅带徒弟"的方式出来的，20％左右只在民办烹饪培训班经过三个月或半年时间短期培训，只有10％左右是经过正规学历教育、系统全面培训的。所以餐饮行业从业人员中普遍存在素质较低、知识结构单一的现状。随着行业规模不断扩大，消费势头持续看好，预计我国餐饮行业急需大量经过正规学历教育、系统全面的培训的高素质从业人员，缺口达1000万之多。

由此可知，餐饮行业从业人员就业很容易，但做好做专比较困难。从有利于个人与企业的发展来说，要求从业人员不但要具备扎实的基本功、吃苦耐劳的精神、团队协调能力等基本素质，更要具备专门化的生产能力、了解市场的能力、创新的能力等相应的核心能力。

二、企业专家建议

与我专业订单培养合作企业——北京眉州酒店管理有限公司董事长王刚认为：中餐烹饪专业的实践性最为突出，应缩短在校学习时间，注重在"做中学，学中做"，特别是要多到企业去实习、实践，所用食材无须学生承担费用，既可减轻家长的经济负担，又有可观的经济收入，且技能提升很快。不要认为这是在随意缩短课时、节约教学成本，而完全是从实际出发。至于在企业的实习，也不是放手不管，可以由企业师傅或兼职教师指导，适时衔接一些专业知识，也可以在现场直接辅导学生，在紧张地完成工作任务中尽快学到谋生的本事。因此，本专业建设指导委员会结合人才培养目标，参考行业、企业专家意见，经过研讨、论证，提出了"1.5＋X＋1.5"工学结合人才培养新模式，并进行了实践探索。

三、"1.5＋X＋1.5"工学结合人才培养的主要目标及创新点

（一）主要目标

面向北京眉州酒店管理有限公司，培养热爱餐饮行业，具备良好职业道德、团队协作能力，有一定专业理论基础，能从事厨房、前厅各岗位工作的初中级技能人才。

（二）创新点

把本来该在学校课堂与实训室里完成的"0.5年"学习任务搬到企业完成，将"消耗性实训"直接变成"生产性实践"。半年内学生轮流实习6个工种以上，每周一次定点专门教学；一般每3名同学有一名师傅专门指导其实习。

针对农村职校学生实际，为达成家长的意愿，前1.5年在校学习期间，安排学生利用节假日见习、实习，既让学生提升专业技能，又让打工在外的家长放心。此即是新模式中"X"的内容。

四、"1.5＋X＋1.5"工学结合人才培养模式的实施过程

（一）"1.5＋X＋1.5"工学结合的人才培养模式图示和课程设置示意图

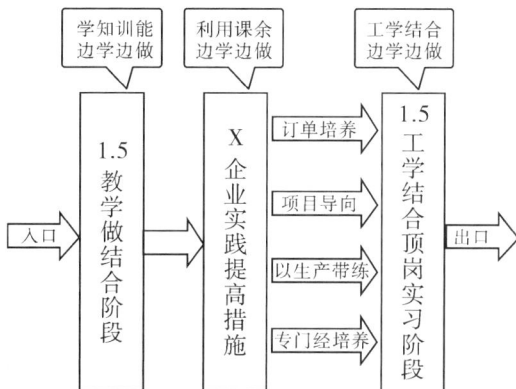

图4—10　"1.5＋X＋1.5"工学结合的人才培养模式图示和课程设置示意图

表4－18 中餐烹饪专业课程设置一览表

模块	科目	总学时	授课	实验实训	一学期（16周）	二学期（16周）	三学期（16周）	四学期	五学期	六学期
公共基础课	文化课 语文	144	144		3	3	3	第四学期：学生在北京眉州酒店管理有限公司岗前培训一个月后，下店跟师学艺，企业安排师傅一对一指导学生，学校派2～3名教师驻店管理、师傅和学校教师共同开展教育教学工作 第五、第六学期：学生在北京眉州酒店管理有限公司顶岗实习，企业安排师傅指导，学校派2～3名教师驻店管理。企业师傅和学生共同考核学生		
	文化课 数学	144	144		3	3	3			
	文化课 英语	144	144		3	3	3			
	素质课 体育与健康	96	96		2	2	2			
	素质课 计算机基础	64	64		4					
	素质课 德育	96	96		职业生涯规划2	职业道德与法律2	经济政治与社会2			
	素质课 礼仪	16	16			1				
	素质课 音乐	16	16		1					
	素质课 书法	16	16				1			
	素质课 演讲与口才	16	16				1			
	小　计	752	752		18	14	15			
专业课	基础平台 烹饪原料加工	48	48		3					
	基础平台 烹饪概论	32	32		2					
	基础平台 餐饮服务	32	10	22	2					
	基础平台 饮食营养与卫生	48	48			3				
	基础平台 厨具及设备	32	32			2				
	基础平台 四川名菜	48	10	38		3				
	基础平台 火锅制作	48	10	38			3			
	基础平台 食品雕刻	64	14	50			4			
	基础平台 冷菜、冷拼	112	20	92	3	4				
	基础平台 餐饮经营管理	32	32				2			
	基础平台 订单企业文化	32	32				2			
	专门化方向 中式面点技术	176	32	144	3	4	4			
	专门化方向 中餐烹饪技术	176	32	144	3	4	4			
	小计	880	352	528	16	20	19			

续表4-18

模块 科目 学期风 课时	学时分配（学时）			一学期（16周）	二学期（16周）	三学期（16周）	四学期	五学期	六学期
	总学时	授课	实验实训						
拓展课（课外活动，任选2门）	64		64	面塑（32学时）	北京眉州集团菜品装盘艺术（32学时）	北京眉州集团特色菜制作（32学时）			
师带徒学时	1932		1932	利用星期天、节假日等到县内合作企业学习，每天学校派教师现场教学、管理（每1个小时算1个学时，每位学生必须完成100学时）			544	544	544
合计学时	3628（包含公共基础课学时、专业课学时、拓展课学时、师带徒学时）								
技能等级证书				计算机等级证书			中式面点师、中式烹调师		

（二）校内"边学边做"阶段（前1.5年）

根据人才培养目标，形成了中餐烹饪专业人才培养方案，专业教师与北京眉州酒店管理有限公司烹饪专家共同设置课程、制订课程标准，使用共同开发的校本教材：《中式面点制作》《中餐烹饪技术》《企业特色菜制作》。企业定期派专家到校授课，满足了订单培养的需要。

第一、第二、第三学期在专业教室和实训室，以"边学边做"的模式进行专业基础知识学习和专业基本技能的训练。重点培养中式烹调与中式面点制作等基本技能，其中在第三学期进行中式烹调和中式面点的专门化培训。

在专业课教学的具体操作上，实现"学中做，做中教"，即"边学边做"。我们一方面取舍和精选"最有价值"服务于掌握技能"必须、够用"的知识来学习，即在"任务驱动"过程中与工作过程密切相关的知识，本着"精要好懂"的原则，或先懂后做，或先会后懂，或手脑并用，只要有利于有效完成学习与实训任务，便可适时采纳之。另一方面，针对部分学生厌学专业理论的实际情况，除了做相应相宜的思想工作外，我们还需先将某项专业技能划为一个个子项目，下达技能项目后，学生有了兴趣，在动手之前或动手之中，发现了"知"的不足，从而产生求知欲，于是在任务（项目）的驱动下学习相关理论，再进行有效的训练，在评讲纠错阶段，教师引导他们适当衔接某些专业理论知识或相关专业背景知识，更是能启发学生对专业知识的深入思考。

"边学边做"的"学"还体现在学习文化知识、提升人文素养方面，因为学好文化基础知识，有利于学好烹饪专业知识，有利于学生的可持续发展。基于学生在校时间少了一学期，文化基础课课时必然减少，我们便利用晚自习给学生补课，力争在 1.5 年的时间内按质按量完成两年的文化课学习任务。

（三）工学结合见习实习提高阶段（X）

我校作为农村职业学校，绝大多数学生都来自农村，大多数学生的家长都在外打工，学生放假后基本无事可做，反而容易沾染上不良社会风气。据我们对 08 级和 09 级两届学生和家长的问卷调查显示，96.7％的学生、98.6％的家长希望放假休息几天后学校能给学生安排一些见习、实习的岗位。对学生来说既让假期过得充实，又可以增长技能、了解社会，还可以给父母减轻负担；对家长来说帮助管理了学生，他们也能安心在外工作。同时，为了保证学生在校的学习时间，完成所有课程的教学时数，我们将教育部规定的中职学生在校学习期间，中餐烹饪专业应有四至六个月到企业参加实践的时间调整为节假日、课外活动（即"X"），每个学生每期必须完成 100 学时的见习、实习。

凡是校方安排到企业参加节假日实践活动的学生，由学校与实践企业根据"校企合作"的相关规定签订协议，明确双方各自的责任与权利。同时，学校与家长或监护人也签订了协议，明确双方各自的权利与义务，不能说子女到了企业做家长的就不问不管了。成立以校区负责人为组长、学科带头人为副组长、班主任和所有科任教师为组员的节假日实践活动领导小组，制订节假日实践活动工作计划，安排实践活动日程，做好思想动员和各项准备工作；编定节假日学生实践活动小组，选派实践活动小组长，配备指导师傅；做好学生的组织工作和后勤工作。学校制订了学生参加实践的责任书、签到表、成绩册，还吸收企业的意见，制订参加节假日实践活动的带队领导与教师必须遵守的工作手册，促使企业对参加节假日实践的学生进行教育、指导与管理，配合岗位师傅做好学生实践期间遵章守纪、工作态度、工作质量和任务完成等方面的考核与评估工作。学校还制订了节假日实践指导教师的管理办法，从工作要求、待遇、考核细则与奖励等方面进行规范，突出管理的实效性。同时还敦促企业成立相关领导小组，制订指导师傅职责和相关的企业管理考核细则，做好学生的实践指导和鉴定。

表4－19 中餐烹饪专业学生课余实践量化考核细则

项目	考核细则	分值	得分
态度	1. 遵守国家法律法规，遵守社会公德和职业道德，遵守企业及学校规章制度	10	
	2. 服从带队教师及师傅的管理，虚心学习相关知识和技能	10	
过程	3. 严格执行操作规程，不违章作业。若因自身操作不当，造成设备设施损坏，或消极怠工，影响正常经营，该项计0分，并需承担相应责任	6	
	4. 能与人和平相处，能灵活而有分寸地处理人际关系	2	
	5. 有安全防范意识，会自我保护	5	
	6. 不抽烟喝酒，不打架斗殴，不谈情说爱，不赌博网游，不拿不损坏食材，自觉维护学校和企业的形象。凡有此种行为之一者，扣2分/次	14	
	7. 定期与家长联系，定期做一次实践小结	2	
出勤	8. 遵守劳动纪律，不迟到，不早退，不旷工；外出需请假（病假：0.5分/次，事假：1分/次，迟到或早退：1分/次，旷工：3分/次）	20	
业绩	9. 受连锁店表彰计1分/次，受公司表彰计2分/次	5	
	10. 实践结束1周内上交书面总结材料，每迟交1天，扣0.5分	5	
	11. 总结观点明确，材料翔实，认识深刻，有建设性见解	6	
	12. 企业考核结论：优秀，15分，良好，12分，合格，9分，基本合格，6分，不合格，0分	15	
合计		100	

（四）顶岗实习阶段（后1.5年）

学生在最后一年半到北京眉州酒店管理有限公司，通过岗位锻炼，拓展和提升专业技能，养成职业习惯，使学生的综合素质更加贴近企业实际工作岗位的要求，完成由学生到企业员工的角色转换。在操作上我们是这样安排的：学生在北京眉州酒店管理有限公司岗前培训一个月后，安排企业师傅一对一指导学生，学生下店跟师学艺，学校派2～3名教师驻店管理、师傅和学校教师共同开展教育教学工作，班主任实施全程跟踪，指导教师按岗位分组管理，全天候跟踪学生实践实习情况并加强考核。

学校定期组织专业教师及订单班班主任到北京眉州酒店管理有限公司顶岗实习、挂职锻炼，并兼管 2～3 名学生；实习的前 0.5 年实际上是将学校课堂搬到企业，半年内学生轮流实习 6 个工种以上，每周一次定点专门教学；在整个实习过程中，一般每 3 名同学有一名师傅专门指导其实习。现校外实习学生 186 人，企业兼职教师 8 人，实习指导师傅 63 人。

五、实施"1.5＋X＋1.5"工学结合人才培养模式的有利条件

（一）专业教学团队结构趋于合理

该专业已有专兼职教师 13 人。其中专任教师 8 人，双师型教师 8 人，双师型教师比例达 100%，专任教师有企业生产一线经历的达 100%。有职业技能鉴定考评员 3 名，1 人曾担任四川省百万职工技能大赛技能裁判；1 人担任社区厨艺大赛专家评委。近几年来，多名专业教师在企业兼任各种技术职务，为企业进行技术服务和技术支持 9 项，使企业新增产值 1000 余万元。

（二）与市地餐饮企业的合作关系更加紧密

建立了沱牌大酒店等企业的校外实训基地，每年有 400 余人次学生到企业见习。近 3 年来，该专业教师与联办企业联合进行了 9 项技术攻关，为企业解决了 4 项关键技术难题（如唐老师帮助沱牌酒店解决了夏季烟熏制品的加工保存难题）；每年为企业培训员工 1000 余人次。

（三）建成并完善了校内实训基地

建立了包括面点实训室、刀工实训、红案实训室等 7 个实训室 320 个工位。与沱牌大酒店、北京眉州东坡集团等企业按校企共建模式建立的红案实训室、面点实训室、烹饪演示室在西部同类学校校中处于领先水平。

六、实施"1.5＋X＋1.5"工学结合模式的成效

根据"1.5＋X＋1.5"工学结合的人才培养模式，构建了"公共平台＋专业方向＋实习"的课程体系。运用项目教学法，对专业基础课、专业技能课教学进行了改革，通过生产企业的工作过程展开一门或相近几门课程的模块化教学，增强了学生实践技能，取得了良好的教学效果。编写校本教材《中式面点制作》《中式烹调技术》《企业特色菜制作》。坚持立德树人、倡导和谐的价值取向，吸纳优秀企业核心价值观即团队协作精神、

客户至上理念和创新意识，实施文化的"校企结合"，开设"企业文化"课程，结合各类专业大赛与企业实际生产的要求，锻炼和培养了学生的技能，增长了学生对行业的认识。学生在市级以上大赛中累计获奖超过30人次，连续3年全市中职技能大赛，我专业学生均获第一名。近3年毕业生首次就业率达到100%，为北京眉州酒店管理有限公司输送人才超过毕业生总数的95%，该公司已将我校作为厨师培训基地，不少毕业生已成为该企业技术骨干，普遍受到欢迎（如眉州集团面点厨师长姚兴旺）。

七、体会与思考

"1.5＋X＋1.5"工学结合的人才培养模式中，前边的1.5年在校内边学边做，是为后边的1.5奠定基础，"X"是利用在校内的课余及节假日到周边企业见习、实习，既是补充前1.5年中实习之不足，也是为后边1.5年的专业实习、顶岗实习做准备。后边的1.5年放在企业里边做边学，既彰显了职业教育实践性的特点，又突出了烹饪专业有别于其他专业的特点，即食材贵，有利于减轻家长经济负担，又能增加收入，因而能得到学生、家长、企业、学校的充分肯定。

◇ 典型案例五

实施"校农合作、 学劳结合" 实现教产深度融合
——现代农艺技术专业人才培养模式实践探索

蒲 伟 董国军 尹 雄（射洪市职业中专学校）

摘要：为更好地服务三农、助力乡村振兴和脱贫攻坚，我校现代农艺技术专业按照国务院关于《国家职业教育改革实施方案》要求，大胆探索、积极实践，构建了具有专业特色的基于产教融合的"校农合作、学劳结合、双向发展"的人才培养模式，即依托区域内农业园区、重点农业龙头企业和特色产业，深入开展校农合作、定向培养，实施校企"共育、共管、共研、共享"；改革传统的课堂为中心的教学形式，实施学劳结合，学做合一；优化课程体系，既可就业也可升学，实现学生可持续发展；改革传统的以考试成绩为主的评价模式，构建学校、企业、社会广泛参与的多元化质量评价体系。本文主要介绍专业在探索人才培养模式过程中在校企合作、课程教学改革、评价体系建设等方面的具体实践。

关键词：校农合作；学劳结合；"232"课程体系；三化三定

当前，我国经济社会正处于转型发展和产业结构调整阶段，国务院出台了《国家职业教育改革实施方案》（国发〔2019〕4号），要求职业院校坚持知行合一、工学结合，加强校企深度合作，借鉴"双元制"等模式，校企共同研究制订人才培养方案，及时将新技术、新工艺、新规范纳入教学标准和教学内容，强化学生实习实训，主动与具备条件的企业在人才培养、技术创新、就业创业、社会服务、文化传承等方面开展合作。

为深入贯彻国务院文件精神，改革传统的人才培养方式，提高育人质量，助力区域新农村建设和农民脱贫致富奔小康，我校现代农艺技术专业大胆探索、积极实践，提出了有农艺专业特色的基于产教融合的"校农合作、学劳结合、双向发展"的专业人才培养模式，即：专业紧紧围绕人才培养目标和本市农业产业发展规划，依托区域农业园区、农业龙头企业和特色种植大户，深入开展校企合作、校农合作，在专业建设、课程建设、教材建设、实训项目开发、资源库建设、师资团队建设、社会服务等方面广泛合作，实施"共育、共管、共研、共享"，实现教育与产业、教育与企业、教育与岗位的高度融合；探索构建有农艺专业特色的"232"课程体系和基于项目的"三化三定"教学模式，实施升学就业两条路，实现学生可持续发展；改革传统的人才培养评价模式，构建学校、企业、社会参与的多元化质量评价体系，实施学分制，全力提升人才培养质量。

一、实施校农合作，依托产业办专业

遂宁地处成渝经济带，是成渝两地的交通枢纽。2015年，市委市府提出了加快发展以绿色生态为特征的现代农业，"遂宁鲜"农产品已成为全国知名品牌。我县是2019年新成立的县级市，农业人口75万，属农业大县，县委县府确立了以柑橘、粮油、蔬菜为三大主导产业，突出白羽肉鸡、生猪等特优产业，构建"三带十二园"现代农业布局，推进沱牌舍得酿酒专用粮基地建设的农业发展战略。2019年，本县农村居民人均可支配收入17099元，农林牧副渔业总产值78亿元，截至2019年建立合作社675个，农业企业303个，家庭农场400个，种养大户1869个，累计培育"三品一标"获证农产品84个，22家企业120个品牌农产品纳入"遂宁鲜"区域农产品公用品牌许可。

我校现代农艺技术专业依托区域农业优势，立足服务地方经济和农业特色产业办专业，先后与四川合众生态农业有限公司、四川金柠公司等十余家企业签订了校企合作协议，并建立了十余个校外实训基地。2019年以来，为改革传统培养模式，专业积极探索订单培养，与区域农业企业共同招收"订单班"100余人。专业针对地方特色产业，开设了作物生产技术和果蔬生产技术两个专门化方向，实施专向培养。校企双方共同制订专业人才培养方案和实施性教学计划，共同确定教学内容。校企专业技术人员共同编写了《果树栽培技术》《作物生产技术》等特色农产品种植技术校本教材。学校聘请了3名企业工程师到校上课，培训学生专业技能，并按照教师五年一周期实践锻要求，安排每个专业教师对接一个企业，到企业参与农产品研发、技术指导及电商服务，为企业开展员工短期培训。合作企业按照教学计划接受学生认识实习、跟岗实习和顶岗实习，安排熟练技术工人指导学生育种、施肥、施药、嫁接、修剪等，培训学生专项技能，为订单班学生提供每期提供3000元奖学金，奖励品学兼优学生和帮助困难学生完成学业，安排专门人员为学生讲授企业文化、企业纪律，培养学生职业意识和爱农品质，学生毕业后定向就业。

二、改革课程体系，实现学生双向发展

现代农艺技术专业积极开展课程改革。通过实践探索，构建了有农艺专业特色的"232"课程体系：即，将课程分为公共基础课程和专业技术（技能）课程两大类，体现就业教育和中高职衔接，既可升学又可就业，即"2"。在课时设置上，按照教育部文件相关要求，公共基础课、专业技术（技能课）、实习课三类课时大体相当，各占1/3，即"3"。公共基础课主要开职业生涯规划等四门思政课程和语文、英语、数学、计算机基础等文化基础课及音乐、礼仪等素质课。专业课实施核心课程＋专门化方向，开设农作物生产技术和果蔬生产技术两个专门化方向，并在课程设置上实施与"1＋X"证书对接，要求学生至少取得一个工种的职业资格证书或专项能力证书，即"2"。

专业核心课程主要开设"农业生物技术""植物保护技术"等，并将目前四川省高职对口升学三门课程"植物生产与环境""农业经营与管理""畜禽营养与饲料"纳入核心课程，为学生从事专业技术工作和深入高校后专业学习打下坚实基础。专业开设两个专门化方向。作物生产技术方向结合沱牌舍得酿酒专用粮基地重点学习玉米、小麦、稻谷、高粱、黑花生、油菜等种植技术。果蔬方向结合区域特色产业主要学习核桃、柑橘、柠檬和特色蔬菜、食用菌等种植与培育技术，实现专业服务地方特色农业发展。为引导学生学习、掌握现代种养技术，专业开设了"智慧农业"特色课程。

为深化教产融合，切实提高学生专业技能，专业构建了"一识二竖三专四选"能力提升模式：将学生认识实习、跟岗实习、顶岗实习分散到各个学期，第一学期到企业和特色种植基地认识实习一周，让学生认识了解专业和农业企业，增强学农信心；第二、第三学期学生到合作企业跟岗实习两周，学习作物从育种到收割等各关键时节种植技术，树立献身农业发展的职业理想；第四、第五学期根据专门化方向进行一个月的跟岗实习，熟悉工作岗位，提升专业技能；第六学期学生选择顶岗实习或高职升学，顶岗实习学生到联办企业顶岗实习半年，实现定向就业，升学学生参加高职单招、对口升学、中高职衔接专门学习，打通人才培养立交桥，实现学生可持续发展。

三、实施"三化三定"，促进学生学劳结合

专业大力开展教学改革，打破以课堂、教师为中心，重理论、轻实践的传统教学模式，突出"做中学""做中教"和工程过程导向，积极探索基于项目的"三化三定"教材模式。

（一）教学任务项目化，按作物类别确定教学项目，分项施教

专业积极学习德国行动导向教学思想，组织教师积极探索项目教学、案例教学等先进教学方法，打破学科章节式的教程模式，按照"学做合一"的原则，提炼出了"作物生产技术""果树生产技术"等13门课程实训项目100余个，并按照由浅入深的认知规律和作物生长特性编制出学期、学年项目训练计划。专业教师把这些实训项目分配到校内各实训室、校外各实训基地，实施分项教学。为了推动项目教学的实施，学校组织专业课教师上研究课和示范课，并探索构建了有实训课特色"备、组、讲、范、训、评、理"七字教学环节，将讲解—训练—作品（产品）展示与评价融为一体。学生学习一个项目就会得到一个项目的成绩或评价，这样学生不仅学习积极性高，专业技能也学得扎实。

（二）教学时间季节化，以农作物的生产周期确定教学时间，因季施教

农作物均有一定的生长周期和季节，比如小麦是秋播春收，玉米、水稻则是春播秋收，季节性非常强。为了针对性地开展实习实训，做到"因材施教"，专业教师打破教材章节顺序，将教材中的各类农作物种植技术分解到春、夏、秋、冬四个季节，按照从育种到收割各关键时点需要开展的主要工作和需要掌握的关键技术，如施肥、除草、打药、收储等编写成合页式或项目式教材，因时因季施教。比如，秋冬季主要学习小麦、油菜及萝卜、白菜等种植，春季学习玉米、水稻、花生、红薯、豆类植物种

植以及柑橘、柠檬、黑桃等移栽、嫁接、修枝、施肥等，夏季学习农作物田间管理、病虫害防治等，秋季主要学习农产品的收储、保鲜及加工等。这样不仅增强了教学的直观性和针对性，还有利于实现理实结合、学做一体。

（三）教学地点田间化，以产业基地确定教学地点，因地施教

现代农艺技术专业先后在四川太阳湖农业有限责任公司、本县农度种植专业合作社等十余家农业企业和特色种植基地建立了实训基地，可一次性接纳学生 200 余人，基本满足了本专业学生认识实习、跟岗实习和顶岗实习的需要。专业根据不同实训基地的种植和经营范围，将各实训内容分解到各个校外实训基地，以基地作物类别确定教学实训实习地点，实施因地施教。如玉米、稻谷、小麦实践教学主要安排在沱牌镇沱牌舍得酿酒专用粮生产基地，柠檬种植主要安排在四川金柠农业开发有限公司，黑桃种植主要安排在四川太阳湖农业有限公司，蔬菜种植主要安排在香山镇蔬菜生产合作社。各合作企业根据教学内容，安排懂专项技术的师傅指导学生实习实训，采用"师带徒"的形式对学生进行针对性培训。学生毕业后就可以到相应的企业从事专项技术工作，对口就业，实现了校企共同育人。

实施"三化三定"教学模式，将学校、企业、学生、教师有机地结合在一起，教学内容、教学时间、教学地点都有了较强的针对性，初步实现了专业与产业，课程内容与职业标准，教学过程与生产过程对接，实现了学、劳结合。

四、实施学分制，探索评价多元化

职业教育不同于普通教育，大多数学生毕业后会直接走向一线工作岗位，除专业技能水平外，学生在校期间养成的行为规范、职业素养、团队合作意识、吃苦耐劳精神等方面都将影响生产产品质量和学生自身发展前景。因此，学校不能单纯从考试分数判断学生的学习能力和综合能力，如何客观、全面评价学生不仅关系到如何培养学生，更关系到学生的培养质量。我校农艺专业积极探索构建从学生的学习成绩、综合素质、企业实习、毕业反馈等方面进行考核的学生评价方案，全面考核学生的情感价值、行为规范、学习能力、职业素养和创业创新能力，构建学校、企业、社会多元参与的学生评价体系，为此，积极探索学分制。

本专业学生学分由德育学分（品行学分）、学业学分（公共基础课和专业技能课）、实习学分和奖励学分四部分组成。德育学分为 100 分，1～5 学期各占 20 分，主要对学生的行为规范、人际关系如遵章守纪、生活习惯、为人处世、思想品德等方面进行考核；学业学分是学生在校期间各学

科学分总和，一般 8 课时为一个学分，主要从学生的半期、期末考试成绩和平时考核三方面进行评判。平时成绩主要对学生的出勤、课堂状态、作业及实习报告完成情况进行考核，由教师和学生共同参与评价，原则上平时考核占 40%，半期、期末考试各占 30%；学生实习学分是学生从进校到毕业参与全部认识实习、跟岗实习和顶岗实习的总和，总分为 100 分，由指导教师和企业指导师傅共同对学生劳动纪律、职业素养、工作能力、团队合作等方面进行考核；奖励学分主要是指学生参加各级各类大赛获奖和考取职业资格证书及获取各级荣誉的加分。现代农艺技术专业每期对学生四个部分的学分进行核算、汇总，并以此为依据，评优评先。为保障人才培养质量，学生需修满规定学分方能毕业。

学分制的实施，改变了单一的唯分数论的学生评价模式，形成了学校、企业、社会对学生进行的多元评价，也改变了教师的育人观念和人才培养质量观，推动了学生全面发展。

两年来，在基于产教融通的"校农合作、学劳结合、双向发展"人才培养模式的指引下，农艺技术专业实现了教学延伸到企业，训练深入岗位，实现了校企共育共管，校企结合更加紧密，学生学农、爱农、服务于农的职业理想得到进一步增强。专业连续两年招生均达 130 余人，毕业学生考入四川农业大学等高校 70 余人，参加省市技能大赛，15 名学生获一、二等奖，就业学生在合作企业顶岗实习和就业，工作积极主动、专业技能水平扎实、职业素养高，深受用人单位好评，校企双赢到基本实现。专业再次呈现蓬勃发展的良好势头。

参考资料及文献

[1] 国务院关于印发国家职业教育改革实施方案（国发〔2019〕4 号）.

[2] 教育部关于做好职业院校专业人才培养方案制定与实施工作的通知（教职成司〔2019〕61 号）.

[3] 鲁昕副部长在全国中等职业教育改革创新指导委员会第二次全体会暨 43 家行业职业教育教学指导委员会上的讲话.

[4] 佘俭敏. 湖南农业基层专业技术人才培养探析——基于农业职业技术教育视角 [J]. 湖南农业大学学报（社会科学版），2009（2）：59—62，71.

[5] 陆祖明. 涉农专业服务新农村建设的理念创新 [J]. 职业教育研究，2007（5）：12—13.

◇ 典型案例六

学前教育专业"四双" 人才培养模式的探索与实践

　　为改革以学校和课堂为中心的传统人才培养模式，促进知识学习、技能实训、工作实践和职业鉴定等功能的整合，以下内容将阐述我校学前教育专业"四双"人才培养模式，即以突出"双学"为前提，加强文化知识与专业知识的学习；以强化"双训"为途径，促进学前教育专业学生对 6 项基本技能与教师的教育实践能力培养；以依托"双岗"为载体，对接行业的用人需求与岗位需求；以达成"双证"为目标，增强学前教育专业毕业生的市场竞争力。

　　我校学前教育专业于 1990 年开设。经过近年来的建设，学前教育专业建有专业电子钢琴室、多功能舞蹈室、音乐教室、风琴室、手工制作室、形体训练室、心理咨询室、保育员室、电子阅览室等功能室，教学条件和设备能够满足教学和教研的需要。无论在师资队伍、办学条件，还是在课程建设、教学管理和教学质量等方面，都得到了很大的改善和提升，保证了人才培养质量。

　　先后有毕业生近两千名（包含中职和成人教育，其中近三年毕业生人数为 578 人），除升入高校就读和自主就业的学生外，基本就业于射洪县及周边市、县私立和公办幼儿园，甚至有如罗平、付小倩、何春、吴玉玲等毕业生创办了自己的幼儿园，为服务地方经济做出了一定贡献，2011 年该专业被确立为"国家中等职业教育与发展示范学校"重点建设专业之一，2013 年我校通过了国家重点示范校建设，学前教育专业是我校重点建设专业之一。

　　我校学前教育专业招收的学生大都来自农村，学生基础知识底子较薄弱，而学前教育专业又是国控专业，毕业生质量将直接影响教育的发展，为了进一步提升学前教育专业的育人育才质量，促进专业成长，彰显专业魅力，提高学前教育专业行业吸引力，起到一定的示范、引领作用，颠覆传统的以学校与课堂为中心的育人模式，更好地服务于社会，服务于行业，我们通过探索，以"师范性、技能性、实践性"作为指导思想，将"两种素质，六项基本技能、完成实习与升学两个任务"作为育人目标，加强了该专业文化建设，注重了师德的养成训练，还几经研讨、论证，提出了"双学、双训、双岗、双证"的学前教育专业育人新模式，简称"四双"人才培养模式。

一、以突出"双学"为前提

所谓双学，即学文化知识，学专业知识。知识的建构是为能力的习得奠定基础，没有知识的建构作为前提是不行的。学文化知识、学专业知识是为专业成长服务的，是为了支持学生的可持续发展、终身学习。职业学校教学不仅是口传耳听，还有对实践能力的培养，知识与能力不能脱离。对于学前教育专业而言更是如此，学生能力与文化专业知识都是专业成长的需要。

（一）学文化知识

学前教育专业属于师范类专业，相对于其他专业而言，文化素养要求高一些，除了学好语数外，为专业学习、升学、终身学习奠定基础外，更重要的是掌握思维方式，提升文化素养与人文素养，只有这样，毕业时才能胜任"教书育人"的工作岗位，且有利于学生的可持续发展。

为了加强学生对文化知识的学习，我们采取了以下措施：

安排优秀教师教授语数外课程，加大期中、期末的考试难度，培养与提升学生文化素养。

将语数外的周课时增加 1 课时。

利用早晚自习时间增加学生的阅读量。

加强课外兴趣活动，如成立课外文学小组、读书沙龙、英语角、诗词朗诵、数学课外兴趣小组等，吸引学生利用课余时间进一步提升文化素养。

（二）专业知识

专业素养是支撑学生幼教生涯职业发展的最重要的一部分，而专业素养是在专业知识的学习中生成的，是在专业能力（技能）的培养中巩固的。为使教学更好地和行业岗位接轨，我校与成都大学幼教专家、合作幼儿园骨干教师一起研发了《舞蹈》《琴法》两门具有区域特色的校本教材，以项目设置教、学任务，体现了"理实一体化"的编写理念。完成了《手工折剪》《幼儿故事集》《普通话训练题集》《儿歌集》四本校本读物的编写，其中《幼儿故事集》《儿歌集》根据幼儿生理、心理、智力、语言等发展阶段的特点，分不同学龄段，设置为小班、中班、大班三个模块，有效解决了幼儿教师分学龄段教学的现实问题。《普通话训练题集》根据国家语委二级甲等的检测标准，把教材设置为声母、韵母、声调、变调、朗读、即兴说话等 6 个模块，各模块下共设置 60 个训练项目，《手工折剪》分常见的动植物、生活用具、交通工具等设置模块，投入使用后对我校学前教育教学模式的改革起到了很好的促进作用。为了突出专业知识的学习，我们还从下面两个方面进行了实践探索。

1. 课程设置中开齐开足了专业课程

该专业学生要学习关于儿童发展和儿童教育的基本理念，学习如何针对儿童在语言、社会、科学、艺术、身体等方面的特点而循其规律来实施教育，还需要学习儿童游戏、儿童文学等课程。因此我们将专业课分为专业基础课程和专业技能课程。专业基础课程包括幼儿教育学、幼儿心理学、幼儿卫生学、幼儿园课程与教育活动设计、幼儿教师口语；专业技能课程包括舞蹈、美术、钢（风）琴、音乐、手工等。

2. 专业知识学习从五个方面得到落实

为了突出专业知识的学习，我们采取了以下措施：

（1）既重视讲授，又重视指导学生自主合作探究

对专业知识的讲解重视情景或案例导入，尽量多用多媒体，将枯燥化为形象直观。注意知识前后的衔接过渡，讲解时既要讲清知识点的概念、背景、原理，又要注意语言的简练生动。既要贴近生活，又要不失专业规范，将专业术语生活化、情景化、具体化地表达，语速快慢适当，有节奏感。讲解中突出重难点时，语气要加重，适当反复诱导。当然，重视讲授也不是由教师一味地满堂灌，而是在讲新知识时，鼓励学生分组讨论、质疑、探索，教师再补充、细化、深化知识点，从而提升专业知识新授时的有效性。同时，也不忘纠正一些偏颇做法，认为学生要学好一至二门技能，可以不重视专业知识学习，要告诉学生知识脱离能力是空洞的知识，能力脱离知识只是简单的能力。学好专业知识是形成技能的前提与基础，必须高度重视学习知识。

另外，除增加阅读量外，对某些知识内容繁杂的专业课程要敢于"减负""治超"。要以培养能力为根本，取舍和精选"最有价值"的、"必须、够用"的知识点来学习，将一些与能力培养无关的知识大胆取舍，将时间和精力花在突破重难点上。

（2）重视讲练结合

即精讲与多练相结合，以《普通话水平测试训练教程》为例。本课程采用讲授、听录音、示范及学生自学相结合的方式。坚持边讲、边听、边练习，以语音训练为主，精讲多练，上口为先。本着循序渐进的原则，按照普通话标准音进行训练。录音课以磁带、教材为基础，对主要内容加以介绍、提示和示范。

在语音训练上采用绕口令、说话、朗读、演讲等方式，生动活泼，精

炼实用。让学生积极主动地参与到日常教学活动中来，营造活跃的教学氛围。尽量做到正确发音，能使用流利的普通话进行语言交际、朗读或演讲等。辅以多媒体教学的方式，将课堂气氛充分活跃起来，做到寓教于乐，切实提高学生运用普通话进行语言交流的水平。

（3）充分利用数字平台，鼓励学生自主学习

我们与成都大学学前教育学院共同开发"琴法""舞蹈"两门核心课程教学资源，专业课程共建立了 5500 余道电子试题库，完成 PPT 制作 160 个，完成 10 余科的电子教案制作 862 课时，完成音视频制作 avi、flv 格式 60G、86 个项目内容，从我校建立的数字化平台上，鼓励学生上网搜寻相关教学内容，注意衔接补充性、更新性、延伸性知识。

（4）重视理论与生活实践相结合

理论与生活实践相结合，仍以《普通话水平测试训练教程》为例。学习普通话必须注重口语练习，因而在教学过程中，要注重有效的实践，除课堂上使用普通话外，在课余或日常生活中，包括寝室用语、出校后的语言交际，甚至回家后也要坚持使用普通话。在练中学，但也不要盲目地练，在练的同时加上理论的指导，这样才能达成事半功倍的效果。

（5）学习幼儿园管理方面知识

为了学会对幼儿园的高效高质管理，也为了提高学生自身专业素质，我们还开设了"幼儿园组织与管理"课程。

该学科的学习使学生正确认识幼儿园管理的功能，了解幼儿园的管理要求，并在实习中结合幼儿园班级管理的实际掌握一般的理论在幼儿园管理中的运用，掌握作为一名幼教管理工作者（无论是园长或教师）为了提高幼教质量需从哪些方面优化自己。并通过幼教实习与考察，理论联系实际，为初步掌握幼儿园组织和管理的技能技巧打下坚实的基础。

（三）改革教学模式

本专业以适应职业岗位需求为导向，着力促进知识传授、技能训练与幼儿园教学的紧密衔接，探索了以职业能力培养为核心的"学教融汇"教学模式，教师采用项目、案例、情景等教学方法，教会学生知识技能且教会学生运用所学的知识和技能进行教学，这样一来，每一项（每一门课程）专业知识和技能，学生不但"知、会"，而且会"教"，即学教融汇，增强了教学的实践性、针对性和实效性。

（四）效　果

通过学习文化知识，学前教育的学生掌握了扎实的语文基础知识，具有了基本的阅读与写作能力，具有一定的文学素养和健康的审美情趣；提

高了学生的数学素养，培养了学生的基本运算能力、空间想象的逻辑思维和分析与解决问题的实际运用能力；掌握了 2000 个左右常见的英语单词与短语，能听懂简单的日常对话，能灵活地进行日常交际，并能围绕一个话题写出一篇 50～80 字的短文。

从 2009 年起至现在，在遂宁市教育局统一组织安排下进行了公共基础课会考，历年来本专业学生会考成绩优异，受到市、县教育局的高度赞扬。

通过专业基础知识学习，让学前教育的学生形成科学的幼儿教育观，能够初步运用心理学的知识解决幼儿教育中的问题，能够对学前儿童的身心发展进行科学的评价，将来在实际工作中能够切实做到维护和增进儿童的健康。形成从事幼儿教育工作必需的态度及从事幼儿教育的技能，为开展各种幼儿园教育活动和科研活动打下良好的基础，并学会了在将来的教育教学工作中运用口语的基本技能。

二、以强化"双训"为途径

所谓"双训"，即训练学前教育专业学生的基本技能（说、唱、弹、跳、画、做）；训练学生的教育教学技能，即学生作为未来幼儿教师应具备的教育教学实践能力，也有人将它称为教育活动能力。

在幼教专业建设过程中，我们多次进行了行业调研，经过分析、研究，我们对能力目标要求做了一些调整，即"具有一定的幼教组织能力，具有制订编写教学计划、教案的能力，具有继续学习的能力与良好的人际交往能力"，又将音乐、舞蹈、琴法、讲故事、普通话、简笔画与手工等六项基本技能明确纳入其中，还要求基本掌握课件制作和给幼儿化简易妆的技能。

（一）强化学前教育学生的六项基本专业技能

1. 明确六项基本技能的具体要求

六项基本技能是指学生在"说""唱""弹""跳""画""做"等方面应具备的基本技能。

在课程设置中，我们将"说、唱、弹、跳、画、做"等作为培养幼儿教师的六项基本技能，占总课时的 35％以上。所谓"说"，包括三个方面，一是在语音、语法、词汇上说规范的普通话，标准力争达到二等甲级；二是能对小朋友进行流利得体的口语指导；三是会讲故事。"唱"，能唱至少五十首儿歌，具有胜任幼儿唱歌课的实际教学能力。"弹"，能初步掌握钢（风）琴的基本弹奏方法，指法正确、娴熟，能弹奏常用的音阶、琶音、和弦,具有伴奏和自弹自唱儿童歌曲的能力。"跳",能掌握一般民族、民间舞的基本手型、脚型、手位和脚位,能掌握身体基本姿态的训练方法,具有柔韧、力度、弹跳等素质,能跳二十支左右的儿童舞蹈,初步具备幼儿舞蹈创编和舞蹈欣赏能力。"画"是指能娴熟地画简笔画和卡通画。"做"指的是手工制作动、植物类教具与玩具。每学期侧重一项技能训练,每人自选二至三项技能经过优化形成特长。

2. 强化训练专业基本技能

(1) 鼓励教师考取专业技能等级证

为适应专业技能教学要求,我们十分注重"能说会做"的"双师型"教师的培养,鼓励教师在现有基础上考取更高级别的技能等级证。积极支持教师参加市县组织的专业技能竞赛活动,并在晋职评优中给予量化支持。师高才能弟子强,为进一步实施"上挂高校,横联企业,引进人才,校本提高"的师资队伍建设策略,本专业形成了"四三二"师资培养模式(图4—11):

四途径:高校进修、行业锻炼、幼儿园实践、校本培训。

三提升:提升专业素养、提升教学技能、提升信息化技术水平。

二引进:引进幼教专家讲学、引进幼儿园名师授课。

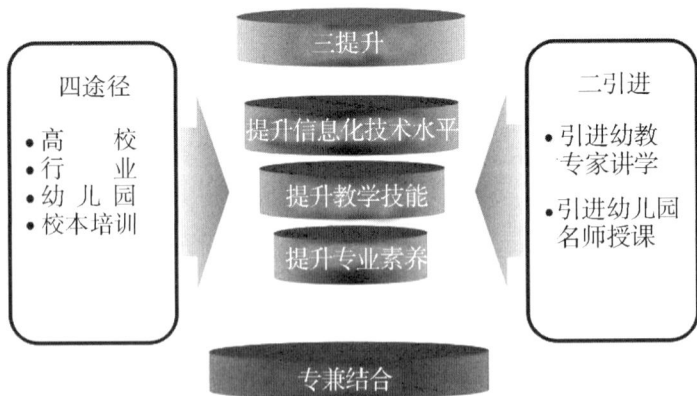

图4—11 "四三二"师资队伍建设模式

我校学前教育专业教师积极参加全国职业院校教师教学能力大赛,2020年,中职专业一组音乐、舞蹈两个团队均获得省级二等奖。在教师的影响带动与指导下,幼教专业学生根据相关的专业技能量化指标,刻苦训练,积极提升。已毕业的学生中,除普通话二甲等级外,已有30%的学生拿到钢琴、电子琴、舞蹈等方面的技能等级证。因而形成了师生皆重视专业技能学习的氛围,有效提高了专业技能教学的质量。

（2）让专业技能训练落至实处

在教学过程中，专业课教师大力践行我校自创的实训课七字环节教学法——即"备（教学准备，课前完成）、组（组织教学）、讲（精讲）、范（示范）、训（训练）、评（展示和评价）、理（课后进行设备与场地的清洁与归位整理）"。其中，以"训练"为重点环节，占教学时间的 60%，在这个环节中以学生练习为主，教师也要进行指导和辅导。并结合项目教学法，将专业技能设置成若干个项目，再将一个项目分解成一个个子项目。这样就抓住了专业技能训练的要点，且落到了实处，有利于学生职业能力的自我构建和实践智慧的动态养成。

我校鼓励承担专业技能课教学的骨干教师，组织学生成立了锻炼各种专业技能的"课外技能兴趣小组"，重点加强对学生的琴法、舞蹈、简笔画和手工等技能的训练。同时，针对学生基础参差不齐的状况，还分层次开设了"技能提高班"。

在专业技能课训练中十分重视"小先生"的作用。一堂课中，教师在同一时间能关注的对象是很少的。为了让实践课中每个学生都能实实在在地得到训练指导，促进技能提升，老师们培训"小先生"，让"小先生"通过课外兴趣小组、专业自习辅导等形式对实践内容先期学习、实训，掌握操作要点及指导方法等。在实训课中，教师讲解示范之后，学生就按课前分好的小组，在各组组长和"小先生"们的安排和指导下进行实践训练，教师则巡回指导，对学生中存在的普遍性问题进行指导和课堂分析总结，并及时纠正。这样，虽然教师不能全面关注每一个学生的实践训练，但在"小先生"们的协助下，实现全面关注每一个学生的发展进步就成为可能。

（3）采用有利于提升专业技能的评估方式

此前，只是在期终进行一次技能测试，现改为半期和期终单独进行分项目技能测试。既看重结果性评价（会做与否），又注重过程性评价，即肯定学生在平时专业训练过程中的点滴进步，从而较客观地考核评价了每个学生的技能成绩。特别是过程性评价，为全体学生的专业能力发展描绘出一条脚踏实地的成长曲线，成为专业技能课教师改进教学的依据。

另外，要求每个毕业班皆在顶岗实习前组织一次"技能汇报展示"。在技能表演汇报展示中，要求学生人人参与，各尽所能。让专业评委从专业性、欣赏性的角度量化打分，并结合现场师生观众的反应，形成公开公平公正的等级奖，让学生获得成就感。展示时，全班不能少于 3 小时，每个学生参与 3 个专业技能项目，主持人角色至少安排 12 个人轮流担当，主持词与节目串词放手让学生创作。通过技能展示，也向其他班级进行了专业宣传，彰显了专业魅力。

（二）强化对学生教育教学实践能力的训练

学前教育专业的学生仅仅是掌握了"说、唱、弹、跳、画、做"等基本职业技能和一定的幼儿教育理论，一般的认知能力、教学实践能力还不够，因此需要培养学前教育学生的教育教学实践能力，强化训练，使其胜任幼儿园的岗位工作。

1. 明确幼师教育教学实践能力的具体要求

幼儿教师教育教学实践能力主要是指管理幼儿班级的能力、备课与讲课的能力、设计并完成活动方案的能力、制作简易课件的能力、评价幼儿活动的能力、与家长交流、沟通、协调的能力。

幼师管理幼儿班级的能力包括善于了解、亲近幼儿；能制订班级教育计划；有管理幼儿的正确方法；能根据幼儿园的管理规定制订班级管理细则；能有效培养幼儿安全意识以及良好的学习、生活、卫生习惯，善于为幼儿树立身边的榜样；能不断调整管理措施。

幼师的备课、授课能力包括善于搜集材料、备课充分、内容充实、条理清楚、概念准确、重点突出、讲清难点、环节分明、注重启发、阐述熟练、语言生动、板书工整、字图规范、善于掌控秩序、营造氛围、有效利用教学辅助手段。

幼师设计并实施活动方案的能力包括能从健康、语言、社会、科学、艺术五个领域设计制订相应相宜的活动方案；能在方案中渗透德育因素；能确定活动的目标、步骤，环节与细节要清楚；实施过程中能灵活处理突发事件；有突出重点与突破难点的方法。

2. 强化对学生教育教学实践能力训练的措施

（1）课程设置上有利于培养学生的教育教学实践能力

我们通过行业调研，将教学实践能力训练课程设置为幼儿教育学、幼儿心理学、幼儿卫生学、幼儿园管理、幼儿教师口语、幼儿园教育活动设计与实践等理论课程；利用课余时间，开设手工、化妆、幼儿园游戏活动、演讲与口才等选修课；同时，我们还开设了累计达 40 周的教育实践课程。

（2）培养学生的组织管理能力

首先，在班级活动中，我们推出轮流担任班干部制度：班长、团支书、学习委员、清洁委员、小组长等每一个干部职位，让每一位学生在每一个职位上至少经历一遍，班主任对学生担任干部的情况进行指导、考核、评价，这样能锻炼他们全方位的能力。其次，我们在旧生班级中，推选1至2名各方面能力较强的同学，担任新生班级的班主任助理，协助班主任教师管理、指导新同学，让他们能较快地适应新学校的学习与生活。同时，学校对幼教专业的学生进入学生会、团委会，可以说是大开方便之门，只要符合要求，通过竞选，就都可以进入"两会"，参与学校层面的管理。

（3）培养学生的备课、讲课能力

我们在培养学生的教育教学实践能力方面，一个较重要的方法就是进行说课比赛。说课是一个教师专业素质和文化理论水平的综合体现，我们要求每一位学生在大量搜集资料、整合资料或者自己设计的基础上，进行教学教育活动方案设计，通过学生备课、说课，师生评课，让学生感受幼儿园教育教学活动从设计到具体实施的每一个环节。对学生的说课训练主要从以下几个要求抓起：

语言：用词恰当，句法规范、通俗简练，语言连贯、表述流畅、生动形象、有趣味性。

节奏：说课时要注意声音的高低和语速的快慢。

内容：有对幼儿活动内容的分析、理解与掌握。

灵活性：能根据不同情况和不同需要调整活动内容，能适时运用教育机智处理偶发事件。

仪表：整洁的仪表，亲切、自然的教态，轻松自如的谈吐和恰到好处地运用体态语言等。

理论与实践相结合：贯彻理论与教学实践相结合，要阐述为什么要这样教。

说课与教学相统一：为优化课堂教学、提高教学效益促使学生去认真钻研课程标准、掌握教材，精心设计教学程序等。

（4）让学生掌握一定的教学方法

为了学生今后能较快适应工作岗位，我们经常在课堂教学中采用模拟、项目、案例等教学方法，具体做法是：学生之间互换角色听课、上课、评课。首先，要求他们做好充分的准备（包括教学活动设计、教玩具制作、PPT制作、教案编写等）；其次，在指导教师的参与下进行模拟教学，同时录制上课、活动等视频；然后，根据录制的视频或课堂活动进行教学评价。每天至少举行半小时的话题活动，提高学生语言表达、交流能力。

（5）将专业学习与生活实践相结合

幼儿教师必须承担多重社会角色：幼儿身体健康的护理者，认知发展的促进者，适宜环境的营造者，游戏的参谋和同伴，社会化的指导者，健康人格的塑造者，同时又是一个具有不断探究与创新意识的儿童教育研究者。因此，我们引导学生利用所学的教育心理学知识，多观察幼儿的学习、生活情况，坚持写好观察日记，定期与同学交流分享，从而摸索行之有效的管理教育幼儿的方法。这样，将专业学习与生活、实习实践有机结合，开辟实践活动的新途径，用专业眼光了解探索身边与专业有关的人和事，强化幼教专业意识的养成，为专业能力的构建奠定基础。

（三）强化"双训"呈现的效果

通过对学生的基本技能（说、唱、弹、跳、画、做）的训练，我校2012年、2013年参加市技能大赛，在才艺展示比赛项目中，由学前教育专业学生表演的舞蹈《花儿为什么这样红》、演讲比赛《我和我追逐的梦》均获得了全市第一名的佳绩。2014—2020年，我校学前教育专业学生参加市技能大赛，获得9个一等奖、6个二等奖。2019年，我校学前教育专业学生参加全省中学生艺术节，舞蹈节目《守护》获省二等奖，节目《岁月留声》参加了射洪、遂宁春晚演出。我校学前教育专业的每一届毕业生都要进行毕业汇报演出，进行全方位的技能展示，我们邀请了教育局领导、幼儿园领导、兄弟学校领导、部分家长代表等观看演出，获得了较高评价。

通过对学生教育教学技能的训练，我校学生在实习、顶岗实习过程中以及就业后，幼儿园方面反馈回来的评价是：我们的学生基本上能够根据园方要求，进行教育活动设计、编写教案、制作教玩具、与家长较好交流、沟通。也就是说，我们的学生通过三年的学习，已初步具备教育教学实践能力。当然，学无止境，我们的学生只有在今后的工作中，不断地提升自己，才能真正胜任幼儿教师这一职业。

三、以依托"双岗"为载体

所谓"双岗"是指："试岗"和"顶岗"。

陆游说："纸上得来终觉浅，绝知此事要躬行。"陶行知认为："行是知之始，知是行之成。"显然，学前教育专业就应该重视实践，而教育部〔2010〕9号文件也提出要求，要"促进知识学习，技能实训，工作实践的整合"，推动教学做的统一，增强教学的实践性、针对性和实效性，提高教学质量。行业专家也建议我们要多给学生机会，加强学生实践性锻炼，为此，我们依托"双岗"，对学生加强岗位培养。

无论是"试岗"还是"顶岗"，本质即是"园校合作"。园校合作能将学生置身于真实的实践环境，有了练习、感悟的场所，能收获事半功倍的效果。我们除了加强校内的实训环境建设外，还进一步加强校外实训环境的开发、利用。为此，我们和县城一幼、二幼、三幼、四幼四所公立幼儿园和六所私立幼儿园建立了园校合作关系。

为了不让园校合作流于形式，我们首先签订了园校合作协议，并成立了幼教专业指导委员会，我方可借用园方环境、师资和学生对幼教专业学生进行专业见习、实习等培训。幼儿园的老师还可以利用我校场地办幼儿才艺班，方便我校师生观摩学习。

（一）"试岗"

我们将"试岗"分为三步。

第一步，通过前两年的见习，熟悉岗位、感受职业文化。我们制订完善的见习计划，安排学生每学期到幼儿园见习一周，并对每期见习的要求制定目标，保证见习质量，让学生学有所获。第一期：通过观察幼儿园一日生活及对学生进行热爱幼教事业、热爱儿童的专业思想教育，让学生初步了解幼儿园的生活制度；了解幼儿园一日生活各个环节的卫生保健工作。通过见习，让学生进一步了解幼儿教育实际，掌握幼儿教育的特点，学会观察解读幼儿，树立正确的儿童观、教育观、课程观，激发对学前教育专业的兴趣。第二期：初步了解幼儿园教育工作的内容、形式、方法。加强对幼儿教育工作意义的认识，接触幼儿、了解幼儿，培养热爱幼儿、热爱幼儿教育工作的感情；将所学的基本理论、基本知识和基本技能初步地综合运用到幼儿园的保教实际工作中。在实践中检验、巩固、提高、丰富所学理论和技能，初步树立正确的幼儿教育观。第三期：培养热爱幼教工作、热爱幼儿的思想感情，增强事业心和工作责任感；具体印证《幼儿卫生学》《幼儿心理学》《幼儿教育学》等幼儿教育学科的理论知识，加深对幼儿年龄特点和幼儿教育工作规律的认识；重点了解幼儿园的教育环境和幼儿园保教工作的内容、形式、方法，加深对幼儿保教工作意义的认识。第四期：通过接触幼儿，了解幼儿，逐步形成尊重幼儿、热爱幼儿、关心幼儿、理解幼儿的教育观念，并能全身心投入幼儿教育工作。

第二步，将专业学习与模拟演练相结合，为"试岗"打好基础。幼教专业的第三学年，上完"幼儿园活动设计与实践"（教材教法）课后，以小组为单位，学生之间预设角色，互为师生，模拟幼儿活动、学习的情景，即模拟幼儿语言、计算、游戏、手工、体育等方面的上课情景，形成活动氛围，找到职业感觉，积累感性经验。特别是在兼职教师的指导下，根据小班、中班、大班幼儿的身心特点，尝试制作活动教案。教师在活动内容、目标、重点、难点、教法上加以指导，特别注重在活动过程方面花大力气具体引导和辅导，学生一般能设计和写出关于活动准备、组织安排、讲解示范、学生活动、评价总结等方面的环节安排，并加以演练，促使学生向专业角色靠近，为实习时走进幼儿课堂顺利教学做好"专业基本功"方面的准备。

第三步，在第五学期的实习中走上岗位"尝试"。召开实习动员会和培训会，让学生明确实习任务和要求。制订实习方案、实习手册、实习活动记录、实习成绩表，要求学生认真填写。实行"轮岗实习"，即学生利用一学期的时间分别到小、中、大班进行一个月左右的实习，掌握不同年龄班幼儿的生理、心理特点和教育方法。

（二）"顶岗"

1. 做好学生顶岗前的培训工作

第六学期是学生的顶岗实习期，为了让学生能顺利地走上工作岗位，我们主要从思想、能力、素质三个方面对学生进行培训。

思想教育。召开岗前培训会，明确"顶岗"阶段的目的和任务；遵守纪律和要求；正确处理与指导教师、幼儿、家长的关系；培养学生具有开拓进取、吃苦耐劳、团结务实的精神。邀请幼儿园的领导与专家为学生开办讲座。班主任和专业教师利用课余时间和个别学生进行谈心和沟通，为学生答疑解难。收集以往学生"顶岗"的照片、心得、总结等，并制作展板，供学生观摩学习。

能力训练。开展各项技能比赛，评选出"技能能手"，选出小组长，以便在"顶岗"中相互帮助和提高。进行幼儿园突发事件应急处理模拟演练等。

素质教育。教育学生"身正为范，为人师表"，对学生有爱心、耐心；以"踏足社会，我们应该具备什么？""即将步入社会，我们如何培养自身综合素质？"等主题开展讨论并写出心得。

2. 做好学生顶岗中的指导工作

在学生顶岗时，特别注重选师德好、业务能力强、有资质的教师作为指导教师。除了具体指导学生带班、保育、组织活动外，还要在活动设计、教案设计上对学生进行具体的、可操作的指导。

3. 做好学生"顶岗"的过程性和结果性评价工作

制订"顶岗"实习方案、"顶岗"实习手册、"顶岗"实习活动记录、"顶岗"实习成绩表，要求学生认真填写。

每月定期召开总结会，校、园指导教师与学生相互交流。并对学生当月工作情况进行评价。

顶岗实习结束后，学校和幼儿园及时取得联系，召开总结会，对学生顶岗情况进行总结，给每个顶岗实习的学习的学习做出鉴定，为学生实现就业搭桥铺路。

四、以达成"双证"为目标

以达成"双证"为目标确定教育教学与实训内容、职业生涯规划、设置专业课程以及职业资格证的鉴定考核与相关要求。

学前教育专业学生在毕业时，一要取得学前教育专业毕业证书；二要取得幼儿教师资格证书。毕业证书不仅能证明学生接受了学前教育专业教育的三年经历，而且能证明学生具有一定的思想与职业道德素养、科学文化素养、专业素养及健康的身心素养。幼儿教师资格证书能证明持证者具有从事学前教育职业所必备的学识、才艺和能力，是求职就业的"入场券"，是能胜任学前教育职业的证明。

我们以获得双证为目标，确定教育教学与实训内容，开齐课程，开足课时。在课程设置中不减少公开基础课的课时，专业课侧重于技能课，省去与培养技能关系不大的艰深冗余的理论知识课的课时。同时，要求德育课教师引导学生将获得毕业证与幼儿教师资格证作为人生发展目标并纳入《职业生涯规划》一书的教学中，用简图、表格或文字叙述等方法向学生展现学业规划。取职中三年为时段，第一学年取得计算机一级证；第二学年幼儿教育学、心理学、卫生学合格并取得普通话二等甲级证；第三学年取得舞蹈、钢琴、简笔画、三笔字等级证；毕业时取得毕业证和幼儿教师资格证。从而发挥取证的阶段目标的自我激励和自我监督作用，将"双证"体现的"知识改变命运，技能成就未来"的理念加以量化，变成指向清楚明确的人生职业规划目标，鼓励学生充分利用在校学习的有利条件，利用园、校合作的平台，发挥园校合作的优势，有意识地培养专业兴趣，挖掘自身潜能，主动适应幼儿教师职业岗位需求，刻苦学习专业知识，提升专业技能，自觉提高专业素养、综合职业能力。学校要求专业课教师在平时教学中自觉衔接职业鉴定的内容及相关指标，在专业核心技能课程的设置上加大了课时比例，利用园校结合体现专业技能教学的针对性、操作性与实践性。促进学校课程考试与幼师职业资格鉴定的衔接统一，从而为学生顺利获得双证奠定坚实的基础。

为适应获取双证的需要，特别是获取幼师职业资格证的需要，我们除了采取"平时技能训练＋课外选修班＋技能大赛助推＋名师进校指导"四管齐下的方式外，还在课程设置上加强了与技能等级证的对接，如《普通话教程》《幼儿教师口语训练》《幼儿故事训练指南》《幼儿文学》对接普通话等级证；《幼儿绘画》对接简笔画等级证，写字课对接三笔字等级证，计算机课对接计算机等级证，《幼儿教育学》《幼儿心理学》《幼儿卫生学》对接教育理论与卫生保健合格证。为了保证学生毕业时能拿到双证，我们从一年级开始，每期开展一次技能鉴定，先是自测自评，然后请相关领导、上级主管部门的专家到现场指导和监督鉴定工作的开展。上半年为 6 月，下半年为 12 月。比如，2020 年 12 月，我校学前教育专业 120 名学生参加了由四川省语言文字工作委员会的专家主持的普通话等级测试，其中二等乙级达 55％以上，二等甲级达 25％以上。

同时，学校学籍管理规定：学生在毕业前至少应取得办理幼儿教师资格证需要的 6 项技能等级证和 3 项合格证，才能办理幼儿教师资格证。对于没有拿到幼儿教师资格证的学生可以继续补测相应的单项技能或到有测试资格的相关部门检测，达到规定要求，才可拿到幼儿教师资格证。学生必须学完课程设置中规定的课程，各门课程须考试或考查合格，不及格者须补考达到合格，完成规定的学分，方能取得毕业证，不过，这只是获取毕业证的重要条件之一。获取毕业证并非仅仅是各门课程考试合格就能取得，为了提高学历证书的含金量，我们除了加强专业学习、一般认知力、职业基本技能、教育实践能力、创新能力的培养与训练外，还加强了学前教育专业学生的职业素养的养成。一是职业道德即师德的养成训练，同时结合专业文化要求，我们创作了学前教育专业行训，即："我是一名未来的幼儿教师：学为人师，行为世范，注重仪表。热爱幼儿，尊重家长，为人师表。诚信为本，培养习惯，重视身教。启发兴趣，寓教于乐，解惑传道。能写会画，游戏手工，说唱弹跳。教书育人，诲人不倦，赢在幼教。"每堂课之前皆要朗诵，内化于心，外显于行，经过点点滴滴的持之以恒的熏陶，随时提醒学生要做一个幼师，该做什么，不该做什么，该怎样做，才能适合岗位要求，从而做到心中有数。二是培养职业精神、职业习惯、职业纪律，若习惯差、师德差，操行不好（公民道德差、社会公德差），低于考核合格分，或达不到规定的等级，将延迟或不发毕业证。

五、贡献与示范

（一）对区域经济社会发展的贡献度

1. 策划公益演出，提升大众文化品位

为了丰富老百姓的业余文化生活，我们组建了"职教之光"艺术团，近年来送文化下乡演出72场次。打造精品节目,积极承担县市各层次的演出18场次,得到了社会各界的认可。

2. 为地方幼教事业提供人才支撑

我们以服务地方教育建设为己任,培养适应农村幼儿学前教育的紧缺技能型人才。我校毕业生如罗柳(金家幼儿园)、刘佳(太乙二小)、赵景(金华幼儿园)、林丹(涪西小学)等纷纷考取了教师正式编制;毕业生如罗平(罗平艺术中心)、何春(洋溪镇米菲幼儿园、新溪乡分园)、付小倩(苗苗幼儿园)、吴玉玲(起航幼儿园)等纷纷创办了自己的幼儿园;这些学生为助力农村幼教事业做出了自己的贡献。近3年为我县教育系统共输送了482名幼教人才,有效地缓解了我县幼儿教师短缺的现状。我们的毕业生在实践技能、组织能力、解决实际问题等方面均有出色的表现,他们当中的很多人在不到一年的工作时间里,就在所在幼儿园担任了主要教学任务,用人单位满意度达95%。

3. 提供多层次的培训服务

近年来,在职教集团的引领下,举办了大量的多层次、多类型的培训班。利用本校的师资和设备对私立幼儿园开展普通话、幼儿舞蹈、音乐等专业知识的培训,数量达25次;利用人脉资源,邀请幼教专家对全县骨干幼儿教师进行培训。

4. 专业教师经验交流卓现成效

喻善平、谢丽华老师撰写了《浅谈在幼教专业建设中如何凸显"三性"》一文,发表在《幼教新视野》2012年第四期上,已被维普网评为高影响力论文;喻善平、杨平老师撰写出《基于幼教专业文化建设的探索与尝试》一文,发表在《新课程研究》2013年第三期上,目前已被维普网评为高影响力论文;谢丽华、杨平和骨干教师冯玉茜、李炜撰写出《学前教育专业"四双"培养模式的实践探索》案例。

(二)对其他地区和学校进行示范、带动和辐射的成效

我专业自2011年9月4日成立专业建设指导委员会以来,聘请了校园专业指导委成员,开展了一系列卓有成效的研讨活动,系列成果引领了学前教育类专业建设、改革和发展。

"四双"人才培养模式及我校示范性建设中的经验,得到了很多学校的认同。

三年来,省内外多家中职学校,如市职中、大英职中等到我校参观学习、交流成果和经验。

"双师"教学团队的锻造和发展,有力地辐射和带动了县幼教师资团

队的建设，县内幼儿园纷纷聘请本校双师教师到园兼任幼儿营养顾问、心理咨询顾问等。

我们在学前教育专业"四双"育人模式的探索与尝试中，虽然取得了较好的成果，但存在的问题也不容忽视。尽管早就提出了要突出以"双学"为前提，但师生们的认识并不到位。我们经过进一步研讨，认为无论是片区领导、班主任还是科任教师，皆应以校内其他专业为参照，引导学生从对比角度加深理解，特别是对"双学"的理解。若要在文化素养与专业素养的培养上取得更大的成效，对学前教育专业师资就必须加大培训与考核的力度，要特别重视教师们在师德师风方面的垂范作用。在四个校外实践基地的建设中，园、校双方应共同制订出兼职教师的管理与考核方案。在学生顶岗实习过程中，应及时针对出现的倾向性问题开办一些讲座，或让实习有成果的学生现身说法，从而推动有效实习。在招生、升学、就业方面，应在招生时增加面试环节，对仪表、知识基础、才艺兴趣等方面有一定的要求。从 2021 年开始，中职阶段将停招学前教育专业学生，我校与川北幼儿师范高等专科学校联合办学，学前教育专业招收初中起点五年全日制大专班，在平时的教学中，应注意衔接相关知识点，加强针对性的训练，为学生顺利进行学历提升奠定基础；就业上应大力开拓市外、省外市场，为学生毕业时赢得更大的就业空间。

◇ 典型案例七

基于校企双主体办学模式下的双师型教师队伍建设研究

任　鹏　四川省射洪市职业中专学校

摘要：职业教育为企业输送了大量技术型人才。提高技能型人才的关键因素是教师队伍素质高和能力强，相关政策明确指出职业学院应加强校企合作，激发企业共同建设"双师型"教师队伍的动力。本文分析了校企双主体办学模式和"双师型"教师的基本内涵，探讨了在校企双主体办学模式下，如何建设既具有扎实的理论功底又具备专业的实操能力的"双师型"教师队伍，以期为企业、学校共同培养教师提供参考。

关键词：双师型教师；校企双主体；队伍建设

一、校企"双主体"的内涵

我国的校企"双主体"办学模式指的是在学校、企业相互融合的机制下，企业需求和标准以合适的方式切入学校办学的各个环节中，通过多种形式、多类层次、多维度的工学结合，通过整合学校和企业双方的资源，共同培养高素质人才。校企"双主体"办学模式将"谁培养"和"怎样培养"的问题进行了重新定义，不再完全遵从以学校为主体的培养模式，将企业也纳入培养人才的重要主体，实现了校企的资源共享，互利共赢。一方面，企业将专业技能的要求、理念和文化传输到学校里，为学生提供实习场所和机会，使学生所学与社会需求"无缝对接"。另一方面，学校通过挖掘企业急需解决的问题，开展研发合作，制订相关专业方向，有针对性地为企业提供人才。

二、"双师型"教师的内涵

"双师型"教师指的是既具备职业教育教师的"理论型"素质特点，同时也具备社会服务、技术服务等"技能型"基本素质的复合型人才。它强调了两个基本原则：第一，"双师型"教师有良好的职业道德，且能较好地开展教育教学工作；第二，"双师型"教师的实践能力强，具备专题研究、技术研发及良好的职业素质。总之，扎实的理论基础和卓越的实践能力在"双师型"教师身上得到了统一。

近年来，校企双主体办学模式下的"双师型"教师队伍建设在不断向前推进，取得了一定成绩的同时，也暴露出一些问题：学校的培养模式依然以传统的普通教师教学为主，以学校教师为主对学生进行指导培训，培训内容的应用性与实际有差距，培训条件尚不完善等，企业的主体性没有发挥出来，参与度不高。企业对学校的资源利用程度不高，校企作为共同主体培养"双师型"教师队伍的研究和实践不足……"双师型"教师队伍建设，可以助力学校和企业实现双赢，如何基于校企双主体培养"双师型"教师值得深入探讨。

三、"双主体"办学模式下的教师队伍建设

（一）校企共同制订"双师型"教师的评定机制

目前，我国还没有制定统一的"双师型"教师培养和认定标准。而从实际来看，校企深度融合是职业教育深化发展的必然趋势，企业与学校作为"双师型"教师培养的共同主体，要积极地参与到学"双师型"教师资格评定的改革中来。根据上级有关文件的指导，校企双方应考虑学校学科专业的特点，考虑企业的实际发展要求，联手制订"双师型"教师评定机制和相关的认定细则，成立"双师型"教师认证中心，有序开展资格认定

工作。

首先，要量化"双师型"教师的认定标准。分别就教师的教学能力、科研能力、论文发表、实践技能、企业挂职锻炼等指标，合力进行量化，尽可能使标准统一化、综合化和科学化。要基于学校的办学定位和特色，也要基于企业的技术和技能需求，改善"双师型"教师的评定机制。

其次，要严抓"双师型"教师的认定。"双师型"教师不在多而在精，标准要从严，明确和规范认定流程。在学校方面，要重点围绕教师的教学水平和教学能力进行考察，也要考核教师的职业素养；企业则主要针对教师的实践和专业技能、研发能力进行重点考察。两者之间的评价既相互独立，又相互补充，充分发挥"双主体"的共同作用。

最后，校企要共同创造条件，提高"双师型"教师的地位。做到这一点，需要出台对应的教育培训制度，对潜在的"双师型"教师进行有意识的培养。企业应对学校的培育给出建议和力所能及的帮助。学校将教师派到企业锻炼，作为年度考核的指标和职称评审的条件，提高教师为企业服务的积极性。校企双方多方筹措培养资金，为"双师型"教师在福利待遇、职务晋升等方面提供便利性，促进更多的教师向"双师型"教师转变。

（二）利用渠道，校企共同培养"双师型"教师

共建校企"双主体"培训基地。由于缺少相关激励措施，我国企业参与"双师型"教师队伍建设的积极性并不高。国家应给以企业相应的政策倾斜，明确企业在"双师型"教师培养中的主体地位。职业学院通过积极与行业协会、职教集团协作，推动校企双主体共建培训基地，共同建设"双师型"教师队伍。根据校企双方的优势和资源，建立校外企业培训基地，特别是建立专业性较强的实训基地，如"顶岗实习基地""厂中校"等，鼓励教师进行实践锻炼，协助企业解决实际问题。建校内培训基地，确保能实现"做中教、做中学"的教学模式，将企业生产过程和教学内容融入培训基地中。

校企携手合作，共同完成实践教学，增强"双师型"教师的能力。实践教学是提升职业学校学生实践能力和职业能力的有力保障。校企双主体模式下的实践教学需要企业与学校共同参与，共同提高实践教学的质量。职业学校学生的实践教学主要包括工学交替、顶岗实习等环节，"双师型"教师的能力也能在这些实践教学环节中得到培养。顶岗实习是职业学院学生踏入职场的第一步，学校应主动和合作企业沟通，让一些专业对口、素质过硬的学生到企业进行顶岗实习。期间，建立学校教师和企业师傅的

"双导师"制，共同全程指导学生，使顶岗实习期间的实践教学质量得以保证，教师通过密切接触企业的生产环境，为成为"双师型"教师奠定实践基础。工学交替实践教学表现为交替学习理论和实践，使两者相互促进、相互检验。要求企业选派具有丰富的实践经验，且能承担教学的技术人员，参与到学校实训实践教学环节，并对实践过程做好评价。学校选送学科带头人、骨干教师、优秀教师进行理论教学。为了使理论和实践有机衔接起来，教学目标和环节需要由学校教师和企业的技术人员共同确定。学校教师和企业人员可以建立共同备课小组，就教学内容互通有无，教学方式互相探讨，通过相互学习，取长补短，促进能力的增长。毕业设计是检验学生是否达到毕业要求的重要环节，职业学院在选择毕业设计主题时，要尽可能以解决实际问题为导向，优化企业的生产工艺，思考企业现实的技术需求，引导学生树立通过毕业设计解决企业生产经营中的实际问题的思想。企业作为双主体之一，要制订符合企业人才需求发展方案，并积极参与到学校的毕业设计中来，与学校共同拟定毕业设计的标准和管理方案，为毕业生提供完成毕业设计的平台。毕业设计的指导老师可从企业人员中引入，企业人员和学校老师共同指导学生完成毕业设计，使学生尽早和企业接轨，也为教师掌握先进技术提供了实践机会，使教师具备"双师型"能力。

（三）拓展"双师型"教师培训新方向

在校企良好合作、互利共赢的基础上，深化合作平台，搭建"校企双主体培育"平台。企业可聘请职业学院的优秀教师，参与或指导技术项目、研发创新等。邀请职业学院教师为员工制订培训方案，搭建提高教师实践能力的企业平台。职业学校根据教学大纲和专业要求，聘请职业能力强、综合素质高的专家作为学校的客座教授、兼职教师，指导学校的实训基地和实践教学。企业的专家通过将企业现金技术、自身的实践经验融入课堂中，使职业教育教学更贴合企业的实际需求。学校和企业两大主体互相输送人才、共享人才，教师通过校企互动接触企业的新技术新方法，提高"双师"素质。

拓宽企业教师的引进渠道。一些职业学院引进教师人才时，通常很看重教师的学历背景。基于职业学院培养技术人才的定位，在引进教师时，应将一部分名额面向企业、社会中具有丰富实战经验的人才，并给予相应的福利待遇，吸引高技能人才成为职业学校教师队伍的一员，形成一支教师与企业人才互补的队伍。

充分利用好企业人才，做好企业人才带动教师的"传帮带"的工作，提高教师的实践水平，也提高企业人才培养指导教师的提升，促进"双师型"教师队伍的建设。

参考文献

[1] 李军民. 学校本位视域下职业教育"双师型"教师队伍建设的路径探析 [J]. 中国职业技术教育，2017（3）：76－79.

[2] 麦克思研究院. 中国高等职业教育质量年度报告（2014）[M]. 北京：高等教育出版社，2014：20.

[3] 王屹，李天航. 基于实践共同体的职业教育"双师型"教师队伍培养 [J]. 现代教育管理，2018（5）：88－92.

◇ 典型案例八

基于"校农合作、学劳结合"的"三化三定"教学模式探索与实践

射洪市职业中专学校　尹　雄　任　鹏　邓先才　罗会义

摘要：现代农艺技术专业推行面向企业真实生产环境的任务式培养，探索"三化三定"教学模式。即：教学时间季节化，以农作物的生产周期确定教学时间，因季施教；教学地点田间化，以产业基地确定教学地点，因地施教；教学任务项目化，以作物类别确定教学项目，分项施教。在"三化三定"教学模式的实施过程中，全面有效地整合了教学资源，形成握紧拳头效应。学生的专业能力提升需求得到满足，有效提升了双师型教师的专业技能水平。有效促进校农合作、学劳结合、校企深度合作得以实现，真正达成了互补共赢。

关键词：三化三定；因季施教；因地施教；分项施教；校农合作；学劳结合

一、实施背景

（一）现代农业的内涵定义

现代农业是一个动态概念、也是一个具体事物，是农业发展史上的一个重要阶段。从发达国家的传统农业向现代农业转变的过程看，实现农业现代化的过程包括两方面的主要内容：一是农业生产的物质条件和技术的现代化，利用先进的科学技术和生产要素装备农业，实现农业生产机械

化、电气化、信息化、生物化和化学化；二是农业组织管理的现代化，实现农业生产专业化、社会化、区域化和企业化。

综上所述，现代农业的本质可概括为：用现代工业装备的，用现代科学技术武装的，用现代组织管理方法来经营的社会化、商品化农业，是国民经济中具有较强竞争力的现代产业。

现代农业是以保障农产品供给、增加农民收入、促进可持续发展为目标，以提高劳动生产率、资源产出率和商品率为途径，以现代科技和装备为支撑，在家庭经营基础上，在市场机制与政府调控的综合作用下，农工贸紧密衔接，产加销融为一体，多元化的产业形态和多功能的产业体系。

（二）现代农业发展现状与趋势分析

十二届全国人大五次会议期间，习近平总书记参加四川代表团审议时提出："优化农业产业体系、生产体系、经营体系，形成农业农村改革综合效应，推进城乡发展一体化。""就地培养更多爱农业、懂技术、善经营的新型职业农民。"指出了当前我国农业和农村发展的一条新思路、新举措。2019 年中央一号文件中指出："毫不放松抓好粮食生产，推动藏粮于地、藏粮于技落实落地。"

当前，我国初步形成了区域化布局、专业化生产、产业化经营的现代农业产业格局，产业体系建设正在由单纯追求资本、技术要素替代逐步转向要素有机融合的新阶段。我国现代农业产业发展迅速，但以增产为导向的产业方式与整个国内农产品需求严重脱节，农业要素不合理配置，制约了产业效率的提升。未来，我国将加大农业产业融合力度，推进先进技术在农业产业上的深入应用。

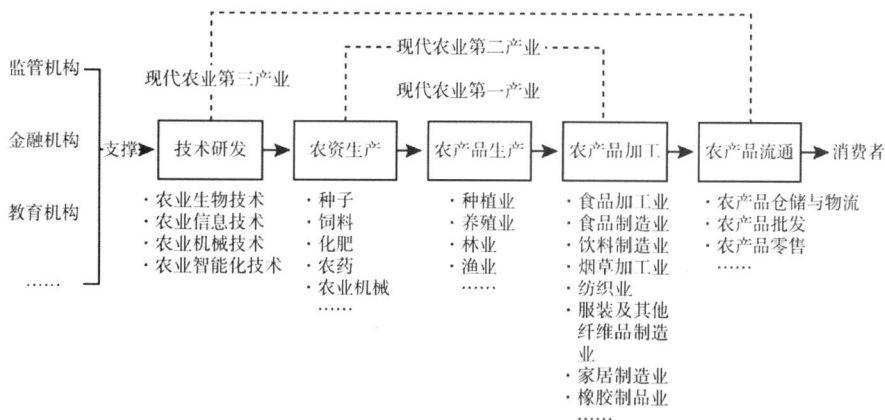

图 4—12 现代农业产业链以及现代农业三大产业构成

（三）县域农业现状调研

遂宁市作为成渝合作、区域合作的连接点，要加快发展以绿色生态为特征的现代农业，"遂宁鲜"成为全国知名农产品品牌。其中射洪县农业人口占75%，是典型的农业大县，2015年实现粮食总产量达45万吨，生猪出栏90万头，家禽995万只，优质水果面积12万亩，特色蔬菜种植面积16万亩，优质中药材种植面积4万亩，优质产品基地达45万亩，农业产业化龙头企业达56家，各类专业合作组织达到528个，农业生产总值达60亿元。获四川省2015年"全省农业产业化经营先进县"称号，2016年射洪县被四川省政府确定为第二批现代农业重点县。

近年来，射洪县紧紧围绕农业增效、农民增收两大目标，大力发展特色农业和精品农业，推进镇园结合、农企互利、产村相融三大战略，全力推进现代农业发展新格局，为乡村振兴提供了产业支撑。射洪以柑橘、蔬菜及优质粮油为重点，加快推进遂宁农业大环线和全县"三园一基"现代农业园区建设，以改善农业生产设施为基础，以优化区域布局、改进种植技术、农产品质量监管、延长产业链为手段，继续打造优势特色产业带，加快特优产业品牌建设。2018年全县蔬菜种植面积达31.4万亩，优质水果面积达12.5万亩，优质中药材种植面积达4万亩，形成商品蔬菜产业带、加工蔬菜产业带及柑橘产业带。

但是，由于农民文化水平较低，思想观念较为落后，还不能适应产业发展需要。现代农业发展和乡村振兴需要的实用技术技能人才和特色种养殖人才严重短缺，急需加大现代农艺技术人才培养力度。

（四）专业现状调研

射洪县农业企业发育程度不高，校企合作育人理念滞后，导致校企合作、工学结合的深度及广度不能满足学生职业岗位能力提升的内在要求，校企缺乏深度融合，共育共管未能形成长效机制。同时，学校现代农艺技术专业课程体系未能充分体现区域农业发展的特点，理论与实践课程比例有待进一步优化，教学和课程标准存在重理论轻实践的问题，需要进一步调整完善。专业信息化资源不足，网络教学、仿真教学等信息化教学手段有待大力加强。

教学团队存在年龄不合理、教育理念不够先进、知识更新不及时、国际视野不开阔等问题。现有师资队伍校内教学时间多，深入生产一线实践机会少。没有聘请到足额的企业兼职教师，双师型教师不达标。开发实训项目整体较少，已不能满足国家"乡村振兴"和射洪市"一镇一特色、一村一产业"的发展要求。

现代农艺技术专业课程具有与其他专业不同的特点，教学内容往往与农作物种类密切相连，而农作物具有一定的生长周期，不同种类的农作物生长季节有差异，比如小麦是秋播春收，玉米则是春播秋收，季节性非常强。所以，教学内容须打破常规的章节式教材体系的安排，教师须按照各类作物生长的季节性编制教学计划，因季施教。

二、基于"校农合作、学劳结合"的"三化三定"教学模式的主要目标和创新点

（一）主要目标

坚持立德树人，培养有献身"三农"的职业理想，具有从事作物生产、果蔬生产、植物保护、农产品营销等岗位工作能力，能胜任农业生产、服务、管理工作的高素质劳动者和初中级技能型人才，并为高一级院校输送人才。

建成一支能满足现代农艺技术专业教育教学改革与发展需要、专业水平高、实践能力强、在市省有较大影响力的教师队伍，建成由企业高级农艺人才、工程师、能工巧匠组成的高水平外聘教师人才库。

（二）主要创新点

开展多元化思政教育，基本建成"思政课程＋课程思政"的格局，全面挖掘课程思政元素。

校企深度合作，共建了集创业、德育、实训、劳动、科普、师培和就业等教育于一体的"射洪农耕文化体验中心"。使三教改革和三全育人得以落地落实，补齐了学校劳动教育短板。

依据现代农艺技术专业特点，强化专业课课堂教学、实训实习的有机融合，推行面向企业真实生产环境的任务式培养。

探索实现实训内容与企业典型产业需求相对接，加强岗位操作训练，有效开展实践性教学。

三、实践过程

"三化三定"教学模式的内涵即教学时间季节化，以农作物的生产周期确定教学时间，因季施教；教学地点田间化，以产业基地位置确定教学地点，因地施教；教学任务项目化，以作物类别确定教学项目，分项施教。

（一）因季施教

教学时间季节化，以农作物的生产周期确定教学时间，因季施教。我校现代农艺技术专业根据粮食作物（小麦、水稻、玉米、红薯等）、油料作物（油菜、花生、大豆等）、林果（柑橘、李、桃、葡萄、枇杷等）、蔬菜（辣椒、芹菜、白菜、番茄、南瓜、苦瓜、冬瓜等）的生长特性，将学科教学内容分解到春、夏、秋、冬四个季节，按农作物的生长季节进行理论及实践教学，如图4-13、表4-20所示：

图4-13 实践教学

表4-20 因季施教示例

课程	作物	季节	因季对接教学项目
作物生产技术	小麦	秋季	小麦播种与壮苗培育
		冬季	小麦冬管
		春季	小麦春管
		夏季	小麦测产与收获
	水稻	春季	水稻壮秧培育
		夏季	水稻田间管理
		夏秋季	水稻测产与收获
蔬菜生产技术	辣椒	春季	辣椒播种与壮苗培育
		夏季	辣椒花果期管理
		夏秋季	辣椒测产与收获

续表4—20

课程	作物	季节	因季对接教学项目
果品生产技术	柠檬	春季	播种与壮苗培育
			春管之整枝修剪
			花期管理
		夏季	花果管理
		秋季	收获与贮藏
			秋管之整枝修剪
		冬季	园土调理
			防寒防冻

（二）因地施教

教学地点田间化，以产业基地确定教学地点，因地施教。专业加强合作企业的特色产业调研，根据实训基地的产业特色将各学科教学内容分解到各校外实训基地。以产业基地确定教学地点，实施因地施教。企业根据教学内容，安排懂专项技术的师傅指导学生实习实训，采用"师带徒"的形式对学生进行针对性培养，学生毕业就可以到相应的企业从事专项技术工作，对口就业，实现了校企共同育人。我校现代农艺技术专业与校外各实训基地教学内容对接如表4—21：

表4—21　因地施教产业基地对接表

教学基地	对接基地产业	主要对应学科
四川合众生态农业有限公司	花菜、萝卜、韭黄、茄子、番茄等遂宁鲜蔬菜生产经营，蘑菇、平菇等食用菌生产经营，粮豆加工与销售	农业生物技术，农业经营与管理，蔬菜生产技术，植物保护技术，植物生产与环境，农产品贮藏加工
四川太阳湖农业有限责任公司	核桃生产与经营	林果生产技术；植物保护技术；农业经营管理，植物生产与环境，农产品贮藏加工
射洪县金柠农业开发有限责任公司	柠檬生产与经营，红薯、马铃薯生产与经营，生猪养殖	林果生产技术，植物保护技术，农业经营管理，植物生产与环境，农产品贮藏加工

续表4－21

教学基地	对接基地产业	主要对应学科
射洪兴世伟业农业开发有限公司	猕猴桃、核桃生产与经营	林果生产技术，植物保护技术，植物生产与环境
射洪县农度种植专业合作社	粮油作物生产与经营，羊肚菌生产与经营	农业生物技术，作物生产技术，植物保护技术，植物生产与环境
射洪县先克来农机合作社	甜、糯玉米生产与经营，花菜、辣椒、瓜菜、番茄等遂宁鲜蔬菜生产经营，农机服务	作物生产技术，蔬菜生产技术，植物保护技术，农业机具使用与维护，植物生产与环境
射洪县峻原农业有限责任公司	金华青见生产与经营	林果生产技术，植物保护技术，农业经营管理，植物生产与环境，农产品贮藏加工
四川省亿诚现代农业科技有限公司	棉花、小麦、油菜种子生产与经营	种子生产技术，植物保护技术，农业经营管理，农产品贮藏加工

（三）分项施教

教学任务项目化，以作物类别确定教学项目，分项施教。积极贯彻行动导向教学思想，结合地方特色种养殖业，编写地方特色项目教材；组织教师积极探索实施项目教学、案例教学等先进教学方法，打破学科章节式的教程模式，按照作物类别和"教、学、做"合一的原则，提炼出了"作物生产技术"等13门课程实训项目122个，专业教师按照由浅入深的认知规律编制出了学期项目训练计划。并将实训项目对接到各实训基地，实施分项施教，如表4－22所示：

表4－22　《作物生产技术》分项施教计划表

序号	实训项目	实训类型	第二期学时	第三期学时	授课场所
1	当地农作物种植制度调查	基本技能训练	3		教学基地、农户

续表4-22

序号	实训项目	实训类型	第二期学时	第三期学时	授课场所
2	水稻浸种与催芽	基本技能训练	3		射洪县农度种植专业合作社
3	水稻分蘖期田间管理	基本技能训练/实习	7		
4	水稻拔节孕穗期田间管理	本技能训练/实习	7		
5	水稻抽穗结实期田间长势长相观察及水肥管理	基本技能训练/实习	3		
6	稻米外观品质测定	基本技能训练	3		
7	玉米播种	基本技能训练/实习	4		射洪县先克来农机合作社
8	玉米穗期苗情观察及管理	本技能训练/实习	4		
9	玉米花粒期苗情观察及管理	基本技能训练/实习	5		
10	玉米成熟期判断及大田测产	基本技能训练/实习	4		
11	小麦基本苗调查	基本技能训练		4	四川省亿诚现代农业科技有限公司
12	小麦前期田间管理	基本技能训练/实习		4	
13	小麦幼穗分化形态观察	基本技能训练	4		
14	小麦中期田间管理	基本技能训练/实习	4		
15	甘薯收获与安全贮藏	基本技能训练		4	射洪县金柠农业开发有限责任公司
16	油菜育苗与移栽	基本技能训练/实习		5	四川省亿诚现代农业科技有限公司
17	油菜冬前田间管理	基本技能训练/实习		4	
18	油菜收获与贮藏	基本技能训练/实习	4		
19	大豆田间管理	基本技能训练	3		射洪县农度种植专业合作社
20	花生田间管理	实习	5		射洪县农度种植专业合作社

续表4-22

序号	实训项目	实训类型	第二期学时	第三期学时	授课场所
21	马铃薯播种	基本技能训练/实习	3		射洪县金柠农业开发有限责任公司
22	农作物种子检验	基本技能训练/实习		3	四川省亿诚现代农业科技有限公司
合计			90		

四、有利条件

（一）专业教学团队结构趋于合理

我校现代农艺技术专业创办于1983年，是遂宁市重点专业。该专业现有在校生372人，专任专业课教师17人，外聘专业课教师3人。专任教师中高级教师8人，中级教师2人，研究生学历2人，本科学历12人，双师型教师5人。专业负责人尹雄是遂宁市农林牧渔类专业教学指导委员会副主任，罗会义是射洪市农学协会会员。

（二）建成并完善校内实训基地

校内建有实训室10间，建筑面积650平方米，教学实训仪器设备总值147.6万元。拥有80亩土地的林果、花卉实训基地。专业建有农产品贮藏加工、林果生产、立体农业生产三个校外实训基地，能基本满足认识实习、跟岗实习需要。

（三）与农业企业的合作关系更加紧密

我校现代农艺技术专业分别与四川合众生态农业有限公司、四川太阳湖农业有限责任公司等企业开展校企合作，探索基于合作企业产业特色的人才培养。校企双方成立了专业教学指导委员会，共同制订专业人才培养方案和实施性教学计划，校企双方合作建设课程，合作制定考核标准。合作企业接收学生跟岗实习和顶岗实习，共同进行专业课程教学。

同时，学校与射洪金柠农业开发有限责任公司、射洪县先克来农机合作社等企业签署实训基地协议。建成覆盖本专业各学科课程的校外实训基地，专业校外实训条件得到进一步改善，可一次性接纳实习学生 300 人，满足了本专业学生认识实习、跟岗实习和顶岗实习的需要。

五、实施成效

探索出了有农艺专业特色的基于产教融合的"校农合作、学劳结合、双向发展"人才培养模式。专业与区域内农业园区、重点农业龙头企业和特色种植大户，深入开展校企合作、实施定向培养，实施校企"共育、共管、共研、共享"。改革以传统的课堂为中心的教学形式，实施校内学习与校外生产劳动相结合，实现"学做合一"。根据人才培养目标，积极优化课程体系，改革过去传统的以升学为目标的课程结构，实现既可就业也可升学，促进学生可持续发展。

专指委成员和骨干教师参与撰写的《现代农艺技术专业人才培养方案》获遂宁市教体局典型案例一等奖，并被推荐到省教育厅参评。

提炼出了有技能课特色的"备、组、讲、范、训、评、理、固"八字教学环节，将原理学习—实践训练—作品（产品）评价融为一体，学生学一个项目就考核一个项目。并辐射学校机电、数控、中餐烹饪美容美发等专业实施。

构建了"三力并举、双轨互聘、四环育建"的"双师型"专业教学团队建设模式。"三力并举"即校本培训、国省培训、企业培训三平台教师培训模式，"双轨互聘"即教师进企业、企业技师进学校的双轨互聘模式。

专业教师双师型比例由 16.7％上升到 80％，14 人次参加省市教学能力大赛获奖，14 篇论文在国家级、省级刊物发表，9 篇文章在省市获奖，由蒲伟、尹雄、罗会义等编写出版了《作物生产技术》《果树生产技术》，编写了《果树栽培技术》《家禽饲养技术》《油菜甘薯栽培技术》等校本教材、实践教学项目实施方案、农民短期培训教材 14 本。专业教师指导学生参加全省农林类专业中高职衔接技能大赛 41 人获一、二等奖。

组织教师编写符合区域实际的特色项目教材；整合教学内容，编写了七门学科实践教学项目实施方案。完成五门核心课程课程包建设（课程标准、课程设计、单元设计、任务书、实习指导书）、试题库封装、动画制作、视频拍摄、微课录制，并已将五门课程制作成网络课程。

结合专业人才培养实际，紧贴企业典型工作岗位，专业积极优化课程体系，通过实践探索，构建"一识、二树、三专、四成"学生专业实践能力提升模式。

新增校内实训室 5 个，新增射洪县先克来农机合作社等校外实习基地 5

个。投入 60 余万元建立了专业教学诊改预警系统与毕业生跟踪服务平台。

与四川合众生态农业有限公司深度合作，共同投资 120 余万元，建设"射洪农耕文化体验中心"。由沧海桑田、阡陌纵横、射洪人文、互动体验、美好未来等五部分组成。是川中地区最大的农耕文化体验中心和最具特色的青少年"三农"教育基地。

校企共建，投入大，档次高，观赏与互动体验相结合，寓教于乐，培养学生农业情怀。古代、近代、现代农业场景相结合，充分展示了国内外现代农艺技术成果，拓展校内外师生的国际视野，有助于让广大青少年学生认识农业发展历程，树立献身三农的职业理想。进一步加强了专业文化教育与专业实践相结合，实现学生德技双修，实现资源共建共享，促进校企深度融合。

助力乡村振兴和脱贫攻坚，积极探索农村职中与"三农"培训的有机结合，开展了"两库""两网"建设。提出了"让农民当好农民"和"让农民不当传统农民"的"D—J—S—F"新型职业农民教育培训模式。

D——调研，J——教学计划、教师，S——上课培训，F——反馈。即通过对区域特色种养殖业的针对性调研，对农民或种养殖大户制订针对性培训计划并安排专门教师进行培训，收集培训效果和开展个别服务。

"两库"，即教师库和区域特色种养殖专业户库；"两网"，即"学员网"和"教学资源网"。

六、体会与思考

我校现代农艺技术专业在基于"校农合作、学劳结合"的"三化三定"实践教学模式实施中，全面有效地整合了教学资源，形成握紧拳头效应。一方面打破原有专业实践教学存在的局限性，很大程度上满足了学生的专业能力提升需求。另一方面全面提升了校内实践平台同当地行业企业产学研项目合作，促进了产教融合，实现了校企深度合作、互补共赢。帮助广大青少年学生认识农业发展历程，提升了"三农"意识，拓展了国际视野，培育农业情怀，夯实了学生知农、学农、懂农、爱农，积极投身乡村振兴事业的思想基础，提升了双师型教师的技能水平。

参考文献

［1］刘红娟. 工学结合一体化教学模式的探索［J］. 职业技术教育，2011（7）.

［2］本刊评论员. 创新发展中国肥料业建设现代农业［J］. 中国：城乡桥，2007（11）：13－16.

　　[3] 刘泽发，黄丁蓉，向国红，等. 产学研合作模式下"项目引导教学法"在农学专业实践教学中的应用探索 [J]. 高教学刊，2018（2）：116－118.

　　[4] 洪俊青，吴坤，袁小平，等. 新工科背景下土木工程应用型人才培养体系的构建 [J]. 建材与装饰，2019（31）：151－152.

　　[5] 于莲双，张亚勤，吴景春，等. 基于应用型本科院校"电工与电子学"项目式课程教学改革的探索 [J]. 科教导刊—电子版（下旬），2019（7）：79－80.

◇ 典型案例九

乡村振兴立初心　精准扶贫助三农

四川省射洪市职业中专学校　蒲　伟

　　四川省射洪县职业中专学校于1983年由普通高中改办职业高中，1996年被教育部批准为"国家级重点职业高级中学"，经劳动部门批准建立"国家职业技能鉴定所"。1999年合并了射洪县教师进修校和射洪县成人中专学校，2004年合并射洪实验中学，建立射洪县农民工培训中心和射洪县职教中心，同年被教育部再次认定为国家级重点中等职业学校。学校由职高校区、农民工培训校区、成人教育校区和综合高中校区组成，占地400亩，生产实习基地100亩，建筑面积11万平方米，仪器设备价值1000万元，实验开出率100%，图书资料13万册。现有教职工470人，其中高级教师68人，中学一级教师169人，全日制在校生1万余人，年短期农民工培训达4000人次。学校与沱牌、宝钢、四川长虹、华西集团等100余家企业联合办学，开设机械、电子、建筑、经贸、计算机等18个专业。机电技术应用专业是四川省重点专业，计算机、财会、建筑专业是遂宁市重点专业。拥有实验实训室50间，工位2600个，建有校园网、远程电教室，初步实现了教学手段现代化。是香港华夏基金会项目捐资学校，是国家重点建设50所示范性职业学校之一，是科技部确定的"农民科技培训星火学校"。

　　射洪县农民工培训中心是县政府依托国家首批示范职中——射洪职业中专学校建立的培训转移我县农民的专门机构。

　　农民工培训中心于2004年由破产企业大榆丝厂改建而成。占地40亩，建筑面积2.3万平方米，能满足500个农民工同时参加培训，学校先后投资300多万元，改建成农民工专用教室10间、实训实作室16间和培训学员餐厅；新购课桌凳500套，铁床500张；购进电动缝纫机50台、电焊机30台、计算机100台，新购数控室、电子室、管工室、电工室、钳工室、食品加工室、餐饮室、钢筋工、抹灰工设备各一套；添置了办公设备、设施，满足了农民工培训的需要。

中心有管理人员 20 余人，专兼职教师 60 余人。中心常年承担职业技能、退役士兵、劳务品牌、新型职业农民等培训。2003 年 4 月 21 日和 2004 年 4 月 5 日，四川省委书记、省人大常委会主任张学忠等领导两次来校视察，并欣然题词："农训基地，致富摇篮。"

近年来，随着精准扶贫的开发和农村产业结构的调整，为培训适应新农村建设，培养现代农业企业、家庭农场等现代产业工人，也本着为了实现"让农民当好农民和让农民不当农民"的目标，农训中心招收了大量有学习能力的、能率先脱贫，并能带动大家共同致富的建档贫困户，参加农村实用技术培训，所培训的人员覆盖到了全县 30 个乡镇、80 个贫困村，为我县乡村振兴及精准扶贫工作起到了积极作用。

一、具体做法

（一）领导重视，机构健全

学校成立了农民工培训领导小组，以校长为组长，分管副校长任副组长，项目由学校农民工培训中心具体实施，机构健全，建章立制，规范管理。

（二）积极宣传，调研乡镇农业概况，招收参训学员

农训中心将工作人员分成四个小组深入全县的乡镇村社，充分利用广播、电视、简章、专题节目等方式，向社会广泛宣传农民工培训的目的、意义，公开培训专业、时间、内容、教师、就业去向等。着重宣传当地参加培训的致富典型，做到了"宣传到村，政策到户，工作到人"，在宣传的过程中除招收培训学员外同时还对各乡镇农业产业化基地、农业项目、农业科技推广等数据进行了统计并形成了调研报告，做好了以农定教的第一步。

（三）创新"三定教学模式"，让农民当好农民

以农民的需求定教学内容，以农作物的生长周期定教学时间，以农民的文化水平定教学方法。

组建高素质的师资队伍。学校除在校内选择了毕业于川农、西农的高级教师外，还从农业局、畜牧局聘请了部分高级技师同分管乡镇农业的副镇长、农业服务中心主任等组成了教学师资队伍，成立"送教下乡"教学专业指导委员会。

制订科学的教学计划。根据乡镇现代农产业结构的特点和农户需求，分培训班成立备课组，研究适合该乡镇农业生产特点的教学实施方案、制订教学计划、开发课程菜单。其中在课程研发上，减少理论课，增加实践

课，建立与职业技能相适应的实践教学体系，课程分公共基础课、专业技能课，在公共课的基础上还安排宣讲国家精准扶贫政策、乡规民俗、健康卫生常识、感恩赡养老人、礼仪礼节等教育，丰富了培训内容。

编写经济实用乡土教材。学校先后编写了《畜禽常见疾病防治》《现代农业种植技术》《蔬菜栽培技术》《林果栽培技术》《大宗淡水鱼生产技术》《新农村建设与农民素质教育》等12本教材。

图4—14　乡土教材

灵活机制的教学形式。教学点设置在乡镇村社，农民学员集中在村镇，由学校统一安排教师到乡镇教学点集中授课，其余时间学员在家自学或教师在田边地角指导生产，学员在学中做，做中学，理论和生产实践紧密结合。直观形象生动的课堂教学。教师们在宣传和调研时，将采集到的大量农业现场和农民操作图片做成PPT课件，运用在课堂教学中。采用"理实合一"的教学方式，根据动植物的生长周期，直接讲授当前动植物生产所需要的管理技术工作；租用大巴车将学员带到特色乡镇及家庭农场现场学习。经过一个生长周期的教学，学员不仅听得懂、学得会，而且还能系统地掌握本专业所需的理论知识和实践技能。

建立教学实训基地。学校与太阳湖农业科技公司、金柠檬农业开发公司，四川合众生态农业有限公司、双溪乡敬承兴林下养鸡、东岳乡的特种养殖专业合作社，建立了学员的教学实训基地。学校老师和学员到企业指导和实践，企业全力配合学校的教学和学员实习，学校和企业实现双赢。

（四）实行严格的考试考核制度，加强教学过程的管理

培训期间，乡镇教学班班主任由乡镇分管农业的副乡（镇）长担任，学校派副班主任加强管理。成立班委，制订班规，建立值日制度，签订安全责任书等，确保形成良好的班风、学风。实行了学员签到制、班主任教师跟班制、理论教学和实践操作专人负责制，严格了培训过程管理。建立学员学籍档案并详细注明学员的农业生产规模、技术水平、产业效益、存在问题等方面的内容，以便教师针对性地指导学员的生产技术。在教学质量的保证上，学校配备了下乡专用车辆、笔记本电脑、便携式投影仪、教学光盘等。在学员评价标准研发上，主要看其能否运用所学知识，提高农产品品质，扩大生产规模，增强市场的能动力，带动其他农民致富。培训

结束时，学生都必须参加理论实践操作考试，合格者学校颁发职业技能培训证书，同时让学生参加职业技能鉴定，合格者颁发职业技能等级证书，并对表现好、成绩优异的学员给予表彰。

（五）转移精准扶贫人员，让农民不当农民

在每期培训班结束之时，我们还邀请隆鑫科技公司、金柠檬农业开发公司等知名企业到班进行现场招聘，签订合同，让所参训的部分学员能就近务工。仅2018年就有61人到洋溪镇的蔬菜基地务工，107人在金柠檬公司上班，50人到了隆鑫科技公司。58人招聘到了洪芯微科技公司，学员就近务工既照顾了家庭，又增加了收入。

二、工作特色

（一）送教下乡，把培训班搬到农民家门口

利用乡镇良好的产业基础，我们根据走访调研，在有现代农业特色技术的乡镇设立了教学点开班培训，让农民在家门口学技术，技术又贴近本土生活，有看头，有比对，受欢迎，效果好。

图4—15　送教下乡

（二）结合乡镇产业发展需要和农民致富需求，办班设专业，提升农民的学习兴趣

根据本地区域经济特点和当地的风俗人情，积极探索形式多样的培训模式。如短期培训与长期教学相结合，理论与实践相结合，培训与就业创业相结合，因地制宜与因材施教相结合。

（三）整合资源，加大投入，诚心实意为农

学校加大了培训基地建设，添置了设备设施，专业教师配置了电脑、携带式投影仪，保证了教师开展课件教学。学校投入大量的人力、物力、财力，如教师课时费用、培训车辆、学员教材、学员参观学习、学员实践

教学、学员交通生活补贴等，满足培训需要。每一个培训班，学校均使用大巴车，接送学员到专业特色明显的企业或实践基地现场学习，同时，免费提供生活交通补助、误工补贴，让学员学习无忧，得到农民的好评。

学校选聘优秀教师，组建培训队伍。学校抽调思想素质好、专业能力强、乐于从事农民培训工作的种养专业教师任农训专职教师，教师参加国家培训、省培和校本培训及企业实践，提高了"双师"水平，确保了培训质量。同时，聘请农业局、畜牧局专家及农业产业搞得有特色和效益的乡土专家等担任兼职教师，更好地满足了农民培训的需求。同时，任课教师又是农民的产业发展顾问，负责对学员的产业发展进行技术指导，真正助力农民的致富增收。

（四）校企深度合作，农民学以致用，发展产业，致富增收

根据农民培训的特点，同在有现代农业企业的乡镇村建立了实训基地，先后与柳树黄家堰村的可士可公司、四川省太阳湖农业科技公司、瞿河乡龙凤村、高家沟村的盈益公司、四川省合众农业公司、射洪清见公司、四川隆鑫包装公司、四川洪芯微科技公司等企业签订了校企合作协议。

学员可以得到以下实惠：

利用公司的现代农业种养技术和营销平台，与公司合作，学习技术，购买新品种，发展自己的农业产业。

与公司合作发展，利用公司平台营销，不担心产品销路。

就近到县域农业企业误工，工作家庭两不误。

三、工作成效

搭建了科教平台，搞好了信息反馈和后续服务。学校搭建了学校—乡镇—农户之间的科技平台，学员在培训和以后的生产实践中，若有疑难问题，可到当地农业服务中心去咨询，也可电话咨询授课教师。若还不能解决，便会将授课教师派到种养殖大户的场地进行现场指导。

农村改革发展带头人、科技致富带头人等双带头人的培训得到了乡镇领导的认可、老百姓的好评，在全县颇有广泛的影响。到目前，射洪县规模农业企业，如太阳湖公司、金柠檬公司、合众农业等企业的技术人员和产业工人，是我们的学员；全县水产养殖户、县城及乡镇的养老院、福利院员工，是我们的学员；全县绝大部分家庭农场主和其产业工人，是我们的学员；工业园区的企业技术员和产业工人，是我们的学员；全县汽修行业、家电行业的从业人员，也是我们的学员。学员中涌现出一大批自主创业的农民典型，如陈古镇学员罗朝康，在培训后搞起了种植、养殖产业，

目前养母猪 20 头，肥猪 100 头，林下养鸡 500 只，果园 67 亩，开放了鱼塘垂钓，年收入达 30 余万元；仁和镇的冯光伦利用房前屋后闲置土地搞起了家庭农场：养有天上飞的鸽子，地上跑的猪鸡鸭，水里游的乌鱼，今年正打算搞特种养殖甲鱼，经他介绍，仅乌鱼一项年收入就可达 10 万元。同时他们还带动了一大批农民接受新品种、应用新技术、转化新成果的能力，达到"办一班，兴一业，富一方"的效果，形成了一大批各具特色的专业村，更好地促进了一村一品的发展，推动了农村区域经济建设。

助推农业产业结构调整，积极推动农村经济发展。涉农培训，人多面广，既能提升乡镇部分种养殖业大户生产经营规模，同时也带领一大批农民加入规模种养殖行列。瞿河乡柠檬种植面积达到 5000 余亩，带动种植户 100 户；金华镇新发展年出栏 50～100 头，规模养猪户 31 户，新发展出栏 50 头以上，肉牛规模养殖户 6 户。

积极探索职业教育为"农业、农村、农民"服务的新路子，以及农村职中如何发挥优势把现代农业新技术推广到千家万户。为农村产业结构调整给予了科技支撑，在全县影响深远，也为县城农业龙头企业培养一批初步掌握现代农业技术和产业工人。

实践证明，通过培训的农民工基本上实现了从体力型向技能型的转变，从低收入向高收入的转变，从外出务工向就近就业的转变，达到了培训一人、致富一家、影响一片、带动一方的效果，为县域乡村振兴贡献了自己的力量。对于学校而言，在全县广大农村、广大人民群众中树立了"办学力量强、诚信办学，务实为民"的职教形象，取得了良好的社会效益，形成了多赢的局面。

◇ 典型案例十

中餐烹饪专业"二三一七" 教学模式的探索与实践

射洪职业中专校　冯　弋　蒲　伟　喻善平　蒋玉兰

摘要：本文从中餐烹饪专业教学实际出发，阐述了新构建的"二三一七"教学模式，即以获得双证为目标确定教学内容，体现教学的针对性；实习课程占用三个学期，突出教学的实践性；以"项目教学"为主要教学方法，实现多维互动式教学，培养学生的职业能力；专业技能课以"七字教学环节"展开，优化实训过程，保证实训教学的操作性与实效性。并介绍了对该模式的探索与实践。提出了实施中存在的问题及改进的办法。

关键词：中职烹饪专业；"二三一七"模式；探索与实践

在中餐烹饪专业的建设中，我们对餐饮行业、企业及本专业毕业生进行了调研。行业、企业专家认为中餐烹饪专业中职毕业生应该具有必要的专业理论知识，掌握熟练的基本功；勤奋、谦虚，善于学习，能够不断提高自身素质；问题意识强，主动性、责任心强，执行能力强；具备一定的现代厨房的管理与适应能力。而毕业生对学校教学工作的建议是：增加实训、实践项目，尤其是到企业去实习、实践的机会，加强动手能力的培养，尤其是基本功（如刀功、盘饰）的训练；目前食材价格高，多去企业实习能减轻学生与家长的经济负担。希望开设现代厨房设备相关课程，了解现代厨房的标准化、机械化、智能化。

根据调研信息及教育部办公厅、人力资源社会保障部办公厅、财政部办公厅《关于实施国家中等职业教育改革发展示范校建设计划的意见》的要求，应以适应职业岗位需求为导向，加强实践教学，着力促进知识传授与生产实践的紧密衔接，创新教学方式，深入开展项目教学，模拟教学和岗位教学；增强教学的实践性、针对性和实效性。我们认为中职中餐烹饪专业现有的教学模式已经不能满足行业和企业的需要，需要有新的教学模式来培养学生掌握烹饪基础知识、专业理论知识、烹饪基本功，熟悉川菜、中西面点、火锅、宴席制作，熟悉餐饮企业管理。

因此，我们提出了中餐烹饪专业"二三一七"的教学模式。

一、"二三一七"教学模式的内容

（一）"二"——双证书

中职烹饪专业学生在毕业时，一要取得中职烹饪专业学历证书，二要取得职业资格证书（"中式烹调师"或"中式面点师"）。毕业证书不仅能证明学生接受职业教育的经历，而且能证明学生具有一定的思想与职业道德素质、科学文化素质、专业素质及身心素质。职业资格证书能证明持证者具有从事某一职业所必备的学识、技术和能力，是求职就业的"入场券"，是一个人能否胜任某一职业的证明，"取证"是增强就业竞争力的手段。

我们以获得双证为目标，确定教学实训内容。在课程设置中不减少公共素质课的课时，专业课侧重技能课，减少理论课的课时。同时要求德育课教师引导学生将获得技能等级证作为发展目标纳入《职业生涯规划》一书的教学中，或用简图，或用表格，或用文字叙述，取职中三年为时段，以获初级证为近期目标，获中级、高级证为中期目标，获技师、高级技师为就业以后呈现的长远目标。从而发挥取证的阶段目标的自我激励和自我监督作用。鼓励学生充分利用在校学习的有利条件，努力提升自身素质，有意识地培养兴趣，挖掘潜能，主动适应职业需要，刻苦学习烹饪有关知识与技能，自觉提升综合职业素养、职业能力。学校要求专业课教师在平时教学中有意识地衔接职业技能鉴定的内容及相关指标，特别是在面点、烹调类核心课程的设置上加大了课时比例，在刀工基础、常见菜品制作、面点制作、雕刻与冷拼的制作等核心技能上适应职业岗位需求，体现了专业技能教学的针对性，从而为学生顺利获得双证奠定了坚实的基础。

（二）"三"——三学期

课程按三条主线设置，即公共素质课＋专业课＋实习课。其中，公共素质课包括文化课和素质课，主要培养学生基本的科学文化素质，养成学生良好行为习惯，提升学生个人形象，为专业学习服务，为升高职服务，为终身学习奠定基础。专业课分为专业基础平台课和专业技能课。如此设置，意在加强学生的专业知识学习和技能训练，让学生能够适应行业就业需要，能够与高职接轨，成为高素质烹饪技术人才。实习课按教育部的要求，因时制宜，不拘常规，适应企业需要，可以集中安排，也可以分散穿插，包括见习和实习，实习又包括专业实习和顶岗实习。三类课程根据教育部关于中职教学大纲的规定，在实施中将公共素质课的学时定为一年，专业课的学时定为两年，这两年中含实习一年。我们分析了该专业的调研报告，将公共素质课和专业课的学时定为一年半，将实习课的课时定为一年半（即占用三个学期，见4—23）。之所以这样设置实习课时，是因为我们在专业建设中，吸收了行业、企业专家的意见，他们认为该专业实践性强，烹饪理论的学习可以适当缩短学时，除了学校的"教学做合一"外，应多花时间和功夫在企业的厨厅里"做中学"。这样，通过增加实习课时更容易突出教学的实践性。又可以在实习中充分发挥学生的主体作用。至于前一年半的见习与实习，可以利用课余时间、双休日、寒暑假就近安排在所在地企业完成。在专业教师的指导下，特别是在企业师傅的指导下，在具体的工作任务的驱动下动手操作。也可以在企业实习操作中适时衔接相关理论知识。而且所用食材无须学生承担费用，还有不菲的岗位工资调动学生的实习积极性，这样，就将学校里的"消耗性实训"变成了企业里的"生产性实训"。况且在企业里的实习最容易产生临场感，在临场感中最容易激发学生的工作热情，最能激发必须及时完成任务的紧迫感，迫使学生在勤奋、谦虚中锻炼执行能力，在不断施加的压力中迅速提升技能水平。

表4－23 中餐烹饪专业课程设置一览表

2012年6月

模块		科目	总学时	授课	实验实训	一学期	二学期	三学期	第四学期	第五学期	第六学期
公共基础课	文化课	语文	144	144		3	3	3			
		数学	144	144		3	3	3			
		英语	144	144		3	3	3			
		体育与健康	96	96		2	2	2			
		计算机基础	64	64		4					
		德育	96	96		职业生涯规划2	职业道德与法律	经济政治与社会			
	素质课	礼仪	16	16			1				
		音乐	16	16		1					
		书法	16	16				1			
		演讲与口才	16	16				1			
		小计	752	752		18	15	15			
专业技能课	基础平台	烹饪原料加工	48	24	24	3					
		烹饪概论	32	32		2					
		饮食业基础知识	32	32		2					
		饮食营养与卫生	48	24	24		3				
		厨具及设备	32	32			2				
		四川名菜	48	24	24		3				
		火锅制作	48	18	30			3			
		食品雕刻	64	12	52			4			
		冷菜、冷拼	112	24	88	3	4				
		餐饮经营管理	32	32				2			
		校办企业文化	32	32				2			
	专门	面点技术	176	88	88	3	4	4			
		烹饪技术	176	50	126	3	4	4			
		小计	880	424	456	16	20	19			
核心效能						刀工基础	常见川菜制作，面点制作	冷菜、冷饼的制作			
						心理健康	造型艺术	烹饪化学			
企业见习，见岗实习						至少1周，利用课余时间、双休日、寒暑假就近安排学生到企业见习、实习					
毕业考证			初级中式面点师，初级中式烹调师								

第四学期、第五学期、第六学期：顶岗实习
②学校专业教师管理学生、现场辅导学生
①由企业师傅一对一指导学生

(三)"一"——一种基市教学方法

项目教学是建立在建构主义和情景学习理论基础之上的，体现行动导向教学理念的教学方法，将传授知识为主的传统教学转变为以完成项目、职业体验和解决问题为主的多维互动式教学其基本特点为：教学目标以职业能力为本位；教学内容以典型项目为载体；教学组织以学生为中心；教学过程以职业实践为主线，让学生在做中学、干中学和练中学；项目的选择应结合行业企业的实际工作内容、工艺规范与技术标准来进行。如我们在热菜制作这个大项目中，将宫保鸡丁、坛子牛肉、水煮肉片等列为一个个子项目。在每个子项目的实训中，师生结合教材，共同设计提出项目。在项目实施中，由教师与小先生一起商量，布置项目，分配任务，制定计划，统一采购食材和相关佐料，在开始实训后，先作必要的理论讲解，讲清具体加工制作流程、工艺规范和操作方法，再示范，或边讲解边示范，然后由学生操作学习，人人动手、动刀、配菜、上灶、熟制、盘饰，从而完成项目。其间由教师与小先生巡回指导，及时纠错，与学生共同解决出现的一个个问题。完成项目后，再展示成果，学习评价。在评价中既注重过程性又注重结果性。最后整理、整顿，清理、清洁岗位，培养学生的职业行为习惯。另外，也可以在引入项目后，增加相关知识铺垫，即教师给学生铺垫和引入与解决完成本项目有关的概念、背景、理论知识和原理等。也可以在项目完成后，作相关知识技能的拓展。这是指制作某一菜点后，根据市场动态，在食材、制作工具和方法的变化、调理口味方面，作延伸性、补充性的交代，从而有利于学生适应市场就业竞争的需要。如：学生学习了鱼香肉丝之后，就可以顺理成章给学生讲鱼香肉丝没有使用"鱼"这种食材，而是通过泡椒及糖醋的合理搭配，达到色泽红亮、入口微辣、回味酸甜、姜葱蒜味突出之鱼香效果。比如目前市场上流行的铁板茄饼、鱼香青丸等，并及时设计相关项目进行制作实践。

同样，在中式面点和冷菜制作中，也主要是采用项目教学法。另外，我们还通过"校企合作"的平台，采用了模拟教学法和岗位教学法。

(四)"七"——"七字"教学环节

"七字教学环节"是我校自创的实训课教学环节。是根据中职专业技能实训课教学实践、参考市场与企业实际，提出的"备、组、讲、范、训、评、理"七字教学环节。该教学环节法提高了专业课教师面向市场的执教能力，提高了专业实训课的质量，取得了显著的成效。

备，即准备。一是钻研实训内容，面向学生实际备教案；二是设备和器材的准备；三是对实训项目或任务的先期制作准备；四是收集整理相关教学资源。

组，即组织教学。包括两个方面：一是行业训练，检查行业要求（学生实训时的衣着、发式、口罩与烹饪企业职工一样），课前一训；课前一练；二是实训组织教学，主要体现实训过程的组织管理。

讲，即教师讲授。一是对实训内容或项目的导入、分析讲解；二是对新知识、新技能的讲解。重点是讲清核心知识点和操作方法、步骤。

范，即示范。一是老师对新的操作技能在方法、步骤、职业规范、质量标准上的演示；二是学生实训时教师、小助手个别指导学生时的示范，主要是矫正不规范动作为主；三是准确分解动作且语言要与示范动作同步，让学生听得清、看得见；四是培训小助手、小组长，这可减轻老师实训指导的压力，又能保障学生实训安全，还有利于同学之间的沟通，从而全面提高实训质量；五是对关键环节要做重点示范，有时只是适当做一点相关知识背景与理论上的衔接。

训，即学生操作。这是专业技能实训课的核心环节，有训练和训导之意。训练重在练习上，关键是要练出效果，保质保量完成产品制作。训导重在指导上，核心是解决安全、产品质量、操作步骤方面的问题。

评，即评价总结。这是专业技能实训课教学的重要环节，往往和成果展示相结合。评价形式有：自评、互评、师评、企业专家评。主要从过程性和结果性两方面进行评价和总结。

理，即整理、整顿、清扫、清洁。就是对设备、材料的归位和收拾，对实训环境的整理、清洁及断电、关门窗等。主要是培养学生的职业行为习惯，增强学生专业角色意识。

二、"二三一七"教学模式实施中存在的问题及改进办法

实施"二三一七"教学模式，效果不错，已参加技能等级证考核的 09级学生，在班 82 人，取得初、中级厨师证的 64 人，参加市技能大赛三个项目：其中一个学生获一等奖，另两个学生获二等奖；专业团体总分第一。已毕业学生绝大部分到校企合作单位——北京眉州东坡酒楼就业，颇受企业领导欢迎，其中以兰希为代表的四名学生已经升职为驻店经理，其余不少人也已成为厨厅骨干。虽然成绩显著，但也存在诸多问题。

一是双师型教师才能胜任"二三一七"模式的教学与实训。教师不仅要会讲（理论），还要会做（操作），应该是理论的传授者和实践者。否则，在项目实施过程中，要么无法解决学生的理论问题，要么无法完成对学生实训的指导与训练。

　　现实的情况是，我们的双师型教师是不够的，需要加强培训。我们目前的改进措施是：利用"校企合作"平台，把老师派到企业进行培训提高，鼓励老师加强进修，提高自身的学历水平、技能水平，鼓励老师考取高等级的技能等级证。

　　二是实训耗材费用较高。中餐烹饪专业课，在第一、第二、第三学期中，占60％以上，学生多数时间皆在红案、白案等烹饪实训室里动手操作，这就需要食材，没有足够的经费支持，就不可能彰显实训效果。为了解决无米之炊的问题，一是我们与家长沟通，让学生多出了一点食材费，学校也适当补贴一点。二是利用"校企合作"平台，尽量安排学生到沱牌大酒店、连天红酒店的厨厅里实训，在工作任务的驱动下，内化烹饪专业知识、检验学校实训室里项目教学的质量、强化菜品制作技能。在身临其境中，发现问题，解决问题，增强主动性、责任心，同时了解现代厨房的标准化、机械化、智能化的设备设施及其发展方向，不断提升现代厨房的管理与适应能力。在教师与师傅的指导下，让模拟教学与岗位教学落在实处，从而提升项目教学的效果。

第五章　效果展现

　　学校始终把"面向三农，服务地方经济"作为办学指导思想的重要内涵，积极围绕助力乡村振兴、支持县域经济发展开展教研教改与实践活动。由于针对性强、信息反馈快速、容易见到成效，所以教师们积极参与、凝心聚力、拼搏奋进，取到可喜成绩，培养出了一批又一批合格加特长的职高学生。

　　大部分毕业生由学校按照所学专业分别安置到本地的隆鑫机电、富士电机、奥尔铂电梯、聚源机械、沱牌酒业、龙吉汽修等企业和太和镇各幼儿园上班。本着自愿选择的原则，还有一部分学生由学校安置到沿海大中型企业工作。

　　他们都凭借技术实力和踏实肯干、吃苦耐劳的工作作风深受企业欢迎。经过几年的打拼后，有的被企业提拔重用，有的被企业表彰为"技术骨干"或受政府表彰，也有的继续在平凡的岗位上发光发热。其中，兰希已当上了北京眉州东坡酒楼人力资源总监，年薪 100 万元以上；罗世军获得 2019 年度"四川省五一劳动奖章"。像这样的事例不胜枚举，他们在岗位上体现出了自身的本领与价值，也都获得了丰厚的报酬。然后，他们把挣到的钱寄回家，家里人用这些钱改建了房屋，添置了农机农具，从而促进了家乡面貌的改变和农业生产效率的提高。

　　也有的学生毕业后选择留在了家乡创业或自谋职业，他们凭借在学校学到的技术技能，在地方政府的支持和父老乡亲的帮助下，有的开起了建筑公司、幼儿园、电脑公司或兴办种养殖场。几年后，他们都发家致富了，有几位还成了射洪的建筑业或种养殖场的大老板。射洪隆鑫建筑安装工程公司董事长张钢、杭州沃田自动化机械有限公司总经理杨金星、射洪武安镇千家村生态农场法人代表罗朝康、射洪丁丁科技公司总经理邓刚、射洪蓝天幼儿园园长唐芳就是杰出代表，他们的利税超过 1 亿元。而且他们的企业用工都主要招用本地农民，让家乡人挣到了钱，共同致富奔小康，为射洪乡村的振兴和地方经济发展做出了贡献。

　　还有一些毕业生经过几年的企业岗位锻炼后也加入创业队伍中，他们也把赚到的钱拿回来支持家乡的发展。

学生的成功为学校赢得了良好的社会声誉，四川电视台、《教育导报》报社、《时代教育》与《中学生》杂志社和市县各媒体都先后到校作专题报道。省市领导也多次前来学校指导工作，带来了国家新的职教政策，也带来推动学校发展的新信息新资源。省内外兄弟学校领导和同行多批次到校调研取经，无论是领导访谈还是走访教师，学校都积极配合，让他们取到"真经"。而今，他们中有的职校已经发展成为国家重点或示范职校。

学校紧紧围绕助力乡村振兴、支持县域经济发展开展教学改革与实践所取到的成绩也为学校赢得许多荣誉。

学校先后被遂宁市委市政府和市教育局评为"遂宁市教书育人先进单位""市级重点职业中学""模范学校""民族团结进步创建活动示范单位""环境友好型学校""遂宁名校"等。

学校先后被四川省委省府和省教厅等部门评为："省级重点职业中学""四川省德育工作先进单位""四川省职教先进单位""四川省民族团结进步模范集体""四川省民族地区9＋3免费教育计划先进集体""中职学校学生内务示范校"，还获得"四川省科技创新大赛成果项目三等奖"等。

学校先后荣获国家级奖励或命名九次，分别是："全国小星火杯先进集体""科教兴农先进学校""全国职业教育先进单位""国家级重点中等职业学校""全国中小学德育工作先进集体""全国教育系统先进集体""示范性职业中专学校""中等职业教育改革发展示范学校""职业技术鉴定所""数字校园建设实验校"等。

1988年，学校农学专业把教学、科研、社会服务结合起来，培育出了小麦新品种"8502"，被省教委、省科委和省农业厅表彰奖励。

《职业技术教育》杂志以《结合教学搞科研，面积经济促发展》为题对学校作专题报道。

1990年，四川省电视台和《教育导报》在报道中称赞学校是"培养新型农民的摇篮"。

1995年，美国福利基金会驻北京官员麦斯文先生到校考察。

1997年，《教育导报》刊文《涪江腾起一条龙》赞誉学校"奋勇争先，抓住机遇，实干兴校"的精神。

2000年，香港华夏基金会总干事吴先生在省教委有关领导陪同下来校做投资考察。

2003年，时任中央委员、四川省委书记张学忠来校视察后说："一个人口众多的地区，如何把人力资源转化为人才资本，这里的做法最有说服力"。

2004 年，副省长柯尊平、省教育厅长杨泉明来校视察。中央委员、省委书记、省人大常委会主任张学忠再次来我校视察，看到学校迅猛发展的态势后欣然题词："农训基地，致富摇篮"。

2006 年，学校教师李建勋、何兴亮、赵波，学生田林、贺礼鹏、蒲大龙、任云武、颜正银、赵亮分别参加省、市车、钳、维修工技能竞赛，成绩突出，师生分别获省、市一、二、三等奖，学校获奖杯两个。这一年，学校与县农村信用社签订"银校合作"协议，实行"学生贷款读书，企业实习还贷，读满三年学制，退还全部学费"模式，使农村孩子"用银行的钱读自己的书，用明天的钱读今天的书"。这一模式开创了全省乃至全国先河。德阳黄许、金堂县、仁寿县、广安市、福建省永明县、云南省建设厅、安县、乐山市等地职业教育和相关单位代表团来校考察、学习。

2007 年，学校与上海雅韵、富士电机、北京东坡酒楼、北京好利来、广东格兰仕、广东美成电子等企业签订了联合办学协议。甘肃民乐、梓潼县、云南、安岳县、南部县、绵阳市、成都市、犍为等地的职业中学代表团的参观、学习。

2008 年，学校选派 28 名学生参加遂宁市中职校学生技能大赛全部获奖，囊括五个工种一等奖，学校获团体总分一等奖。

2009 年，学校积极落实省委、省政府关于甘孜州藏区"9＋3"学生免费教育计划，上、下期分别接受藏区学生 60 人、168 人。学校管理工作受到各级领导的好评，管理经验在全省交流，并被中央电视台等多家媒体宣传报道。

2009 年 6 月，我校选派的两名学生（何灵、周正鹏）代表四川省代表队参加在天津举办的全国职业院校学生技能大赛"电子装配与调试"项目，分获优秀奖和三等奖，填补了我省在该项目参加国家级技能大赛获奖的空白。甘孜州报社来校做报道，乐山、昌溪、乐至、内江、绵阳、成都、江油、盐亭等职校代表团到我校参观学习。

2010 年，四川电视台记者报道我校"农民工劳务培训班"开班典礼活动。

2011 年，《当代职校生》第 3 期刊载反映学校教学改革与实践的经验文章《博观而约取，厚积而博发》和"9＋3"学生木二加《快乐学习，健康成长》的专访报道。

2011 年，在四川省第六届民族团结进步表彰大会上，我们学校做了题为《同心同德育英才，民族团结一家亲》的经验交流。江苏五个重点建筑企业、自贡工业职校、乐至职中、郫都区友爱职中、遂宁师校、重庆大学出版社、湖北阜平职中等企业或学校领导或代表团到我校参观考察。

2012 年，我校学生王太明、何超代表四川省代表队参加全国中职生技能大赛，分获"数铣"三等奖、"电子装配与调试"优秀奖。

2020 年，四川电视台教育频道记者两次到学校作报道，其中报道学校"现代农艺技术专业"的教学改革是重点。

南充职校、大英县职中、安居职中、潼南职教中心、旺苍职中、江阳职中、桂花职中等职中和三台职教考察团先后到学校调研取经。

这些年，市县电视台、电台、报刊、政府门户网站更是无数次地报道学校管理与教研教改工作和取得的成绩。

学校不仅通过努力培养学生技能，让他们凭技能多挣钱发家致富带动乡村发展，还充分利用学校资源参与扶贫培训、复员退伍军人技能培训、返乡人员创业培训与农民工岗前技能培训。接受过培训的农民或复转军人都掌握了一门以上的实用技术，无论是就业或创业都能从容应对。

金华镇的黄敏是参加我校 2018 年劳务品牌培训"农艺工班"的优秀学员，他用学到的柑橘等果树的栽培管理技术、跑山鸡养殖技术和养猪技术开办"绮农农场"，承包本地土地 200 余亩，从事优质农产品的生产与配送，年利润 60 余万元左右，带动 30 多个农民一同致富。

还有冯光伦、蒲大臣、罗朝康、谢均富等农场主都是因参加我校培训获得专业技术而开办农场致富的。

同时，学校在帮扶的大于镇金台山村的过程中，采用开展种养殖技术培训、送项目、送种子、送肥料和帮销产品等方式，拔穷根摘穷帽。现在，金山村已经全面脱贫奔小康。

在助力乡村振兴战役中，射洪职中教师得到了锻炼和提升，育人水平大幅度提高，学校也得到了发展。到 2020 年底，学校占地 406 亩，建筑面积 11 万平方米，有 8 跑到 400 米环形塑胶运动场，教学仪器设备总价值超一亿元，图书资料 13 万余册。现有专职教师 460 人，兼职教师 57 人，其中高级教师 106 人，一级教师 219 人，全日制在校生 5000 余人，年短期培训农民工 5000 余人次。建立了 90 个实训室共 3600 个工位的实训基地，90 个交互式液晶一体机数字教室，建立了信息中心，实现了校园数字化、网络化、现代化。

历经近 40 年的发展，射洪市职业中专学校已经跨入了国家职教先进行列，正阔步迈向更高更远的新目标！